幼儿园户外环境创设与活动指导

董旭花 韩冰川 张海豫 著

中国轻工业出版社

图书在版编目（CIP）数据

幼儿园户外环境创设与活动指导／董旭花，韩冰川，张海豫著．—北京：中国轻工业出版社，2018.9（2025.2重印）
ISBN 978-7-5184-1935-7

Ⅰ.①幼… Ⅱ.①董… ②韩… ③张… Ⅲ.①活动课程-教学研究-学前教育 Ⅳ.①G613.7

中国版本图书馆CIP数据核字（2018）第071536号

保留所有权利。非经中国轻工业出版社"万千教育"书面授权，任何人不得以任何方式（包括但不限于电子、机械、手工或其他尚未被发明或应用的技术手段）复印、拍照、扫描、录音、朗读、存储、发表本书中任何部分或本书全部内容，以及其他附带的所有资料（包括但不限于光盘、音频、视频等）。中国轻工业出版社"万千教育"未授权任何机构提供源自本书内容的电子文件阅览、收听或下载服务。如有此类非法行为，查实必究。

责任编辑：王慧超　　责任终审：杜文勇
策划编辑：高　君　　责任校对：刘志颖　　责任监印：吴维斌

出版发行：中国轻工业出版社（北京鲁谷东街5号，邮编：100040）
印　　刷：三河市双升印务有限公司
经　　销：各地新华书店
版　　次：2025年2月第1版第15次印刷
开　　本：710×1000　1/16　印张：24.5
字　　数：210千字
印　　数：64001—69000
书　　号：ISBN 978-7-5184-1935-7　定价：72.00元
读者热线：010-65181109
发行电话：010-85119832　010-85119912
网　　址：http://www.chlip.com.cn　http://www.wqedu.com
电子信箱：1012305542@qq.com
如发现图书残缺请拨打读者热线联系调换
242709Y1C115ZBW

前　　言

《幼儿园工作规程》强调"幼儿园应当制定合理的幼儿一日生活作息制度。在正常情况下，幼儿户外活动时间（包括户外体育活动时间）每天不得少于2小时，寄宿制幼儿园不得少于3小时"，对此，几乎所有幼教工作者都知道，也认为非常有必要，应该严格遵守。从幼儿身心健康发展的角度来看，幼儿园应当重视户外活动，积极开展适合幼儿的体育活动，充分利用日光、空气、水等自然因素以及本地自然环境，有计划地锻炼幼儿的肌体，增强幼儿身体的适应和抵抗能力。可是，了解幼儿园实践工作状况的人都知道，实际情况并不乐观，主要表现在以下几方面：

- 有些幼儿园户外活动最基本的时间没有保障，教师以安全为借口，减少幼儿户外活动的时间，甚至一天一个小时的户外活动都难以保障。
- 有些幼儿园户外活动有时间，没质量，教师没有任何教育设计与思考，幼儿活动处于"放羊"状态。
- 有些幼儿园户外活动处于教师高控状态，幼儿体验不到自由自在地奔跑、游戏的快乐，经常处于整纪律、排队、等待的无聊状态。
- 户外活动内容单一、机械重复、无趣、无意义。

诚然，上述问题的出现与幼儿园的教育理念、内部管理质量有关系，与教师的专业素养有直接的关系，但同时也与幼儿园户外环境中存在的单一、无趣、缺乏专业的设计有关。

由于工作的关系，我有幸走过很多幼儿园，看到过各种布局、各种设施的幼儿园户外环境。坦白地说，我对于国内 90% 以上幼儿园的户外环境是不满意的，主要表现为两点：一是无论是城市的幼儿园，还是农村的幼儿园，户外环境都存在与自然割裂的问题，自然的元素越来越少；二是户外场地设置单一，投放的玩具材料简单，数量和种类都不足，无法支持幼儿开展多种类型的户外活动，更无法推动幼儿在户外全面健康地发展。

一说起户外，我们自然而然就会想起山坡、草地、泥土、沙水……当今世界范围内，各地幼儿园的户外环境建设都非常重视让幼儿建立与自然的连接，可是，作为农业人口大国，我国很多幼儿园却不屑于这些，反而热衷于在户外每一片土地上都铺设水泥、沥青、塑胶、地垫、人造草坪……并把这些人为的地面铺设称为"高档"，这不能不让人感到可惜，并对此进行深刻的反思。

从另一个角度来讲，幼儿园户外铺满了人工合成材料，不裸露一点泥土，也不完全是幼儿园管理者和老师的责任。据说这样就不会出现安全问题，即使出现安全事故，幼儿园也可以免责。安全是幼儿园工作的重中之重，但若为求得安全，就放弃让孩子们在户外奔跑，放弃孩子们与自然的连接，放弃任何有挑战性的体育运动，那么，我们放弃的则是孩子们的发展，而这样的幼儿园教育意义何在？

户外环境是保障幼儿户外活动质量的基本物质基础。我们欣慰地看到，现在越来越多的幼教工作者开始重新认识户外环境创设和户外活动的本质意义。一方面，我们需要开阔视野，向国内外优秀的幼儿园学习；另一方面，我们需要结合自己的地域和园情特点，因地制宜地创设适合自己园所的户外环境。环境属于课程的组成部分，创设适宜的环境还意味着与课程思想相结合，努力让环境体现每个幼儿园的课程特色。

关于户外环境创设和户外活动指导的研究，我们从来没有停止过实践探索的步伐。韩冰川园长所在的山东省淄博市市直机关第三幼儿园，从 2000 年就开始了快乐体育活动的研究，十几年来在重视幼儿身体素质提高的同时，更关注幼儿在运动中的全面发展，以中国学前教育研究会"十一五"课题"幼儿园趣味性科学性体育活动研究"为抓手，针对"运动环境创设""幼儿体育活动兴趣""科学的幼儿体育活动""体育活动中幼儿自主性发展""体育活动中的保育"等领域，做了持续而深入的研究。在"如何在体育活动中促进幼儿自主性发展"这一课题的研究过程中，老师们强烈地感受到幼儿对自由和自主活动的渴望、对游戏的渴望，因此，从 2014 年开始，幼儿园开始针对幼儿的户外自主创造性游戏（角色游戏、表演游戏、涂鸦游戏、沙水泥巴游戏、运动游戏）展开研究，在户外游戏环境创设、材料投放、游戏中的观察与指导等方面，积累了大量的实践经验与案例。

张海豫老师现在在山东省潍坊市奎文区指导教研工作，她曾在潍坊市奎文区樱园幼儿园任园长、书记多年。樱园幼儿园从 2007 年开始，针对"阳光体育，身心双健"的研究专题进行实践探索，其间经历了"建构幼儿园运动园本课程""优化运动环境，有效提供运动材料""开展幼儿自主混龄户外运动游戏研究""关注集体体育活动有效评价"等不同阶段、不同专题的实践研究，在幼儿园运动课程、户外环境创设、活动内容选择、支持策略探究、教师评价引领等方面积累了丰富的经验，这些都为本书理论对接实践提供了有力的支持。

本书共分为四章，其中，第一章和第四章由董旭花执笔，第二章由韩冰川执笔，第三章由张海豫执笔。本书的写作过程非常愉悦。写作的过程也是不断研讨和交流的过程，我很高兴与两位专业水平非常高的一线工作者合作。我与张海豫老师是第一次合作著书，但我们合作教研活动已超过七年，她的热情和对幼教执着的爱让我感动。在这次写作过程中，她也带来了潍坊市很多幼儿园园长和教师的智慧。与韩冰川园长已经合作过多次，她的专业和敬业一直令我钦佩，不仅是她，还有她所在幼儿园的刘芳园长和臧冬玲园长也给我们提供了很多专业的帮助和支持。本书很多活动案例都来自淄博市市直机关第三幼儿园的教师们，这

些案例鲜活而有指导性，是这本书的重要组成部分。

  本书的写作历经两年时间，为让书中呈现的案例和问题更有针对性和指导价值，我们在网上做了3634份问卷调查，在很多幼儿园做了问题访谈，也在全国很多幼儿园征集活动案例和图片，在此一并表示感谢。感谢教师们愿意付出时间和智慧，为我们提供最真实、最有效的问题和案例。在这里，尤其要感谢广东省广州市华南农业大学幼儿园、浙江省杭州市钱新幼儿园、云南省政府办公厅圆通幼儿园、福建省福州市融侨杰座幼儿园、广东省广州市番禺区东城幼儿园、江苏省无锡市侨谊幼儿园金科园、山东省寿光市文正教育集团文轩幼儿园、山东省潍坊市新华幼儿园、山东省潍坊市奎文区樱园幼儿园、山东省潍坊市奎文区直机关幼儿园、山东省潍坊市奎文区实验幼儿园、山东省潍坊市育华幼儿园、山东省利津县第一实验幼儿园、山东省利津县第二实验幼儿园、山东省东营市实验幼儿园、山东省东营市东营区实验幼儿园、山东省淄博市市直机关第一幼儿园、山东省淄博市市直机关第二幼儿园、山东省淄博市实验幼儿园、山东省威海市文登区秀山实验幼儿园、山东省威海市荣成市第二实验幼儿园、山东省德州市跃华幼儿园、山东省东营市胜利油田胜东社区学前教育中心、山东省东营市胜利石油管理局第三实验幼儿园、山东省沂源县第二实验幼儿园等。

  感谢"万千教育"，谢谢编辑部所有老师付出的辛苦和努力。尤其是与高君编辑合作出版了近十本书，确实是一件令人惊讶的幸事。这本书从选题、提纲拟定到最后成书，都有高君编辑的智慧付出。她曾经来到济南与我们一起讨论，并给出很多具有针对性和前瞻性的建议。

  本书借鉴了很多优秀幼儿园的经验，参阅了大量专业书刊和网络上的资源，在此也一并表示感谢。书中存在的问题和遗漏，敬请读者指正。

董旭花
2018年4月于泉城济南

目　录

第一章　幼儿园户外环境创设 / 001

一、户外环境与美好童年 002
1. 减少对电子媒介的依赖，与自然建立连接 002
2. 增强身体素质与适应性 006
3. 提高心理健康水平 006
4. 培养广泛的兴趣，满足好奇心 007
5. 越来越活泼，越来越有亲和力 007

二、户外环境与理想幼儿园 008
1. 户外环境中的幼儿学习 008
2. 户外环境中的课程生发 009
3. 户外环境与保教质量 009
4. 户外环境与幼儿园品牌建设 010

三、户外环境：理念与原则 010
1. 安全性与开放性 010
2. 自然性与教育性 012
3. 适宜性与挑战性 012

4. 经济性与艺术性 ……………………………………………… 013

  5. 多样性与因地制宜 …………………………………………… 014

四、户外环境：需要关注的问题 …………………………………………… 015

  1. 户外面积与合理规划 ………………………………………… 015

  2. 光照与绿化 …………………………………………………… 016

  3. 课程目标与幼儿兴趣 ………………………………………… 017

  4. 一年四季、南方与北方 ……………………………………… 018

  5. 农村与城市 …………………………………………………… 018

  6. 室内与户外的连接 …………………………………………… 019

  7. 特殊需要儿童的活动保障 …………………………………… 022

  8. 地下设施与地面上的活动场地 ……………………………… 023

五、常见的户外活动场地设置与玩具材料投放 …………………………… 023

  1. 创造性游戏类活动场地 ……………………………………… 024

  2. 运动类活动场地 ……………………………………………… 046

  3. 科学探究类活动场地 ………………………………………… 051

六、实践中的误区 …………………………………………………………… 059

  1. 场地规划与设计中的误区 …………………………………… 059

  2. 玩具材料投放中的误区 ……………………………………… 064

第二章　幼儿园户外创造性游戏类活动指导 / 069

一、角色游戏活动指导 ……………………………………………………… 070

  1. 活动内容与关键经验 ………………………………………… 071

  2. 观察与指导要点 ……………………………………………… 073

  3．常见问题与对策 078
  4．游戏观察案例 083

 二、**表演游戏活动指导** 097
  1．活动内容与关键经验 098
  2．观察与指导要点 100
  3．常见问题与对策 104
  4．游戏观察案例 110

 三、**建构游戏活动指导** 122
  1．活动内容与关键经验 123
  2．观察与指导要点 124
  3．常见问题与对策 128
  4．游戏观察案例 132

 四、**沙水泥巴游戏活动指导** 152
  1．活动内容与关键经验 153
  2．观察与指导要点 154
  3．常见问题与对策 159
  4．游戏观察案例 162
  5．游戏设计案例 179

 五、**涂鸦游戏活动指导** 182
  1．活动内容与关键经验 183
  2．观察与指导要点 184
  3．常见问题与对策 188
  4．游戏观察案例 192

5．游戏设计案例 198

第三章　幼儿园户外运动类活动指导 / 201

一、自主性运动游戏活动指导 202
1．活动内容与关键经验 203
2．观察与指导要点 205
3．常见问题与对策 209
4．游戏观察案例 214

二、规则性运动游戏活动指导 231
1．活动内容与关键经验 231
2．观察与指导要点 232
3．常见问题与对策 235
4．游戏设计案例 239

三、体能锻炼活动指导 250
1．活动内容与关键经验 251
2．观察与指导要点 254
3．常见问题与对策 258
4．游戏设计案例 262

四、体育课活动指导 270
1．活动内容与关键经验 271
2．观察与指导要点 275
3．常见问题与对策 278
4．游戏设计案例 285

第四章　幼儿园户外科学探究类活动指导 / 293

一、种植活动指导 294
1. 活动内容与关键经验 295
2. 观察与指导要点 298
3. 常见问题与对策 300
4. 活动设计案例 306
5. 活动观察案例 313

二、饲养活动指导 318
1. 活动内容与关键经验 319
2. 观察与指导要点 321
3. 常见问题与对策 324
4. 活动设计案例 330
5. 活动观察案例 331

三、自然探究活动指导 337
1. 活动内容与关键经验 338
2. 观察与指导要点 342
3. 常见问题与对策 345
4. 活动设计案例 351
5. 活动观察案例 361

参考文献 379

第一章

幼儿园户外环境创设

一、户外环境与美好童年
二、户外环境与理想幼儿园
三、户外环境：理念与原则
四、户外环境：需要关注的问题
五、常见的户外活动场地设置与玩具材料投放
六、实践中的误区

户外环境是幼儿园户外活动的物质基础，是提升幼儿园户外活动质量的基本保障，也是幼儿园课程的组成部分。它彰显了幼儿园保教活动的特色。重视幼儿园户外环境创设就是重视幼儿美好的童年建设，重视幼儿身心健康的发展。幼儿园户外环境创设需要引起各方面的关注，加强实践研究，少走弯路，发挥实效。

一、户外环境与美好童年

回首我们的童年，最难以忘怀的可能就是和小伙伴们一起在乡间田野、街道、公园里奔跑、跳跃、过家家的记忆。可是，看看今天的孩子们，很显然他们在室内消耗了大部分时间，这让我们不得不忧虑他们的健康和未来，并认真思考到底应该为他们创设什么样的环境，以更好地实现促进幼儿全面、健康、和谐发展的教育目标，让我们的教育真正从幼儿出发，并回归幼儿本身。

1. 减少对电子媒介的依赖，与自然建立连接

一说到童年与自然，就让我们想起若干年前三毛所写的《塑料儿童》一文。三毛在文章中写道，荷西平时沉默寡言，但只要跌入童年的回忆里，就很难爬出来，变得滔滔不绝，"只见他忽而仰天大笑，忽而手舞足蹈，忽而作势，忽而长啸。这样的儿童剧要上演得比兵役还长几年，这才啪一下把自己丢在床上，双手枕头，满意地叹了口气，沉醉在那份甜蜜而又带着几分怅然的情绪里去"。三毛在回忆自己的童年时也满是怀念，"我的童年跟你差不多，捉萤火虫，天天爬树，跟男生打架，挑水蛇，骑脚踏车，有一次上学路上还给个水牛追得半死，夏天好似从来不知道热，冬天总是为了不肯穿毛衣跟妈妈生气，那时候要忙的事情可真多……"

如今 40 岁以上的人，仍然有许多像三毛和荷西一样的美好的童年记忆，这些记忆中的场景大多是在户外、在自然中。然而，伴随着城市化进程的快速发展，现在无论是城里的孩子，还是乡村的孩子，他们的时间越来越多地被兴趣班、特长班、辅导班占用，所剩无几的时间几乎都交给了电子产品。他们沉迷于动画片、手机游戏，失去了大自然赋予的灵性。"他们不知道什么是萤火虫，分不清树的种类，认不得虫，没碰过草地，也没有看过银河星系。"三毛将其称为"塑料儿童"，真是形象至极！

现在，无处不在的电子媒介对儿童生活的影响是前所未有的。早在 2009 年，美国尼尔森公司就调查发现，2—5 岁儿童平均每周看电视的时间超过 32 小时，加上各种各样可以随身携带的电子媒介，就像一个个电子仓把儿童封闭起来，让他们远离了家庭和周围的环境。掌上设备的出现更是蚕食了儿童的时间，而儿童原本可以利用这些时间和周围人进行面对面的交往，或者和周围的环境进行直接的身体接触。[1]

2010 年 9 月 15 日，美国俄亥俄州州长在该州儿童户外法案的签署令中提到："今天我们的孩子正在失去与自然界的联系，他们平均每天花 7 小时看电视、玩电子游戏和电脑。其结果是，全国儿童的肥胖率正在迅速增加，他们的身心和社会能力的发展长期受到不良影响。"他在签署令中呼吁："家长、教育工作者和青年领袖们共同努力，让俄亥俄州的儿童有机会重回大自然——从而让他们更快乐、更健康、更聪明。"[2]

理查德·洛夫在《林间最后的小孩——拯救自然缺失症儿童》一书中提到儿童与大自然关系的断裂问题，并将其称为"自然缺失症"。洛

---

[1] 埃里克·M. 纳尔逊. 以儿童为中心的学习环境的设计与实施——室外课堂 [M]. 北京：教育科学出版社，2017：20.
[2] 程晓明. 奔跑在天地之间：幼儿园室外活动场地建设 [M]. 南京：南京师范大学出版社，2014：17.

夫强调与自然的直接接触是一个孩子身心健康发展的必要因素，大量的证据表明，自然缺失症和肥胖症、注意力缺陷、抑郁症等有较密切的关系。修复儿童与自然的内在连接，最根本的一点就是改变城市与自然的对立，让快速发展的城市化进程减少对自然的伤害，让孩子们的生活不再与自然隔绝[①]。

与美国相比，我国的情况并不乐观。三毛描述的"塑料儿童"是20世纪90年代的孩子们，现在，他们已经渐渐为人父母，我们很难想象本已对自然感觉钝化的他们如何教养自己的孩子，才不致养育新一代的"塑料儿童"。

《3—6岁儿童学习与发展指南》中针对科学领域的第一个教育目标就强调"亲近自然，喜欢探究"。让孩子们有机会亲近自然，在自然中感受天空的辽阔、白云的瞬息万变，倾听鸟鸣虫语，触摸大地泥土的柔软和厚重……这些是多么美妙的感受、多么珍贵的教养。让儿童与大自然建立连接，就是让人之初的儿童回归大自然，从自然中汲取健康成长的养分，让"童年"这一词汇不仅仅停留在生物学意义上，让童年期的孩子们回到自然中享受游戏，唤醒天赋的灵性。

为使当代儿童能够重新拾起他们父母在孩童时代热衷的传统娱乐项目，一个由专家和名人组成的委员会推荐了32件在10岁前应做的事，这份清单[②]对于我们今天的教育有一定的借鉴意义。

1. 在河边草地上打滚。
2. 捏泥团。
3. 用面粉捏小玩意儿。
4. 采集蝌蚪。
5. 用花瓣制作香水。

[①]（美）理查德·洛夫. 林间最后的小孩——拯救自然缺失症儿童［M］. 北京：中国发展出版社，2014.
[②] 李贤锋. 孩子的权利［J］. 读者，2009（11）.

6. 在窗台上种水芹。

7. 用硬纸板做面具。

8. 用沙子堆城堡。

9. 爬树。

10. 在院子里挖个洞穴。

11. 用手和脚作画。

12. 自己搞一次野餐。

13. 用颜料在脸上画鬼脸。

14. 用沙子埋人。

15. 做面包。

16. 堆雪人。

17. 创作一个泥雕。

18. 参加一次"探险"。

19. 在院子里露营。

20. 烘焙蛋糕。

21. 养小动物。

22. 采草莓。

23. 玩丢棍棒游戏。

24. 能认出5种鸟类。

25. 捉小虫子。

26. 骑自行车穿过泥水坑。

27. 做一个风筝并放上天。

28. 用草和小树枝搭一个"窝"。

29. 在公园找10种不同的叶子。

30. 种菜。

31. 为父母做早饭并送到床前。

32. 和人小小地打一架。

2. 增强身体素质与适应性

在户外，孩子们可以沐浴大自然的空气、阳光，自由地奔跑、跳跃、攀爬，因此，户外活动时间充足的孩子，其身体的灵活性、协调性、平衡性会更强，这也是每一位去浙江省湖州市安吉县的幼儿园参观的教师发出的感叹。在安吉的幼儿园，孩子们可以在一根绳子上大胆地走来走去，可以在滚筒上自在地走动和转身，可以搭建高高的梯子爬上爬下……宽阔的户外空间和多样的玩具必然会带给孩子们多种多样的体育运动和游戏，必然会让孩子们在多样的活动中获得大肌肉动作的发展和身体素质的提升。

身体素质好的孩子对外界的适应性也更强，就像三毛所说的那样，夏天不觉炎热，冬天不怕寒冷。12月的一天，我去北方一所幼儿园参观，户外温度是零下 3 度左右，成人需要穿棉服，可是孩子们只穿一件羽绒坎肩，玩得热火朝天，他们的脸红扑扑的、手热乎乎的。每个孩子都是那么欢悦，那么生机勃勃。

3. 提高心理健康水平

在幼儿园一日生活中，孩子们最喜欢的就是户外活动，因为场地宽阔，孩子们可以自由地玩很多大肢体动作游戏和群体游戏。我们经常说教育应顺应儿童的天性——儿童最重要的天性就是活泼好动、爱游戏。"中国现代儿童教育之父"陈鹤琴先生认为，游戏是小孩子的第二生命，所以，好的教育一定是满足幼儿的需要和兴趣的，一定会为孩子们的天性释放创造有利的条件。

现阶段，许多孩子每天的生活被封闭在幼儿园的活动室内，缺乏充分的身体活动，不能玩宣泄情感、释放精力的游戏，这些带给幼儿的负面影响是潜在的、长期的。如果不能尽快改变这种局面，那么孩子们所受的伤害将是无法弥补的。一个不被压抑、能够在户外奔跑、满心喜悦的孩子不就是一个心理健康、阳光积极的孩子吗？每天至少两个小时的户外活动，是幼儿健康成长的基本保障。

4. 培养广泛的兴趣，满足好奇心

幼儿园的户外若有一处不被水泥和塑胶覆盖的土地，那么，春天这里就会有小草、野花长出来，夏天这里就会有虫子爬过、蝴蝶飞过、蚯蚓钻出……就好像鲁迅先生描写的"百草园"，充满各种各样未知的神奇。好奇心强的孩子会在这样的环境中观赏花开花落、追逐翻飞的蝴蝶、伴随虫鸣唱起歌谣，会收集落叶、石子、树枝、种子等作为自己收藏的宝贝……其实，远离电子产品，孩子们可以有更广泛的兴趣、更开阔的视野、更富有发展价值的活动。

5. 越来越活泼，越来越有亲和力

一个孩子的性格无论是内向还是外向，都可以变得活泼，充满活力，关键是作为成人的我们，为他们的成长提供了什么样的环境。活泼的孩子是得到足够的安全感和爱的孩子，是被充分尊重、不压抑的孩子。幼儿园创设的良好的户外环境，为幼儿提供充足的活动机会的同时，也满足了幼儿自主交往的愿望——小伙伴之间无拘无束的共同游戏，成为他们之间建立友谊的桥梁。在幼儿园户外自主活动中，我们经常能看到孩子们三三两两凑在一起游戏、交谈，轻松而又惬意。他们不会因为一点小事就没完没了地告状、闹情绪，他们不需要看老师的脸色行事，他们对同伴宽容、接纳、友好。户外活动中的他们平和而愉悦、勇敢而不莽撞、活泼而有秩序。

二、户外环境与理想幼儿园

任何一位幼教工作者都会有一个理想幼儿园的梦想，这个理想幼儿园不仅有适宜的课程与良好的师资，而且有适宜的环境，包括室内环境和户外环境，室内环境让幼儿更好地学习和生活，户外环境让幼儿享受自然和游戏并得到健康发展，这是高品质幼儿园建设的重要组成部分。

1. 户外环境中的幼儿学习

幼儿在户外奔跑、跳跃、追逐的活动中能生发学习吗？他们能学到什么？这大概是很多教师担心的问题。如果幼儿在户外花大量的时间，那么如何实现《3—6岁儿童学习与发展指南》中提出的各领域的发展目标？

- 教师首先需要明确的是，设计良好的户外环境不仅可以用来开展体育运动和娱乐活动，而且可以当作课堂；这样既能支持幼儿广泛的自主学习和探究活动，也能引发幼儿的深度学习。因为受好奇心的驱使，小孩子的学习会随时随地发生。
- 在幼儿大脑发育最为关键的头五年，充分的身体活动是大脑良好发育的基础，这是近些年在幼教领域很热的"体智能"教育的缘由所在——通过训练幼儿的体能、体质，可以激发幼儿心智的全面发展。
- 户外活动是多种多样的。幼儿对植物、小动物、季节变化等的观察，本身就是很好的科学学习活动。幼儿在户外的活动中会面对很多困难和问题，在独立解决这些问题的过程中，幼儿要学习观察、尝试、对比、分析、推理等技能，他们同样可以发展认知能力。
- 户外会让幼儿感觉更放松和愉悦，这种在空间和管理上都相对开放的环境，会让幼儿的学习更有效。在天气晴好的日子，幼儿可以有更多的时间待在户外。其实，"所有室内活动，都可以在室外完成，而且室外能做的事情还要更多一些""室外和室内空间共同构成了一个完整的学习环境"[①]。

2. 户外环境中的课程生发

设计良好的幼儿园户外环境有各类游戏场、运动场、社交场和科学探究园地，它是课程实施的物质基础，同时也是课程生成的发源地。户外若有各种类别的植物，幼儿不仅可以感受花草树木的自然之美，而且可以观察植物在四季的生长变化，并采用多种方式进行记录表征……只要教师是一个有心人，具有一定的课程意识，语言、科学、数学、音乐、美术等各个领域的活动就可以不断生成，这样的课程既满足了幼儿当下的兴趣和需要，又能实现《3—6岁儿童学习与发展指南》《幼儿园教育指导纲要（试行）》提出的各领域的发展目标。

3. 户外环境与保教质量

提高幼儿园保教质量的关键是教师，其物质基础则是环境，因为幼儿教师不可能做出"无米之炊"。蒙台梭利认为环境就像人的大脑一样，影响着人的整体发展。因此，环境是"第三位教师"。创设环境是幼儿园教师重要的工作之一，也是幼儿园教师专业素养高低的表现之一。

- 良好的户外环境可以顺应幼儿的天性，满足幼儿的多种需要和兴趣。
- 良好的户外环境有利于实现课程目标，促进幼儿的全面发展。

[①] 埃里克·M.纳尔逊. 以儿童为中心的学习环境的设计与实施——室外课堂[M]. 北京：教育科学出版社，2017：10.

所以，良好的户外环境是提高幼儿园保教质量的物质基础和基本保障。

4. 户外环境与幼儿园品牌建设

走进一所幼儿园，我们首先看到的就是它的环境，尤其是户外环境，这样说来，户外环境不仅是课程生发与实施的载体，而且是幼儿园的形象和品质的展示。作为幼儿园的管理者，重视户外环境的创设，就是重视自己的教育理念和文化的外化，重视幼儿园的品牌形象建设。现阶段，很多城市小区配套的幼儿园户外环境非常糟糕，常见的就是塑胶地面加一个滑梯，让人感觉单一而贫瘠。产生这样的现象，既有客观上场地有限的无奈，也有经营者、管理者理念上的偏差，应该引起社会各界，尤其是教育工作者足够的重视。

幼儿园特色建设与发展的过程，同样也需要关注户外环境的创设。比如，我们去安吉参观幼儿园一定会关注他们的户外环境创设，因为这是他们实施户外自主游戏的载体，是安吉游戏重要的组成部分，是幼儿园的特色，也是教育理念和教育内涵的体现。

三、户外环境：理念与原则

户外环境创设不是单纯凭热情就能做好的事情。户外环境创设融合了学前教育学、儿童发展心理学、幼儿园游戏、儿童健康教育、儿童自然教育、美学、建筑学、环境设计及园艺等诸多学科领域的知识。幼儿园户外环境创设应遵循如下理念和原则。

1. 安全性与开放性

幼儿在户外活动中的安全是人们关心的首要问题。户外环境创设所要求的安全性主要表现在地面、设施设备、玩具材料等方面。

①**户外地面的安全**。6岁以下的幼儿普遍具有爱跑爱跳、动作发展不完善、自控能力比较差等特点。为保证幼儿摔倒时不被坚硬的地面弄伤，现在很多幼儿园都会在户外场地铺设塑胶、人造草坪、橡胶地垫等材料。这些材料在为幼儿提供保护的同时，也因为其化学添加剂等问题引发很多争议，常被批评为"毒跑道"。在规划设计户外活动场地时，我们不妨尝试借鉴其他国家的基本理念和实践做法，比如，笔者于2016年曾走访过四所日本幼儿园，均未看到任何由人工合成材料铺设的户外场地，很多都是松软而干净的沙土地。胡蕾在《以自然为导向的幼儿园游戏环境》一文中提到："日本富士山幼儿园为还给幼儿一个自然的游戏环境，户外活动场地杜绝工业塑料玩具及塑料、橡胶铺地。"①美国幼儿园户外活动场地也较少铺设塑胶地面，大多是自然的泥土、草地、砂砾等，可归纳为不卡通、不豪华、不现代、不崭新、不气派。②所以，笔者并不建议在幼儿园户外大面积铺设塑胶等人工合成材料。户外地面应该尽可能软化处理，比如，保留土质地面、沙土混合地面、掺杂木屑和树皮屑的土质地面、自然草地……

②**设施设备和玩具材料的安全**。户外设施设备和玩具材料的安全包括三个方面：一是购买的设施设备和玩具材料必须是正规厂家生产的，符合国家的规范要求，杜绝三无产品；二是安装时必须遵循安全规范的要求，考虑其高度、稳定性等基本指标，滑梯、攀登架、双杠等大型玩具下方必须设置防碰撞区，并铺设地垫、地毯、环保塑胶等；三是在使用过程中必须不断检修，防止出现任何问题。另外，教师需要在户外活动的过程中随时随地对幼儿进行安全教育。教师需要事先分析幼儿在体育活动时可能遇到的危险，做好场地布置、器材提供、运动时长与强度

---

① 胡蕾. 以自然为导向的幼儿园游戏环境［J］. 四川建筑，2013（1）.
② 程晓明. 奔跑在天地之间：幼儿园室外活动场地建设［M］. 南京：南京师范大学出版社，2014.

设计、教师指导、意外处理等方面的工作，形成一套符合幼儿发展规律的、循序渐进的锻炼制度，保障活动安全、有效地开展。

③开放性。开放的户外空间和开放的玩具材料是保障幼儿户外活动自由、自主的前提之一。在越来越强调幼儿户外自主游戏的今天，幼儿园户外环境在空间规划和玩具材料投放时都应考虑幼儿自由选择和自主游戏的可能性，比如，户外活动空间的连续性、流通性，有助于幼儿从一个空间转换到另一个空间；玩具材料的收纳、整理和摆放有助于幼儿自主选择和取放等。

2. 自然性与教育性

①自然性。户外活动场地最重要的功能之一就是为幼儿提供一个亲近自然、感受自然变化、沐浴阳光和空气、健康成长的空间，因此，户外环境创设应该尽可能保留自然风貌，让花草树木和各种小动物陪伴幼儿成长，并让幼儿感受生命成长变化的美妙和神奇。同时，户外环境的自然性也是环境保护的需要，在城市化进程快速发展的今天，这一点尤为重要。

②教育性。环境是重要的教育资源，因此，在创设幼儿园户外环境时还必须考虑教育目标和教育过程的需要，尽可能创设多元的环境。比如，既有各种运动类的环境，满足幼儿户外体育锻炼的需要；也有各种游戏的环境，满足幼儿丰富的游戏活动的需要；还有科学探究的环境，满足幼儿科学认知和科学探究活动的需要。另外，环境与课程关系密切，环境应有助于课程的实施和生成，幼儿园应该根据园本课程的理念和特色，因地制宜地创设具有地域和园本特色的户外环境。

3. 适宜性与挑战性

①适宜性。户外环境创设的适宜性是指要考虑幼儿年龄发展的水平和特点，从适宜性角度看幼儿园户外环境创设，不能忽视的一点是：不

同年龄段的幼儿，其身体机能、动作发展水平及心理需要存在巨大的差异，因此，户外环境创设需兼顾各年龄段幼儿的特点，要创设安全、适宜的户外环境。适宜的户外环境必然是儿童化和充满趣味的环境，因此，尽管我们是成年人，但必须尝试从儿童的视角看待户外环境的创设，满足幼儿游戏的愿望。

②**挑战性**。幼儿需要安全的、适宜的户外环境，但是随着年龄和能力的增长，高年龄段的幼儿会越来越喜欢富有冒险性、挑战性的设施设备和玩具，因此，幼儿园应为幼儿创设一些富有变化的、充满创意的、富有挑战和一定冒险性的环境。冒险的活动常常伴随着困难和问题，在挑战自身能力的极限时，幼儿会发现问题，会调动一切已有经验面对问题、解决问题，这就是他们学习与发展的真实过程。在这里，必须要说明的是，冒险性和挑战性的环境创设必须在安全的前提下，排除所有的安全隐患，我们不提倡盲目冒险和超越幼儿发展水平的挑战，更不提倡仅仅为了追求噱头而创设单一的刺激性环境。

4. 经济性与艺术性

①**经济性**。尽管现阶段我们处在国力鼎盛时期，但学前教育领域整体投入不足一直是一个很大的问题，尤其是广大的农村幼儿园，那么，如何利用现有资源创设适宜的、高效的户外环境，就成为我们必须认真思考的问题。幼儿园户外环境创设应厉行节约，不浪费空间，不浪费财物，不盲目攀比，不简单迎合上级领导和家长的虚荣心，尽可能就地取材、废物利用、一物多用。从另一个角度来讲，经济不等于低效，少花钱同样可以办大事，户外环境创设中起决定性作用的是观念，也就是管理者、投资者对于户外环境的认识。户外环境不仅仅是看起来如何，更重要的是它支持了幼儿哪些类型的活动、从哪些方面推动了幼儿的学习和发展。

②**艺术性**。户外环境的艺术性就是从审美的角度创设富有美感的户

外环境，使其空间设计富有创意、色彩和谐、图案美观、具有童趣。幼儿园户外环境设计有园艺的成分，但不应仅仅关注园艺，而应更多关注游戏场地设计的艺术美和童趣美。有童趣的户外环境不等于卡通化——卡通化是成人对于儿童审美的肤浅化理解。另外，经济的户外环境不等于简陋的环境，质朴的、自然的环境创设可以少花钱，但同样充满美感。审美教育渗透在幼儿教育的方方面面，环境是美育的重要途径。

5. 多样性与因地制宜

①多样性。多样性的环境是为幼儿园开展多样的户外活动服务的，这既是幼儿园课程目标实现的需要，也是为了满足幼儿多种多样的活动需求。环境的多样性有以下几方面含义：一是户外活动场地功能设计的多元。具有多种功能的活动场地能满足幼儿户外体育锻炼、游戏、科学探究、休闲、交往等各个方面的需要；二是地面设计的多元。幼儿园户外既要有硬化的地面，方便车类游戏的开展，也要有各种软化的地面，保护幼儿户外活动时不受伤害。地面既可以是土质、沙质、木质，也可以是草坪、水泥等；三是设施设备和玩具材料的多样。多样的设施设备与玩具材料直接支持幼儿开展多样的户外活动。

②因地制宜。我国幅员辽阔，东部与西部之间、农村与城市之间，无论是自然条件、经济条件、人文风貌，还是园舍面积、地理位置、师资水平、课程特色都存在巨大差异，而上述这些因素都在一定程度上影响着幼儿园户外环境的创设，因此，因地制宜成为重要的环境创设原则。我们既要学习其他地方的先进理念和经验，又要注意不盲目照搬，一切从实际出发，根据各地、各园的实际情况去规划设计自己的户外环境。

四、户外环境：需要关注的问题

我国国土面积大，东部与西部之间、南方与北方之间、农村与城市之间，幼儿园的实际状况差异巨大，所以，在幼儿园户外环境创设时，应根据实际情况，考虑幼儿兴趣、课程需要、面积、绿化、气候等一系列具体问题，因地制宜进行合理的规划与设计。

1. 户外面积与合理规划

①户外面积。我国住房和城乡建设部发布的自 2016 年 11 月 1 日起实施的《托儿所、幼儿园建筑设计规范》规定，幼儿园"每班应设专用室外活动场地，面积不宜小于 60 ㎡，各班活动场地之间宜采取分隔措施""应设全园共用活动场地，人均面积不应小于 2 ㎡"。这两项规定明确了幼儿园户外活动场地的最低人均面积（人均约 4 ㎡），但它远远低于全美幼儿教育协会（NAEYC）要求的每个儿童拥有 75 平方英尺（约 7 ㎡）的标准[1]。尽管我国人口众多，土地紧缺，但还是希望在幼儿园建设过程中能够从幼儿健康成长的角度出发，尽可能给予幼儿园比较充足的户外活动面积，以满足全园幼儿每天不少于 2 小时的户外活动的需要。

②合理规划。按照《托儿所、幼儿园建筑设计规范》的规定，幼儿园的户外活动场地既需要规划各个年龄班独自使用的活动场地，又需要规划全园幼儿共用的活动场地，这样的规划既有助于各班幼儿独自开展活动，又有助于全园幼儿共同活动。但在实践中，大多数幼儿园在规划户外场地时，先按照场地功能做全园的总体规划，如沙水游戏区、攀爬区、车类游戏区、建构游戏区、跑道……然后在具体使用的过程中，根据各个班的发展特点和教育目标，通过具体计划来安排各个班级使用的

---

[1]（美）朱迪斯·范霍恩，等. 以游戏为中心的幼儿园课程（第六版）[M]. 史明洁，等，译. 北京：中国轻工业出版社，2017：96.

场地,包括选择、使用次序和使用频率。后面这种规划方式在目前可能更符合幼儿园的实际。

2. 光照与绿化

①光照。幼儿在户外活动时可以充分进行阳光浴,这是户外活动对于幼儿健康成长的意义之一。《托儿所、幼儿园建筑设计规范》规定,幼儿园"应建设在日照充足、交通方便、场地平整、干燥、排水通畅、环境优美、基础设施完善的地段","室外活动场地应有1/2以上的面积在标准建筑日照阴影线之外"。

②绿化。户外环境的自然性很大程度上取决于绿化。绿化也是幼儿园美化的基础和前提,绿化的花草树木也为幼儿的科学探究提供了物质基础。《托儿所、幼儿园建筑设计规范》规定,"托儿所、幼儿园场地内绿地率不应小于30%,宜设置集中绿化用地"。"集中绿地是幼儿园美化净化环境、隔声减噪、改善小气候、认识植物及幼儿室外游玩的场所,可以起到美化、优化环境的作用,对幼儿有着陶冶情操、引发联想、拓展思维的功能,在幼儿园建设中要统筹考虑。"[①]

具体来说,幼儿园户外绿化应注意以下几点:

- 既有高大的乔木,又有低矮的灌木。高大的乔木可以在夏季提供阴凉,低矮的灌木可以用于隔断场地,有助于幼儿近距离触摸和观察。即使是乔木,也应该既有果木,又有花木,多样的树木有助于开拓幼儿的视野,感知植物的多样性。
- 既有树木,也有藤蔓、花坛和草坪。草坪的创设有助于幼儿开展各类跑、跳、翻、滚、爬的游戏。幼儿园户外的草坪不仅仅是观赏的草坪,因此,草坪选择的种类非常重要,应该是耐踩踏、可

[①] 联合国儿童基金会,中华人民共和国教育部规划司. 幼儿园安全友好环境建设指南(试行). 2015:30.

自我修复的品种。

- 避免在绿地内种植有毒的、带刺的、有飞絮的、病虫害多的、有刺激性的植物。

3. 课程目标与幼儿兴趣

①**课程目标**。幼儿园之间的教育理念和课程会存在一定程度的差异，而环境既是幼儿园教育理念与课程目标的体现，也是课程实施的载体，所以，在创设与调整户外环境时，应该结合自己的课程思想，思考环境应该承载的意义，把课程意识带入环境创设之中。比如，强调自然主义课程特色的幼儿园，会减少环境中人工的场地和设备玩具等，尽可能保留户外环境的自然属性；强调户外体育课程特色的幼儿园，会利用所有的空间为幼儿增加户外体育设施设备，为幼儿提供各类体育锻炼的器材和玩具；强调开放的户外自主游戏特色的幼儿园，会为幼儿提供多样的游戏场地，提供多元的玩具，并尽可能为幼儿打通区域之间的通道，有助于幼儿自由选择和自主游戏。

②**幼儿兴趣**。课程目标只是环境创设的一个出发点，幼儿园户外环境的服务对象是3—6岁的幼儿，所以，遵循幼儿的特点和兴趣需要是幼儿园户外环境创设最关键的立足点。提到幼儿的兴趣，所有的教师都会说是游戏。不错，爱玩是所有小孩子的天性，遵循幼儿天性的教育就是最好的教育。幼儿园户外场地最主要的功能就是满足幼儿户外游戏的需要，在每天不少于2小时的户外活动中，至少应该有1小时的自主游戏时间，这是幼儿生理、心理健康发展的需要。

现阶段幼儿园户外场地设计的基本趋势就是创设多样的游戏场，而不仅仅是运动场。即使是运动场的设计，也应能满足幼儿游戏运动的需要，而不仅仅是像中小学那样的操场。

4. 一年四季、南方与北方

户外环境与室内环境最大的不同是，户外环境受季节的影响比较大，我国东部和西部、南方和北方之间气候差异巨大，北方大多数地方四季分明，春季万物萌发；夏季炎热，花草树木葱茏；秋季天气转冷，落叶飘飘；冬季寒冷，冰雪覆盖大地。而南方很多地方四季常青，雨水偏多。

所在地域不同，气候条件不同，植被状况不同，这些必然会影响幼儿园户外环境的创设。比如，由于南方雨水比较多，幼儿园在户外环境创设时必须考虑雨水疏通和地面的吸水性问题；夏季炎热，必须考虑遮阴的问题。北方的幼儿园则需要考虑严寒季节挡风和地面防滑的问题。无论是哪里的幼儿园，都应该合理利用当地资源，为幼儿的户外活动尽可能创设有利的条件，以保障幼儿一年四季都可以享受户外活动的乐趣。

5. 农村与城市

尽管现阶段我国城市化进程发展的速度极快，但在广大的农村地区，尤其是西北地区和西南地区，受经济条件的制约，农村地区学前教育发展的总体水平远远落后于城镇地区。在很多人的眼里，农村似乎就是"落后"的代名词。但实际上并非如此，安吉的学前教育就是一个典型的例子。安吉的幼儿园主要分布在农村，而且很多农村是在大山里，但镇村一体化的发展模式以及安吉游戏的推广，让安吉全县的学前教育处在较高的发展水平。安吉学前教育整体均衡发展的经验值得全国各地的农村幼儿园学习和借鉴。

安吉学前教育的发展水平和内涵是透过独具特色的安吉游戏展示出来的，而安吉游戏最突出的特色便是户外环境和户外自主游戏。华东师范大学李季湄教授在接受《中国教育报》记者采访时说："'安吉游戏'

罕见的规模、丰富的内容、鲜活的场面、既乡土又现代的实践样态，其每一个园、哪怕是小小村园都无一例外地拥有充满乡土情趣、各具特色、生态环保的游戏环境。"[1]

从安吉成功的教育实践中，我们可以看到在户外环境创设方面，农村幼儿园具有得天独厚的优越条件，比如，农村土地没有那么紧张，农村的幼儿园一般户外空间比较大；任何地域的农村都有丰富的自然资源（土壤、山水、农作物、花草树木等），这些资源大都可以被运用到环境创设之中，以突显农村幼儿园的地域特色和课程特色。因此，农村幼儿园应该改变教育理念，重视环境和材料的作用，充分利用自然资源的优势，为幼儿创设更加美好的户外环境，以推动幼儿在环境中的全面发展。

城市幼儿园虽然具有资金足、师资水平整体较高等优势，但现阶段在户外环境创设方面最棘手的问题可能就是幼儿多、户外空间不足，如何因地制宜地利用现有的空间资源，为幼儿的户外活动创设充足的条件，保障户外多样的活动开展，是管理者和教师们需要认真思考的问题。

6. 室内与户外的连接

在我国大多数幼儿园，幼儿园的户外活动是由教师控制的。教师会在规定的户外活动时间把全体幼儿带到户外，全园各个年龄段的幼儿有统一的户外活动时间。在我们所做的 3634 份对幼儿教师的调查问卷中，关于"是否允许幼儿一天内的大部分时间可以'自由出入'室内外"的问题，只有 17.9% 的回答是肯定的（见图 1.1）。

---

[1] 常晶. "安吉游戏"为什么能成功——浙江安吉学前教育改革启示录（下）[N]. 中国教育报，2016-10-19.

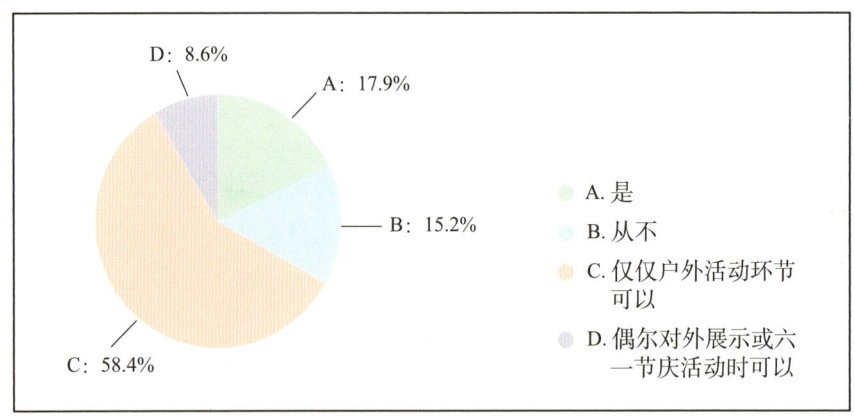

图 1.1

不允许幼儿自由出入室内外,关键的影响因素是教师班级管理和课程的观念,当然也与师幼比不适宜有关系,教师无法同时兼顾室内外的幼儿活动。还有一个影响因素是室内外之间的连接通道不通畅,无法保障幼儿在自由出入时的便捷和安全。

户外环境创设应考虑全园任意班级的幼儿从室内转入户外活动时的便捷性和安全性,从这个意义上讲,班级门的设计、走廊的设计、楼梯的设计、连接两幢楼之间的长廊的设计等都很重要。每个班级若都有一个往外延伸的大阳台(最好只有简单的遮阳、遮雨的设计),那么就可以为幼儿提供更多室内外活动自由转换的机会,楼上的幼儿不需要下楼就可以在户外(外阳台)活动(见图 1.2、图 1.3 和图 1.4)。

图1.2 浙江省杭州市钱新幼儿园:室内延伸到户外的长廊

图1.3 浙江省杭州市钱新幼儿园:一楼室内延伸到户外的半开放的玩沙区

图1.4 华南农业大学幼儿园：每个班级都有一个室内延伸到户外的木质平台

7. 特殊需要儿童的活动保障

一个设计良好的户外环境，不仅会为健康的幼儿提供各种活动的机会，也会考虑包括残障儿童在内的特殊需要儿童户外活动的需要。为残障儿童创设适宜的户外活动场所是一个很大的挑战，但它是世界范围内全纳教育所倡导的理念和人文精神。残障儿童不应该被束缚，仅仅停留在室内活动，他们需要更多到户外进行锻炼的机会，以促进身体的恢复。他们也需要更多与同龄幼儿交往的机会，在户外游戏中促进自我认识能力、社会交往能力、认知能力、情绪情感等的全面发展。

幼儿园户外环境创设首先应考虑室内通向户外、一个游戏场通往另一个游戏场的道路是否畅达，应便于下肢残障的幼儿拄拐杖或坐轮椅通行；其次，应该考虑攀登架、滑梯、秋千等游戏器材和玩具是否有合适的平台、扶栏等设计，以保障残障幼儿玩耍时的安全；最后，应考虑沙箱、水池的设计高度，各种玩具和工具的配置是否方便坐轮椅的幼儿使用。

8. 地下设施与地面上的活动场地

幼儿园户外地面表层的游戏场地、运动设施、自然景观等在创设时，应该注意避开不可变更的排污、供气、供热、电力、通信等公共地下管线和基础设施。戏水池、游泳池、喷泉、鱼池、沙池要方便接入水龙头。

室内游戏场地与户外游戏场地可以用长廊进行连接，户外每一个游戏区域之间要有多个通道；避免游戏区域之间的干扰或者留存安全隐患，比如，车道应该是一个半封闭的区域，不能与秋千、滑梯等玩具区混在一起。[1]

五、常见的户外活动场地设置与玩具材料投放

幼儿园传统的户外活动场地强调运动功能，尤其是做操、上体育课，因此，通常会有大面积平整的运动场地，然后通过滑梯、攀登架等游乐设施强化幼儿园的外在特征。户外活动场地通常也叫"操场"，"操场"在《现代汉语词典》中的解释有两种：一种是供体育锻炼用的场地，另一种是供军事训练用的场地，可见其中具有明显的中小学特征，而中小学的"操场"又是从军事训练的场地演化而来，这其中都有较为单一的运动和训练的含义。这样的场地并不是幼儿园户外活动场地应有的含义。

---

[1] 董旭花. 幼儿园户外游戏环境规划 [J]. 山东教育，2009 (15).

幼儿园若以游戏为基本活动，那么室内、室外都应该以游戏为中心创设环境、投放材料，因此，现阶段幼儿园户外场地创设的基本趋势，就是从单一的"运动场"到多样的"游戏场"的转变。

幼儿园户外活动场地创设既应考虑各年龄段幼儿的发展特点、需要和兴趣，也应综合考虑教育目标的实现，要围绕《3—6岁儿童学习与发展指南》各领域发展目标的需要，创设能促进幼儿各方面发展的、适合幼儿各种类型的活动的良好环境。

综合现阶段各地幼儿园所开展的活动，我们把幼儿园户外活动场地划分为以下四种：创造性游戏类活动场地、运动类活动场地、科学探究类活动场地和园艺、绿化、休闲活动场地，本书主要阐述前三种活动场地的创设和玩具材料的投放。

1. 创造性游戏类活动场地

游戏的类别很多，比较复杂。按照我国传统的划分方法，幼儿游戏可以分为创造性游戏和规则性游戏。创造性游戏主要包括角色游戏、表演游戏、建构游戏。在本书的户外创造性游戏中，我们也纳入了沙水泥巴游戏和涂鸦游戏，这几类游戏都具有明显的自由自主性、趣味性、创造性、开放性等特点，是较为典型的户外游戏类型。

与在室内开展的创造性游戏相比，在户外开展的创造性游戏因场地、环境的不同，具有以下几点优势：

- 户外游戏空间相对宽敞，幼儿游戏时较少受到人数和场地的限制，更加开放、自由和宽松，能够同时开展多个游戏，各游戏之间相互干扰较少。
- 户外自然的、低结构的材料随处可见，有利于幼儿灵活地选用材料，引发丰富多彩的游戏主题，激发其创造性思维与想象力的发展。
- 在户外开展创造性游戏时，幼儿之间更容易产生互动，有利于幼儿之间的交往与合作，共同推进游戏情节的丰富和发展。

游戏环境和材料是有效开展户外创造性游戏的基础。良好的游戏环境、游戏材料能够引发更丰富的游戏主题。比如，一座小木屋可能成为温馨的娃娃家；水池旁边的木板可能会引发搭桥的游戏；一张大木桌子会让幼儿萌发开餐馆的想法；树林中的一片空地可能会引发幼儿玩小剧场表演游戏；一堆树叶可能会引发做风筝的手工游戏……在同一个游戏场地，每天可能会"上演"不同的游戏主题：今天会有5个游戏同时进行，明天可能就会有8个游戏；有的游戏可能会持续好几天，有的游戏可能玩一会儿就结束了……在幼儿游戏的过程中，教师应该有意识地观察游戏环境、材料与幼儿游戏之间的关系，了解什么样的环境和材料是幼儿喜欢的，引发了幼儿什么样的游戏主题，是否支持幼儿游戏的深入和持续开展等，以便更好地把握环境和材料调整的方向，为幼儿高质量的游戏服务。

（1）角色游戏区

角色游戏是指幼儿根据自己的意愿创造性地反映现实社会生活的游戏，如娃娃家、小医院、小餐厅、小交警、加油站、小小解放军等。这些游戏主题和内容来自幼儿的家庭生活和社会生活经验，并富有独特的色彩，是幼儿期的典型游戏。

①场地设置。在户外不需要标记清晰明确的娃娃家、小医院、小餐厅等角色游戏区，也不需要张贴相应的标牌，因为游戏主题和游戏内容是幼儿在活动中不断生成的，而不是教师通过环境的布置强加给幼儿的。在很多幼儿园，教师会下很大的功夫专门布置小医院、小餐厅、美食一条街、农村大集等，张贴醒目的标牌，而这种环境布置和材料的固化，反而可能影响幼儿游戏主题和游戏内容的选择、生成和变化，时间长了，幼儿的游戏就会变得僵化而无趣。通常，有顶的、较为封闭的空间，如小房子、小亭子、长廊、帐篷等设置有助于幼儿生成娃娃家之类的角色游戏（见图1.5、图1.6和图1.7）。

图 1.5　华南农业大学幼儿园：大树和藤蔓围挡形成的半封闭空间可以作为娃娃家

图 1.6　华南农业大学幼儿园：草坪上的帐篷形成的娃娃家和私密空间

第一章 幼儿园户外环境创设 027

图 1.7 山东省淄博市市直机关第三幼儿园：小小柳树屋，也是幼儿喜爱的角色游戏空间和私密空间

通常，山坡、山洞、壕沟等设置有助于幼儿生成奔跑、追逐、对抗类角色游戏（见图 1.8、图 1.9）。针对这类游戏场地的创设，不建议直接与战争挂钩，不建议创设标识过于醒目的专门的战争堡垒，也不建议投放过于逼真的枪炮玩具。

通常，硬化的道路和车子有助于幼儿生成交警、加油站等游戏（见图 1.10）。

图 1.8 云南省政府办公厅圆通幼儿园的户外小土坡

图 1.9 山东省利津县第一实验幼儿园的户外小山坡

第一章 幼儿园户外环境创设

图 1.10 浙江省杭州市钱新幼儿园：户外通道上的小交警游戏区

②**玩具材料投放**。幼儿的游戏直接受玩具材料的影响，因此在户外游戏环境创设时，教师尤其要关注玩具材料的选择与投放，并在观察幼儿游戏的过程中，不断根据幼儿的兴趣和发展来调整材料。户外角色游戏的生成灵活多变，教师可以参考表1.1中提供的玩具材料，根据实际情况将玩具材料投放在户外玩具收纳箱（橱柜）中，以引发和支持幼儿开展角色游戏。

表1.1　角色游戏区玩具材料投放表

游戏主题	可引发和支持此类游戏的玩具材料
娃娃家	1. 各种人物或动物玩偶、婴儿车。 2. 小桌子（或可当作桌子的石板、木板、树墩等）、小椅子（或可当作椅子的石头、砖头、木头等）。 3. 可打扮玩偶的服饰等。 4. 可给玩偶做饭、吃饭的锅碗瓢盆（或可当作锅碗瓢盆的替代物）、可当作食物的材料（如树叶、沙土、石子、花花草草等）、可当作饮料的材料（如易拉罐、纸盒、奶瓶、各种杯子等）。
小餐厅（水果店、面包店、西餐厅、大排档、烧烤店等）	1. 围裙、厨师帽。 2. 桌子、桌布、小椅子。 3. 厨具、餐具（如锅碗瓢盆），以及可替代的低结构材料。 4. 蔬菜、水果等各种食物，以及可替代的低结构材料。 5. 可写菜谱的黑板或纸笔。 6. 电话、钱币、收款机等。 7. 可用来制作各种饭菜的胶泥等。
加油站 洗车店 小交警	1. 三轮车、小货车、扭扭车等。 2. 塑料管子（可用作输油管子）。 3. 打气工具、洗车工具。 4. 交警服装、帽子。 5. 行车路线、斑马线、交警指挥台。 6. 代替红灯、绿灯、黄灯的指示牌。

续表

游戏主题	可引发和支持此类游戏的玩具材料
小医院	1. 可当作病床的桌子、石板、木板等。 2. 医生和护士的帽子、衣服。 3. 电话、代表电脑显示屏的盒子、键盘等。 4. 医疗器械玩具，如听诊器、血压计、注射器等。 5. 可当作绷带的白色布条。 6. 可当作药盒的各种纸盒。 7. 可用作记录的纸笔、可当作病历的本子等。
宠物店	1. 各种动物玩偶。 2. 可当作宠物笼子的盒子、筐子。 3. 小动物项圈和绳子。 4. 可当作宠物食物的低结构材料。 5. 可给宠物洗澡的澡盆、洗浴用品、美容用品。 6. 可给宠物打针的注射器等。

在角色游戏中，幼儿以假想的方式，实现自己亲身参与社会生活的愿望，所以它对于幼儿自我认识、社会经验、交往技能、语言表达、情绪情感等的发展都具有重要意义。在游戏中，幼儿以人代人、以物代物进行情境、角色、情节的假想，实现内心的愿望。为帮助幼儿更好地实现游戏愿望，推动游戏的发展，角色游戏区的玩具材料投放应注意以下问题：

- 投放一定的结构性玩具，如车、玩偶、听诊器等，有助于幼儿尽快确定游戏主题，唤醒幼儿的社会生活经验，创造丰富的游戏情节。
- 投放一定的非结构性玩具，如石子、木片、瓦片、纸盒、树叶、小树枝、PVC管、小瓶子等，有助于幼儿在游戏中产生更多以物代物的假想性行为，不断丰富游戏内容，支持其象征性思维的发展。
- 一般来讲，年龄小的幼儿因为其思维发展的具体形象性，更需要与现实生活中的物品像的东西进行游戏，因此，小班可以多投放一些结构性玩具，中大班就应该逐渐减少结构性玩具，增加更多

的非结构性玩具,让幼儿的游戏有更多自我发挥、自我创造的空间。

- 玩具材料投放时一般要求丰富多元,但也不是越多越好。太多、太杂乱的玩具不仅有可能阻碍幼儿的游戏发展,让幼儿的游戏停留在操作材料本身,而不是用玩具材料玩角色游戏,还可能阻碍幼儿之间的社会交往。

(2)表演游戏区

表演游戏是幼儿根据文学或艺术作品的内容和情节,通过自己的动作、表情、声音等进行的角色扮演的游戏活动。在幼儿园中,幼儿主要依据作品的主题和情节开展表演游戏,从表演的内容和主题来分,主要分为故事表演游戏、音乐歌舞表演游戏和装扮游戏等。表演游戏的水平与幼儿积累的文学艺术经验的丰富程度、幼儿语言动作的发展水平以及幼儿的思维水平等关系密切。

由于表演游戏能够满足幼儿自我表达和展示的需要,能够提供一个小伙伴之间共同游戏的机会,所以这种类型的游戏在幼儿园深受幼儿喜爱。无论在室内还是在户外,教师都应该为幼儿提供机会,满足幼儿自由表达的愿望。

①场地设置。表演游戏区通常也被称作"小舞台",那是否意味着创设表演游戏的环境就是搭建一个小舞台呢?当然不能那么教条,有的幼儿园会在户外为幼儿搭建一个较为逼真的小舞台,也有很多幼儿园利用户外的自然条件,在小树林里或在教学楼的台阶上为幼儿创设表演的场地(见图1.11)。表演游戏区的场地一般需要一块相对宽敞的地面,方便幼儿表演时的走动和相互合作。

通常在一块平整的场地上、在大树下,如果有舞台的帷幔和表演用的服装道具,那么就会激发幼儿产生舞台表演的欲望(见图1.12和图1.13)。

图 1.11 山东省淄博市市直机关第三幼儿园：教师办公用房门口搭建的木质平台和小房子就是舞台，场地中的大树桩就是很好的座位

图 1.12 山东省潍坊市新华幼儿园：在平整的场地上设置了舞台的帷幔，投放了很多装扮用的服饰

图 1.13　山东省寿光市文正教育集团文轩幼儿园：户外的"叮当林"，有助于幼儿进行敲敲打打的节奏乐表演游戏

②**玩具材料投放**。幼儿表演游戏的开展更多取决于环境中的玩具和材料，比如，播放器里的音乐会引发幼儿的歌舞律动表演（见图1.14）、一顶老虎的帽子会引发与老虎有关的故事表演、一些打击乐器会引发幼儿节奏乐的表演（见图1.15），因此，教师应重点关注表演游戏中玩具材料的投放，思考投放怎样的材料可以满足幼儿近期的兴趣和需要，引发幼儿富有创造性的表演游戏，并促成幼儿彼此之间的交往与合作。

图1.14 山东省东营市胜利石油管理局第三实验幼儿园：纱巾等饰品和音乐引发的户外表演游戏

图1.15 山东省东营市胜利石油管理局第三实验幼儿园：打击乐器引发的户外表演游戏

教师可以参考表1.2中提供的玩具材料，根据实际情况进行投放，以引发和支持幼儿表演游戏的开展。

表 1.2 表演游戏区玩具材料投放表

游戏主题	可引发和支持此类游戏的玩具材料
故事表演	1. 各种人物或动物头饰、手偶。 2. 可用来装扮的各种服装、头巾、帽子、眼镜等。 3. 幼儿普遍喜欢的天使翅膀、塑料或木质剑、斗篷等道具。 4. 可随时从中选择材料作为故事表演游戏道具的百宝箱。 5. 可当作椅子的石板、木板、树墩等。 6. 一块小黑板，用来写表演剧目。 7. 纸笔等，用来制作演出的门票、海报等。 8. 支持幼儿进行手偶或木偶表演的小舞台。
音乐歌舞表演	1. 可用来布置舞台帷幔的、大大的纱巾或布，最好可开合。 2. 播放器和提前录制好的、幼儿熟悉的音乐（一般不超过 5 首曲子，可每周更换 1～2 首）。 3. 各种打击乐器、幼儿熟悉的音乐的图谱。 4. 竹管、PVC 管、旧锅碗瓢盆等生活中的材料，也可以用作打击乐器。 5. 可用来装扮的服饰等。 6. 一个百宝箱。 7. 可当作椅子的石板、木板、树墩等。

表演游戏是幼儿园创造性游戏之一，教师要注意它与表演活动的区别。既然是游戏，就强调幼儿的自娱自乐。幼儿在表演过程中不需要照搬故事，也不需要完全按照老师教的动作进行歌舞律动表演，让幼儿在表演中抒发情感、表达和展示自己、感受同伴游戏的乐趣更重要，因此，表演游戏区不一定要设置观众席。为了更好地引发和支持幼儿的表演游戏，玩具材料投放时应注意以下几点：

- 提供演出的道具尽可能简单，方便幼儿以物代物即可，不需要过于逼真和形象。因为表演游戏属于象征性游戏的范畴，强调幼儿在表演过程中的以人代人、以物代物，幼儿以假想的动作、声音和表情表达自己对音乐和故事的理解，过于逼真的道具可能妨碍幼儿的创造性想象，也可能分散幼儿的注意力。

- 尽可能让幼儿参与准备表演游戏所需的服装和道具，准备的过程也是幼儿学习设计、动手制作的发展过程。
- 表演游戏的服装和道具应该随幼儿表演的剧目的变化，不断进行调整。
- 应该在表演游戏区设置分类摆放表演服装和道具的器材小屋，方便幼儿自己取放和整理。器材小屋里还应设一个百宝箱，投放各种废旧材料或自然材料，供幼儿在游戏时自由选择，进行假想的表演游戏活动。

（3）建构游戏区

建构游戏是幼儿利用各种建构材料，通过想象和各种造型活动构造物体形象的活动。幼儿最喜欢建构周围的各种建筑物，因此，建构游戏也叫建筑游戏。建构游戏可以促进幼儿感知、动作、想象力、审美等方面的发展，帮助幼儿获得空间概念和数量概念，发展幼儿的认知能力。建构游戏有助于培养幼儿做事认真、细致、耐心、坚持等品质，有助于幼儿发现自己的能力、增强自信心、发挥自己潜在的创造能力，有助于幼儿健全人格的发展。

建构游戏既可以在室内开展，也可以在户外开展。户外建构游戏的优势主要表现在以下几点：

- 户外空间一般比较宽敞，有助于幼儿进行较为宏大的建构主题，比如，居住的小区、动物园、长城、天坛公园等。
- 户外的空间特点有助于幼儿相互间的合作，中大班的幼儿会共同协商游戏主题，并一起完成游戏主题的建构。
- 室内由于空间狭小，极易导致幼儿之间因作品倒塌、争抢玩具等引发的纠纷。户外空间比较宽敞，能够避免这些不必要的纠纷，让幼儿专注于建构游戏。
- 在大多数幼儿园，户外建构游戏使用的是中大型积木，这可以让幼儿体验建构游戏带来的挑战和成就感，增强自信心。

①**场地设置**。建构游戏需要平坦、宽敞的场地。幼儿既可以直接在相对硬化的地面上进行建构，也可以在铺有地垫、地毯的地面上进行建构（见图1.16）。夏天，建构游戏场地应有遮阳设施。建构游戏区应设置积木分类存放的玩具架，还应该为幼儿提供小车、筐子等，方便幼儿选择和运送积木。

图1.16　华南农业大学幼儿园：户外铺有木地板的建构游戏区

②**玩具材料投放**。支持幼儿户外建构游戏的材料主要是木质积木，除此之外，教师还可以投放纸盒、纸杯、砖头、易拉罐、奶粉桶、PVC管等废旧物品材料。幼儿可以把废旧物品材料当作积木的辅助材料进行建构（见图1.17），也可以单独运用这些废旧材料进行建构游戏（见图1.18、图1.19）。

第一章 幼儿园户外环境创设 039

图 1.17 山东省东营市胜利石油管理局第三实验幼儿园：幼儿运用积木与砖头进行混合建构游戏

图 1.18 山东省沂源县第二实验幼儿园：幼儿运用纸盒进行建构游戏

图 1.19 广东省广州市番禺区东城幼儿园：幼儿用 PVC 管进行建构游戏

建构游戏材料是幼儿开展建构游戏的决定性因素，材料是否适宜会影响幼儿建构游戏的兴趣和建构游戏主题目标的实现，教师在选择和投放材料时应注意以下几点：

- 积木是户外建构游戏最好的材料，不可缺少，不可替代。
- 如果要满足一个班全体幼儿共同进行建构游戏的需要，那么建构材料的数量应该尽可能充足。
- 纸盒、纸杯、易拉罐等材料并不是建构游戏的必需材料，可以有，也可以没有。
- 有必要准备分层、分类摆放积木的架子，还需要准备带轮子的小车、小筐等，方便幼儿搬运积木。

（4）沙水泥巴游戏区

玩沙、玩水、玩泥巴是小孩子最喜欢的游戏，而且百玩不厌。沙水泥巴的触觉很特别，能刺激幼儿的感官发展；沙水泥巴游戏富有变化，有助于幼儿想象力、创造力的发展；沙水泥巴游戏易与建构游戏、角色游戏相融合，生成较为复杂的游戏情节；沙水泥巴游戏蕴含很多发现问题和探索问题的机会，有助于幼儿综合智慧的发展。

①场地设置。玩沙区是幼儿园必须要有的户外游戏区域，可以与玩水区分开设置，也可以合起来设置——因为沙水合起来才好玩。户外空间较大的幼儿园应该尽可能扩大沙水区域的面积，最好能容纳一个班的幼儿共同游戏（见图1.20）。在户外空间较小的幼儿园，沙水区的面积应该能够容纳一个班级二分之一的幼儿玩耍，这样有助于教师开展分组活动时的组织管理。在沙水区，冬天应该有日照，夏天应注意遮阳。

沙水区的地面应做好排水处理，因为幼儿喜欢挖沙，所以沙池的深度应该在50厘米左右。为保持沙池的洁净，应注意定期清理沙池上的异物，尤其要注意是否有碎玻璃、锋利边缘的石块等。

图 1.20　广东省广州市番禺区东城幼儿园的沙池

为避免沙子外泄，通常沙池、水池的边缘都会略高于地面，或者沙水池凹于地面。沙水池的造型可以设计得更灵动、更有美感，但要以实用为主。

沙水池在设计时也可以与攀爬、平衡等运动器械相结合（见图 1.21），一方面节省了空间，另一方面沙子又起到了软保护的作用。

图 1.21　山东省淄博市市直机关第一幼儿园：户外沙池与平衡木的融合设置

户外空间严重不足的幼儿园可以设置可移动沙箱，满足幼儿玩沙的需要。有条件的幼儿园应该为幼儿创设一个玩泥巴的独立空间，这个空间里既要有泥和水，让幼儿自己有机会把泥和水进行混合，又要有一个水泥或瓷砖的平台，方便幼儿用泥巴进行创意手工活动。

有条件的幼儿园还可以为幼儿创设一个专门玩水的水池、水渠、泳池等（见图1.22、图1.23）。

图1.22 广东省广州市番禺区东城幼儿园的戏水池

图1.23 广东省广州市番禺区东城幼儿园的游泳池

②**玩具材料投放**。幼儿喜欢沙水泥巴游戏是因为沙、水、泥巴的触感特别、富有变化，充满了创意。为支持幼儿更有创意地游戏，促进幼儿在游戏中的发展，教师可参考表1.3提供相应的玩具和材料。

表 1.3　沙水泥巴游戏区玩具材料投放表

游戏区域	可引发和支持此类游戏的玩具材料
玩沙区	1. 质地松软、易于塑形的细沙。 2. 小水桶、铲子、竹筒等玩沙工具。 3. 粗眼筛子、细眼筛子。 4. 可以做各种造型的模具（如蛋糕、花朵等造型）。 5. 各种杯子、碗、锅等造型的材料。 6. 周围有可利用的小树棍、树叶、野草等自然材料。 7. 各种管子、木板等材料。 8. 儿童雨鞋。
玩水区	1. 戏水池、水渠、游泳池等蓄满干净的水。 2. 小水桶、水杯等玩水材料。 3. 水枪等可吸水、喷水的玩具。 4. 可在水中漂浮的球、小鱼等塑料玩具。 5. 各种管子。 6. 可用于在水渠上搭桥的木板、梯子等材料。
玩泥巴区	1. 易寻找、可塑性强的泥巴。 2. 方便的水源。 3. 各种泥工工具、模具。 4. 可用来装饰泥巴作品的树叶、树枝等自然材料或废旧材料。

在沙水泥巴区投放玩具材料时，应注意不要一股脑儿地都堆在沙水池里，应该分门别类地存放在沙水泥巴池旁的玩具小屋里，方便幼儿按照自己的需要自由取放。

（5）涂鸦游戏区

"涂鸦"一词，原是唐朝诗人卢仝在《示添丁》一诗中描述其儿子乱写乱画的顽皮之行——"忽来案上翻墨汁，涂抹诗书如老鸦"。后来人们便从卢仝的诗句里得出"涂鸦"一词，后人经常以"涂鸦"比喻书画或文字稚劣，多用作谦词。

作为一种当代的街头艺术创作，涂鸦起源于20世纪60年代的意大利。涂鸦的意大利文（Graffiti）之意是乱写，是指在墙壁上乱涂乱写出的图像或画作。百度百科对涂鸦的解释是："在公共、私有设施或墙壁上的人为和有意图的标记。涂鸦可以是图画，也可以是文字。"

从东西方对"涂鸦"含义的解释可以了解到两点：第一，涂鸦原本就体现了儿童的天性，是儿童自我表达和探索的过程。第二，涂鸦不仅仅是随意涂画，还应该是一种艺术创作的方式。3—6岁的幼儿正处于绘画发展的关键期：涂鸦期与象征期，涂鸦游戏能满足幼儿的心理需要，带给幼儿游戏的乐趣，让幼儿在恣意的涂涂画画中释放自己，并发展动作和象征能力。涂鸦活动既属于艺术创作活动，又具有游戏的特点。

①场地设置。为避免幼儿的涂鸦活动被干扰，幼儿园的涂鸦区一般可设置在户外相对安静的地方，幼儿可以在桌面上、地面上、墙面上、树干上、石头上等任意地方涂鸦（见图1.24—图1.26）。涂鸦的空间和工具、材料本身的创意也是涂鸦游戏富有吸引力的组成部分。涂鸦区应该由操作台、展示台（展示墙、展示架）、工具材料台、水池几部分组成。

图1.24　山东省东营市胜利石油管理局第三实验幼儿园：幼儿正在墙面和树叶上涂鸦

第一章 幼儿园户外环境创设 045

图 1.25 福建省福州市融侨杰座幼儿园：幼儿正在地面上使用粉笔进行涂鸦游戏

图 1.26 浙江省杭州市钱新幼儿园：幼儿正在鹅卵石上进行涂鸦游戏

②**玩具材料投放**。工具和材料是幼儿进行涂鸦游戏的物质基础，对材料的选择和使用也反映了幼儿的发展特点和兴趣，因此，幼儿园应该重视涂鸦游戏材料的研究，充分利用各种美术活动材料，追寻幼儿的兴趣，充分挖掘当地资源，为幼儿的涂鸦游戏提供充足的多元材料，并透过材料的创造性选择和使用，推动幼儿的创造性表达。涂鸦游戏区玩具材料的选择和投放可参考表1.4。

表1.4 涂鸦游戏区玩具材料投放表

涂鸦空间	可引发和支持此类游戏的玩具材料
墙面、地面、桌面、石头、树干、树枝、纸箱、黑板、画板等	1. 纸张、画笔、刷子、颜料、剪刀、胶带、喷壶等。 2. 各类自制涂鸦工具：可用报纸、布、蔬果、农作物秸秆、树叶、树枝、废旧玩具等自制。 3. 各类自然物，如鹅卵石、枯树等；各种废旧物品，如旧的桌椅板凳、瓶子、水桶等。 4. 各类辅助材料，如画架、盘子、小水桶、笔筒、笔架等。

2. 运动类活动场地

《幼儿园工作规程》第23条明确提出："幼儿园应当积极开展适合幼儿的体育活动，充分利用日光、空气、水等自然因素以及本地自然环境，有计划地锻炼幼儿肌体，增强身体的适应和抵抗能力。正常情况下，每日户外体育活动不得少于1小时。"现阶段幼儿园的体育运动主要包含自主性运动游戏、规则性运动游戏、体能锻炼活动和体育课等几种类型。为保障幼儿园各个年龄段、各类运动的实施，各个幼儿园必须根据自己的实际条件，尽最大可能拓展幼儿的运动空间，配置体育器械，投放运动类玩具，为幼儿的体育活动创设适宜的环境，促进幼儿身体机能和动作的发展，增强幼儿的身体素质和适应能力。

（1）**场地设置**

如前文所述，现阶段幼儿园户外环境创设的一般趋势就是从单一的

"运动场"向多样的"游戏场"的转变，再加上现阶段很多幼儿园户外面积有限，因此，幼儿园户外场地一般都兼具多种功能。面积小的幼儿园尤其需要统筹兼顾、综合设计和利用户外场地，在一块场地上实现自主游戏、体育锻炼、体育课、早操、科学探索等多项活动的目标。户外面积较大的幼儿园可以考虑专为不同年龄段的幼儿创设户外活动场地，也可以创设不同功能的游戏场和运动场。

①**集体运动场**。我国的幼儿园一般都有集体上体育课、做操的传统，那就需要一块相对平坦、面积较大的空间，至少可以容纳一个年级全体幼儿共同做操和游戏。按照《托儿所、幼儿园建筑设计规范》的要求，还应设置30米长的直跑道。因为地面平坦，也可以作为球类游戏、车类游戏、各种传统游戏、各类中小型运动器械和玩具的游戏场地。教师组织幼儿进行的规则游戏一般也是在这个区域完成的。

集体运动场一般设置在幼儿园户外的中心，尽量不要安装大型玩具设施，以免遮挡教师的视线，影响教师的观察指导和安全防护。

集体运动场要保证夏季有绿荫，因此，面积较大的幼儿园可以在场地中间（面积较小的幼儿园可以在场地边缘）栽种高大的乔木。集体运动场还需要保证光照充足，避免一直被周围的建筑物遮挡太阳光。

②**攀爬、平衡、投掷、旋转等固定器械游戏区**。幼儿园户外还应该根据《3—6岁儿童学习与发展指南》中健康领域的目标和幼儿的动作发展特点、心理需要，创设能促进幼儿大动作发展的攀爬区、平衡区、投掷区、旋转区等场地，以及固定滑梯、攀爬架、钻爬网、软梯、爬绳、肋木、平衡木、秋千、荡船、转椅、吊床、投球架等运动器械（见图1.27）。

为节省空间，投放的器械玩具可进行组合设计，攀爬器械可以与墙壁、树木、长廊等相结合。《托儿所、幼儿园建筑设计规范》要求户外场地的"地面应平整、防滑、无障碍、无尖锐突出物，并宜采用软质地坪"（见图1.28），"游戏器具下面及周围应设软质铺装"。

图 1.27 江苏省无锡市侨谊幼儿园金科园：利用墙边的绿化地带创设的综合钻网、攀梯、平衡木等运动器械为一体的运动区域

图 1.28 云南省政府办公厅圆通幼儿园：大树与攀爬器具相结合构成了户外活动区域，土地与落叶形成了特别的"软质地坪"

③**生态野趣区**。如果幼儿园户外面积较大，那么应该尽可能为幼儿规划一块贴近自然、生态环保、充满野趣的运动和游戏区域。这样的生态野趣区一般会有小山坡、山洞、小溪流、池塘、小桥、沟壑等，栽种大量树木，有较大面积的草坪。由于生态野趣区没有太多固化的游乐设施，所以充满了各种未知的变化，也更富有创造性和吸引力（见图1.29）。

图1.29 山东省淄博市市直机关第三幼儿园：在户外野趣区，有孩子们喜欢爬上爬下的山坡和钻进钻出的山洞，还有可攀爬的大树

④**运动器械和玩具存放区**。幼儿园户外有大量可移动的运动器械和玩具，为避免天天搬进搬出的麻烦，应该在每个区域相临近的位置，设置美观又简单的器械房（玩具屋）。在器械房内，应根据本区域器械、玩具的大小和形状设置相应的玩具分层架，高度应方便幼儿自主取放（见图1.30、图1.31）。

图1.30 山东省淄博市市直机关第三幼儿园:户外器械玩具房

图1.31 山东省寿光市文正教育集团文轩幼儿园:户外开放式运动器械架

(2)运动器械和玩具投放

幼儿园户外运动类器械和玩具种类繁多,有购买的成品器械和玩具,也有教师、家长和孩子们一起制作的简易玩具,无论哪种类型,都应当坚固耐用,符合国家相关的安全质量标准和环保要求,符合幼儿的发展特点,具有变化性和趣味性。教师在选择和投放时可参考表1.5。

表 1.5 户外中小型可移动运动器械和玩具投放表

运动类别	可引发和支持幼儿运动的器械和玩具
攀爬	单梯、人字梯、小型攀爬架、周边有孔的大木箱、大拼插滚筒（可以拼装成拱形门，摆放在场地上，幼儿可以像翻小山一样，从侧面攀爬）。
钻爬	钻圈、拱形门、梯子、阳光隧道、体操垫、废旧凉席、废旧桌椅等。
平衡	常规的平衡木、S形及波浪形平衡木、晃动平衡木、单人/双人平衡台、平衡凳、绳索、各种高跷、独角椅、四轮滑板、拼插步道、荡桥、塑料的过河石、小型蹦蹦床、木桩、轮胎、独轮和两轮自行车、大油桶等。
旋转	滚筒、感统器械中的大陀螺和手摇旋转盘（可供1～2个孩子坐在里面旋转晃动）、小型单绳秋千、吊缆竖抱筒（感统器械）等。
操控	扭扭车、三轮车、滑板车、踩踏车、单人/双人协力车、轮胎、铁环、陀螺等。
投掷	沙包、降落伞、纸飞机、报纸球、飞镖、套圈、手榴弹、吸盘球、流星球（自制的、带穗子）、水弹（装满水的气球）等。
球类	小皮球、足球、篮球、棍球、门球、大笼球、羊角球、沙滩排球（相对柔软，适合幼儿玩）等。
综合类	呼啦圈、跳绳、轮胎、废旧桌椅、各种规格的自制木凳（可以接起来走平衡，可以放倒练跨跳，可以不同高矮排起来变成小山练习攀爬……）以及不同长度和宽度的木板、梯子等。

3. 科学探究类活动场地

3—6岁的幼儿具有强烈的好奇心，他们会受好奇心的指引，不断探索周围的环境，主动认识周围的物体与现象。因此，对于幼儿来讲，科学并不是高深莫测的、不着边际的知识体系，而是幼儿身边触手可及的一切。有人说孩子个个都是天生的科学家，只要环境适宜，他们从来不会停止探索的脚步。户外活动中的幼儿会沉醉于游戏和体育活动，同样也会沉醉于科学探究活动。

在《3—6岁儿童学习与发展指南》中,科学领域强调成人要善于发现和保护幼儿的好奇心,充分利用自然和实际生活中的机会,引导幼儿通过观察、比较、操作、实验等方法,学会发现问题、分析问题和解决问题,帮助幼儿不断积累经验,并运用于新的学习活动,形成终身受益的学习方法和能力。设计良好的户外环境可以让幼儿有机会亲近自然,感知大自然的奇妙变化,激发其好奇心和探究欲望,支持幼儿在接触自然和生活中的事物、现象的同时,积累有益的直接经验和感性的认识。

幼儿在户外的科学探究活动与游戏、体育运动并非截然分开,而是经常相融共存。幼儿的游戏中蕴含着科学探究,幼儿的运动中也同样蕴含着无限的科学探究的要素。从环境创设的角度出发,为幼儿的科学探究创设的环境主要包括种植园地、饲养园地和木工坊等场所。

(1) *种植园地*

尽管现阶段幼儿园户外面积有限,但仍应该尽可能为幼儿开辟种植园地,这样做不仅是为了户外环境的多样性,为了绿化和美观,而且是为了给幼儿一个亲近泥土的机会,感知一颗种子从发芽到结果的整个过程,感知生命的神奇,学习观察与记录的科学方法,了解植物的生长周期以及与自然环境的密切关系,知道尊重和珍惜生命、保护环境。

①*场地设置*。种植园地应该设置在阳光充足、取水方便的地方。如果幼儿园户外面积较大,应该为每个班级设置一块种植园地(见图1.32),做上班级标识,便于幼儿自主选择种植内容,自主进行田间管理。如果户外面积较小,可以利用边边角角的空间进行种植活动,哪怕仅在边角位置种上3棵玉米、2株向日葵,对于幼儿来讲,都是难得的体验。如果幼儿园户外面积太小,也可以利用种植箱、盆盆罐罐等进行种植活动(见图1.33)。

第一章 幼儿园户外环境创设 053

图 1.32 江苏省无锡市侨谊幼儿园金科园：为每个班级创设的种植园地

图 1.33 华南农业大学幼儿园：每个班级门口都有一个小小的种植园地，为花花草草浇水和观察记录它们的成长成为孩子们晨间活动的主要内容

供幼儿种植的土地需要先进行整地、作畦、施肥等准备活动。整地就是松土的过程，一般整地和施肥同时进行。作畦就是把土地整成一小块一小块，方便田间管理。幼儿园的田畦要适合3—6岁的幼儿，而非

成人。一般来讲，田畦的宽度为幼儿两臂长，畦埂要方便幼儿来回走动和转身，宽度能容纳两个幼儿交错走过为宜。

②工具材料投放。无论是播种、移植还是田间管理，都需要为幼儿准备适宜的工具和材料，可参考表1.6。

表1.6 种植活动工具材料投放表

种植内容的选择	种子、植株和种植工具	观察和记录的工具
1. 易于生长、易于管理、对土地肥料要求不高。 2. 生长周期相对较短。 3. 身边常见的农作物、蔬菜、花卉、树木等。	1. 颗粒大、健壮、饱满、无虫害的种子。 2. 健壮的植株（有些植物不是直接播种，而是移植）。 3. 适合幼儿身高的小型劳动工具，如小铲子、小锄头、小喷壶、小筐等。	放大镜、记录纸或本、笔等。

（2）饲养园地

幼儿与动物有着天然的亲密关系。饲养活动可以培养幼儿对动物的积极情感、爱护动物的意识和行为，可以让幼儿更直观地观察、了解动物生长发育的全过程，帮助幼儿积累生命科学的经验。如果幼儿有机会照料动物，也是培养责任心、爱心和探索生命科学的好机会。

现阶段幼儿园饲养活动的开展，面临的主要难题是获得卫生防疫部门和家长的认可，因此，幼儿园应该做好安全和卫生防疫工作，创设适宜的环境，支持幼儿饲养活动的开展，引导幼儿通过饲养活动获得更好的发展，让饲养活动成为幼儿园课程的一部分。

①场地设置。幼儿园饲养区的面积可大可小，这与要饲养的动物的数量、体积和特性有关。饲养场地可设置成简易的棚子（见图1.34），也可以设置成小动物房（见图1.35），最好采用木质、铁质材料进行镂空设计，这样既可以保证通风，又便于幼儿观察。为保证幼儿及动物的安全，镂空尺寸不宜过大。

图 1.34　山东省寿光市文正教育集团文轩幼儿园的孔雀屋

图 1.35　山东省淄博市市直机关第三幼儿园的户外饲养房和兔子笼

设计小动物笼或小动物房时还应考虑卫生清理的便捷，可采用双层抽拉式的底部设计。幼儿园还可以利用水缸、石槽、水池等来饲养水生动物，如小鱼、蝌蚪、乌龟等。

②工具材料投放。幼儿园里饲养的动物都应该让幼儿有近距离接触、观察的机会，应该让幼儿参与喂食、清理等饲养过程。饲养活动投放的工具和材料可参考表1.7。

表1.7 饲养活动工具材料投放表

饲养内容的选择	食物和饲养工具	观察和记录的工具
1. 外形美观、叫声悦耳。 2. 性情温驯，适合幼儿抚摸、拥抱的小型动物，如兔子、鸡、鸭、鹅、羊等。	1. 适合小动物吃的食物，如萝卜、白菜、青草、鱼食等。 2. 清扫动物房的工具，如小扫帚、小拖把、簸箕、小水壶等。	记录纸或本、笔。

（3）木工坊

木工活动既可以在室内进行，也可以在户外进行。在户外可以较好地解决空间不足和噪音的问题，当前很多幼儿园在户外创设了木工坊活动区域。木工活动既有助于发展幼儿的动手能力，又有助于发展幼儿的设计、制作能力，是很好的创造性探索活动，可以真正融入"STEM[①]"教育，让幼儿有机会在敲敲打打的动手操作中感知材料，学习使用工具，进行设计、测量、计算、制作等科学学习和探究的活动。

①场地设置。在设计户外木工坊时，教师可以根据幼儿园户外的实际情况，进行场地的选择。一般可以把木工坊设置在相对安静的场地边缘，既可设计成开放的样式，只有一个屋顶或棚子（见图1.36），也可以设计成漂亮的木板房、玻璃房等。

[①] STEM，科学（science）、技术（technology）、工程（engineering）、数学（mathematics）四门学科英文单词首字母的缩写。2006年1月31日，美国总统布什在国情咨文中公布一项重要计划——《美国竞争力计划》(American Competitiveness Initiative, ACI)，提出在知识经济时代，教育目标之一是培养具有STEM素养的人才，并称其为全球竞争力的关键。由此，美国在STEM教育方面不断加大投入，鼓励学生主修科学、技术、工程和数学，培养学生的科技理工素养。STEM教育理念对于幼儿教育同样有很大的影响。

第一章 幼儿园户外环境创设

图 1.36 山东省寿光市文正教育集团文轩幼儿园的户外鲁班园

木工坊一般由三部分组成：

- 工作台。它是幼儿利用工具进行木工操作的区域，工作台不宜太高，最好有高低两种设计。工作台的中间可设置竖立的架子或盒子，方便存放小型工具和常用的钉子等材料。
- 材料存放架。木工坊会有很多大大小小、形状各异的木材，因此要为木材的整齐摆放设置合理的收纳空间，可设置成简易架子，也可以分类摆放在筐里。
- 作品展示台。每天幼儿都会有一些木工作品，这些作品需要一个存放和展示的空间，这些作品也会成为幼儿相互学习和借鉴的范例。作品展示台应该由两个空间组成：一个存放完成的作品，另一个存放未完成的作品。有时候需要多次制作和打磨，幼儿才能完成一件作品，因此，展示台应该有存放幼儿未完成作品的空间设计。

②工具材料投放。由于幼儿园的幼儿年龄小，而木工活动又比较特殊——无论是教师还是幼儿，在生活中都缺乏木工活动的经验，所以幼儿园木工活动的开展需要解决三个方面的问题：安全的问题、教师学习和培训的问题、适宜的工具和材料配置的问题。木工坊工具和材料的配置可参考表1.8。

表1.8　幼儿园木工活动工具材料配置表

木工工具	木材	防护用具
1. 锤子、扳手、钳子、锯子、刨子、螺丝刀等。 2. 各种规格的钉子。 3. 砂纸（打磨作品）、测量工具等。	不同材质、不同硬度、不同大小、不同形状的木材。	护目镜、手套等。

幼儿园木工工具和材料在配置时应多请教专业人士，工具是否适合幼儿使用、是否安全，最好先买一件试试之后再做决定。另外，教师还需要注意以下几点：

- 针对不同年龄的幼儿，所选的工具和材料以及活动的内容都应该有所不同。
- 4岁以上的幼儿应该使用真实的工具，而不是塑料的玩具工具。尽管高质量的工具价格有些高，但是有很重要的意义。
- 可以到商店购买材料，也可以请木材工厂捐献一部分下脚料。幼儿木工活动的木材不仅要求数量多，而且材料的质量也要高——木块太大不行，幼儿没有能力分割；木块形状相同也不行，无法

支持幼儿进行创造性建构。

- 不要急于让幼儿进行木工创作。幼儿必须首先学习安全使用工具,并在简单的锯木头和钉钉子的过程中熟悉木材的纹理、形状等特点,感受木工活动的乐趣。
- 应指导幼儿学习简单的木工技能,如锯切、粘合木块等,帮助幼儿不断积累木工活动的经验。在进行简单的物体建构(如桌子、飞机、木头人)的过程中,体验创造的喜悦。

六、实践中的误区

现阶段,无论是学前教育的行政管理人员,还是幼儿园的经营者、管理者,都越来越重视幼儿园的户外环境创设,但在具体工作中,因为理念的偏差、安全的禁锢、环境创设知识不足等,导致现阶段幼儿园环境创设存在很多误区。这些误区的存在,让我们花费了钱财和精力,却没有提供一个很好的、为幼儿学习和发展服务的户外环境。

1. 场地规划与设计中的误区

在幼儿园户外场地规划与设计中,通常存在以下误区。

①盲目模仿,缺乏设计理念引领,没有整体规划意识。幼儿园户外环境的规划和设计是一件很专业的事,但是现阶段,我国缺乏优秀的专业设计团队,很多幼儿园在建设时由开发商负责,缺乏与教育部门的有效沟通。很多设施在交付使用时,幼儿园老师感觉不好用,只好毁掉重新建设,造成不必要的浪费。有些幼儿园的经营者和管理者会在规划幼儿园环境时,主动出去参观学习,但因为缺乏正确的环境设计理念的引领,只会盲目模仿某个幼儿园的这一点或那一点,而不知

道如何结合自己的实际,从整体上对幼儿园的环境做统筹规划,让幼儿园的户外环境和室内环境更好地为幼儿的发展和课程目标的实现服务。

②户外环境规划时忽略了对现有资源的合理利用,缺乏特色,造成"千园一面"的现象。幼儿园不是一个孤立的存在,自然环境和社会环境是一个大系统,环境中的所有要素都会相互影响。每所幼儿园所处的地域的自然环境、社会环境、文化形态都是不同的,这是幼儿园存在所依托的重要资源。因此,在创设幼儿园户外环境时,应先对幼儿园已有的资源进行分析,根据自己的资源优势(既包括自然环境和社会环境,也包括园内建设结束后的环境现状,如面积、形状、地面形态、地下设施等),创设富有特色的户外环境,避免简单地重复别人的样式,造成"千园一面"的现象。

③建筑设计缺乏室内外多向通道设计。幼儿每天会从室内到户外进行多次转换,很多幼儿园只有楼梯口一个通道,供全园几百个幼儿出入,既不符合消防规范,也不利于幼儿在室内外自由地进行活动转换。在对幼儿园进行环境设计时,应该考虑幼儿每天不少于两个小时的户外活动的需要,多设计一些开放式阳台、连廊,让每个班级的幼儿都可以轻松进出活动室,保障幼儿有更多户外活动的时间。

④户外环境功能单一,仅有运动场地,缺少支持幼儿开展多样化活动的空间设计。很多城市小区的配套幼儿园,户外一般只有一个较空阔的院子,铺设塑胶地面,边缘有一个滑梯,这样的幼儿园基本上就没有户外环境的设计。也有一些幼儿园会在户外投放除滑梯之外其他的运动器械,如攀登架、爬网、梯子、平衡木等,但户外空间缺乏功能上的划分,仅有适合运动的设施和器材投放,缺少支持幼儿进行多种类型的游戏和探究活动的空间设计。

户外环境的规划应着眼于幼儿的全面发展,尽可能做到室内场地与户外场地、体能活动场地与智能活动场地、个别活动场地与集体活动场地、游戏场地与探究学习场地、人造场地与自然场地之间的平衡,以支持幼儿在多种类型的活动中获得全面发展。

⑤太多的硬化地面,缺少多样化的地表样态。2009年,廖志丹在湖南长沙15所幼儿园进行了一项户外活动地面的调查,调查发现各种类型的地面所占的比例为:水泥地面53%、拼塑铺地47%、浇注式塑胶地面33%、草地和地毯铺地20%、瓷砖和鹅卵石地面7%[①]。这个调查结果反映了我国幼儿园户外活动场地硬化地面太多,塑胶地面比例高(而且具有越来越高的趋势)的特点,很多农村幼儿园现在也在户外铺设大面积的塑胶。

何建闽强调,"室外活动场地的地面不可铺设有化学污染或放射性污染的材料;不提倡铺设花岗岩、硬质地砖和水泥地,因为这些地面不利于幼儿奔跑跳跃;大面积铺设塑胶地面会造成空气污染,影响幼儿健康,所以除了跑道之外,其他地方不宜铺"[②]。

全美幼儿教育协会在《美国幼儿园环境安全评估标准》中提出,幼儿园要有适合幼儿开展不同活动的地面,如草地、水泥地、沙池等。2003年,美国总务管理局(GSA)通过的《托幼机构设计指南》明确指出,幼儿园户外的地面材料分三种:弹性的、硬性的和草坪。弹性地面建议使用木屑、树皮屑、环保的橡胶地垫等,可以减少对幼儿跌落时的伤害。硬性地面主要是指混凝土、沥青、砖石等,方便车类游戏使用。草坪是幼儿园户外游戏最适合的地面,可以选择适合当地气候条件的、耐踩踏的、容易养护的草坪。

此外,维护幼儿园地表的多样化形态符合环境保护的基本理念,对于营造幼儿园小环境的良好生态循环也是大有裨益的。

[①] 廖志丹. 长沙地区幼儿园户外体育活动场地现状调查研究[D]. 湖南师范大学,2009.

[②] 何建闽,等. 幼儿园活动户外场地、地面材料的现状、问题与建议[J]. 教育与装备研究,2016(11).

⑥缺少小团体和私密空间的设计。幼儿园户外活动不仅有全园、全班幼儿的集体活动，在自主活动的理念下，幼儿园每日还应有不少于一个小时的自主游戏活动。幼儿会三三两两结伴，自由选择区域、自由选择玩具，开展属于他们自己的游戏。开放的空间有助于幼儿之间的流动和互动，有助于教师管理（教师对全园场地一览无余），但如果全园户外全部都是开放的大空间，那么就很难满足部分幼儿对于安静的游戏空间或私密小空间的需要。现阶段，我国很多幼儿园在户外环境创设时忽略了这一点。

户外环境创设时可以在户外的小树林、长廊、亭子等区域，因地制宜设置一些小树屋、小草房，或者动态投放一些布帘，供幼儿自由围挡成自己的私密空间，也可以在户外投放几顶帐篷，作为幼儿的私密空间和安静游戏的空间。

⑦不顾活动空间对幼儿发展的适宜性，盲目追求园林般的绿化、美化。现阶段有些幼儿园盲目追求高大上的环境设计，请园林设计部门的人员做户外环境的设计，结果却因为园林设计部门的人员对幼儿园户外活动缺乏了解，导致户外环境的设计只有绿化和美化，丢弃了教育化和儿童化，大面积的场地沦为单一的景观带。有些设计空间分割过碎，不当的绿化形式占用了太多活动空间，缺少幼儿能够跑动起来的大空间，缺少一个区域到另一个区域的流畅通道，甚至有些绿化、美化的地带设有高出地面的路缘石或护栏，阻碍了幼儿的自由游戏和探索，出现"教育用地无教育"的尴尬局面。

绿化、美化是幼儿园户外环境创设很重要的一点，但绿化、美化所占用的空间必须服务于幼儿的生活和幼儿的发展，要有意识地将幼儿园每一寸土地的功用与促进幼儿发展联系起来，创造性地提高使用效率。户外面积有限的幼儿园，不主张单纯创设只能观赏、不能自由出入开展活动的绿化带，应当清除路缘石和隔离护栏，让绿化带、草坪地面和道路、游戏场自然衔接，以支持幼儿自由自在的奔跑和户外活动。

⑧活动场地规划太过精致和规矩，缺乏生机和野趣。讲究环境设计是一件好事，但过于讲究则容易走向反面。现阶段有些幼儿园资金充足，每年都要琢磨出一些项目。如果缺乏正确的环境理念引领，那么就可能出现户外活动场地规划设计过于精致、过于规矩、了无童趣。

户外环境设计在"趣"上多花心思是对的，但这种"趣"要符合幼儿的审美特点，富于童趣，带有野趣，应避免以成人的眼光衡量幼儿眼中的"趣"。鲁迅先生曾在《从百草园到三味书屋》一文里这样说："我家的后面有一个很大的园，相传叫作百草园。现在是早已并屋子一起卖给朱文公的子孙了，连那最末次的相见也已经隔了七八年，其中似乎确凿只有一些野草；但那时却是我的乐园。""不必说碧绿的菜畦，光滑的石井栏，高大的皂荚树，紫红的桑葚；也不必说鸣蝉在树叶里长吟，肥胖的黄蜂伏在菜花上，轻捷的叫天子（云雀）忽然从草间直窜向云霄里去了。单是周围的短短的泥墙根一带，就有无限趣味。油蛉在这里低唱，蟋蟀们在这里弹琴。翻开断砖来，有时会遇见蜈蚣；还有斑蝥，倘若用手指按住它的脊梁，便会啪的一声，从后窍喷出一阵烟雾……"

每次读鲁迅先生的这篇短文，总让我们回到自己的童年，那个只有一些野草和菜畦的百草园是孩子们的乐园。所以，幼儿园户外环境创设应该从孩子的视角出发，保留自然应有的元素，有时候一片未经修整的地面会杂草丛生、土地裸露、坑坑洼洼，但幼儿则会兴趣盎然地在这里采摘野花、编织草叶、寻找虫子、挖掘壕沟……他们会在这里游戏、交往、观察、探寻、思考，乐在其中。可见，具有儿童意识的环境才是幼儿喜爱的环境。

⑨环境创设中缺乏课程意识。《幼儿园工作规程》第30条提出："幼儿园应当将环境作为重要的教育资源，合理利用室内外环境，创设开放的、多样的区域活动空间，提供适合幼儿年龄特点的丰富的玩具、操作材料和幼儿读物，支持幼儿自主选择和主动学习，激发幼儿学习的

兴趣与探究的愿望。"也就是说，环境不是孤立的存在，它不仅是供幼儿消遣、休息和娱乐的存在，而且是为幼儿的学习和发展服务的，是幼儿园课程建设的一部分。

现阶段有些幼儿园管理者在进行户外环境创设时，仅仅从教师好管理、幼儿好玩耍的角度进行空间规划和玩具投放，忽略了环境就是教育资源，是幼儿园课程的组成部分。因此，户外环境创设应该结合《幼儿园工作规程》《幼儿园教育指导纲要（试行）》和《3—6岁儿童学习与发展指南》的精神和目标的要求进行规划，使幼儿园的空间、设施等有利于引发、支持幼儿的游戏和各种探索活动，有利于引发、支持幼儿与周围环境之间积极的互动，使幼儿园环境符合幼儿学习和发展的基本方式。

2. 玩具材料投放中的误区

在投放玩具材料方面，通常存在以下误区。

①**盲目追求高大上的奢华玩具，不考虑实用性和幼儿发展的适宜性。**户外环境中的器械玩具因为摆在外面，一目了然，是幼儿园形象的重要组成部分，有些幼儿园的经营者和管理者会非常重视，但仅以成人的喜好为中心进行选择，盲目比拼奢华和高档，并以此为噱头吸引眼球，比如，铺设高档塑胶地面、地垫，让户外不露出一点泥土地；购买高档大型的组合玩具，体现所谓的"童趣"；设计装修高档的儿童游泳池、健身房等，体现幼儿园的高层次……其实说到底，这都是丧失幼儿教育价值观的体现。

幼儿园户外环境、玩具材料的适宜性和发展价值与是否高档没有任何关系，很多国内外高质量的幼儿园并没有任何高档玩具和设施，但依然充满了童真和童趣，质朴而富有创意，能为幼儿的学习、游戏和成长提供最好的支持。

户外环境中的玩具和材料可以很贵，也可以很便宜，甚至一分钱也不用花，价格与价值并不等同，关键要看它是否适合幼儿的年龄特点、是否有童趣、是否蕴含教育价值、是否富有变化，正所谓适合的才是最好的。

②盲目追求玩具数量的充足、形式的多样，忽视其针对性、科学性和教育性，甚至可能对幼儿的游戏造成干扰。幼儿园户外玩具材料投放应该尽可能丰富多元，以满足各个年龄段幼儿的需要，让幼儿在户外自主游戏时有自由选择的可能，达成促进幼儿全面发展的目标。但是，户外玩具材料投放时并不是越多越好，有时候太多反而会对幼儿的选择造成干扰，分散幼儿的注意力，对幼儿持续、深入地开展探究活动造成不良的影响。

有些幼儿园盲目比拼玩具材料的数量，以数量的多少评价户外环境的优劣，这可能导致一些幼儿园投放玩具材料时，不能斟酌其科学性、针对性、适宜性、发展引领性，进而影响幼儿通过户外活动获得发展。

③为追求安全，忽视体育器械投放的层次性，缺乏挑战性。现阶段幼儿园户外活动最大的障碍就是以安全为由的禁锢。因为家庭对幼儿的保护越来越严重，结果可能导致幼儿大肌肉活动能力、动作的发展以及自我保护意识的缺乏，幼儿园户外体育活动的开展也变成一项很有挑战性的事情。有些幼儿园为求自保，尽可能减少幼儿在户外的活动时间。在我们所做的3634份调查问卷中，有5.2%的幼儿园幼儿每天户外活动的时间不足一个小时（见图1.37）。即使到户外活动，教师也不让幼儿使用运动器械，只是在塑胶地面上带着幼儿集体游戏。教师不敢放手让孩子们自己去玩，怕孩子玩滑梯、攀登架时摔下来，怕孩子玩沙子时沙子进到眼睛里，怕孩子玩篮球时篮球砸在同伴身上……

有些幼儿园的户外器械和玩具不是根据《3—6岁儿童学习与发展指南》提出的发展目标和幼儿的兴趣需要投放的，而是仅仅考虑哪一种更安全，因此，户外仅有小皮球、绳、呼啦圈等简单的玩具，既不丰富，也没有层次性，更缺乏挑战性。

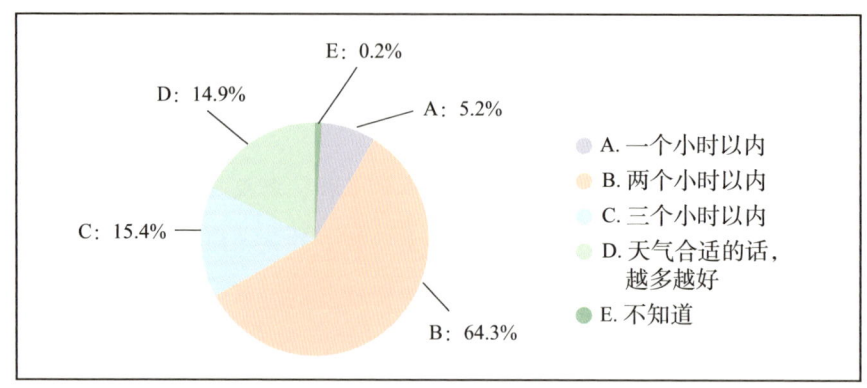

图 1.37

幼儿的发展是按照一定的规律呈螺旋式上升的,户外投放的运动器械和玩具应该具有递进性,对幼儿的动作和体能的发展具有推进作用。幼儿的安全不是简单的被动保护,而是要让幼儿在积极的运动中增强自我保护意识和能力。事实证明,运动能力强的幼儿因为动作的灵活性、协调性、平衡性强,反而不容易出现安全问题。

④**盲目追求户外器械玩具的挑战性、冒险性,具有一定的安全隐患,也给教师带来极大的压力。**和上面的问题相反,还有一种现象是,有些幼儿园为追求所谓的特色,盲目设置一些高挑战性、高风险的器械和玩具,比如,不带任何保护装置的滑索、高高的攀爬架和滚筒等,甚至比拼谁的最厉害。幼儿园不是杂技团,幼儿也不是靠单纯展示动作技能来发展的,管理者更不应该拿幼儿的生命安全和健康做赌注。幼儿园任何户外游戏和运动器械都应该根据3—6岁幼儿的发展特点设置,要定期检修,避免出现任何安全隐患。

⑤**户外堆满人工制作的玩具,缺乏变化性,而且占用了太多幼儿可以奔跑的空间。**有些幼儿园在户外投放了很多人工制作的器械和玩具,如坦克、飞机、大炮等,这些玩具基本不能动,也没有变化的可能,但占用了很多户外空间,影响了幼儿奔跑、跳跃和自由发挥的游戏。著名建筑师塞缪尔·尼克森(Samuel Nicholson)曾经说:"在任何一个环境

中，发明性与创造性的程度，以及探索的可能性直接取决于其中变量的多少与种类。""德国建筑师君特·贝尔茨克（Günter Beltzig）在40年的人生里设计了上千个游乐场，从纽约、伦敦到波多黎各都有他设计的游乐场，但他却说，如果每个孩子能在野外自由玩耍，他宁可自己所有的游乐场都被夷为平地。"①

上面两位建筑师的话促使我们思考幼儿园户外环境中的"好玩具"的问题。好玩具是要好玩，孩子们喜欢，但这不是唯一的标准。很多游乐场中的玩具和游乐设施是靠感官刺激来吸引人的。如果单纯问幼儿是否喜欢，那么回答是肯定的。如果幼儿园户外空间足够大，这种单纯的感官刺激和单一动作训练的玩具有一两件也不是不可以，但如果户外仅有这样的玩具，那肯定是不够的。玩具中的"变量"决定了一件玩具的质量，富有变化的玩具材料才会让幼儿天天玩、反复玩，并不断玩出创意、玩出深意。

辛格博士在20世纪90年代初写成的《想象之屋：儿童的玩耍与想象力》(*The House of Make-believe: Children's Play and the Developing Imagination*) 一书中提出，想象的能力是大部分儿童天然具备的能力，但有一些元素能进一步促成这种探索的意愿：第一，简单的东西或者道具，以刺激关于冒险的幻想；第二，玩的空间、时间必须是开放的、非结构性的；第三，孩子的生命里必须有一个关键的大人，以尊重和喜悦鼓励并保护孩子的发明。②她说："我的感觉是，孩子在任何时代、任何地方都是一样的。他们被同样的事情吸引：爬树、玩水、躲猫猫，他们充满想象力。"③

有时候，简单的、富有变化的玩具确实更具有发展的价值，更符合幼儿创造性游戏的需要。

⑥盲目追求更多的自制玩具，造成资源和教师时间精力的极大消

---

①②③ 陈赓. 儿童、玩耍与想象力[J]. 三联生活周刊, 2015 (22).

耗。经常会有一些机构组织教师进行自制玩教具比赛，也经常会有老师问自制的玩具好，还是买来的玩具好，其实这本来不应该是一个问题。我们向来主张专业的人做专业的事，教师的专业是做保教工作，而非制作玩教具，所以，教师不应该花大量的时间去自制玩教具，况且教师能够做的基本上都是纸制品或布制品，很难经得住幼儿玩，也不一定好玩。但若幼儿园没有资金购买玩教具或者市场上买不到所需的玩教具，教师当然可以自制一部分简单的玩教具。但是教育行政管理部门不应该硬性规定幼儿园自制玩教具必须占到多大比例，不应该给教师增加太多负担。

⑦创造性游戏活动区域太多高结构类玩具和材料，缺少适合幼儿以物代物进行假想性游戏的低结构材料和自然材料。幼儿园户外的创造性游戏需要一定的高结构玩具和材料，以引发幼儿的游戏主题，但更需要大量的低结构玩具和自然材料，以支持幼儿在假想的游戏情境中以物代物，例如一片叶子可以用作小船，可以用来做菜，可以给小动物宝宝当床，可以用来当化妆刷……现阶段有些幼儿园已经为幼儿在户外创设了很多角色游戏、表演游戏的空间，但是投放了太多真实的或高仿真的玩具材料，甚至百分之百都是高结构的定型玩具。这些玩具和材料缺乏变化，无法创造性使用，可能会限制幼儿在游戏中的创造性思维。

第二章

幼儿园户外创造性游戏类活动指导

一、角色游戏活动指导
二、表演游戏活动指导
三、建构游戏活动指导
四、沙水泥巴游戏活动指导
五、涂鸦游戏活动指导

创造性游戏是现阶段幼儿园推崇的游戏类型。这类游戏更自由、更富有变化和创造性，更符合幼儿主体性发展的需要，以及幼儿的年龄特点和兴趣需要，是幼儿随时随地都会玩、乐此不疲的游戏类型。创造性游戏不分室内和户外，只要有机会、有条件，就会有幼儿的创造性游戏。因为创造性游戏更强调幼儿的主体意识和幼儿的创造性，所以，对创造性游戏进行指导尤其要讲究艺术性和灵活性，教师要根据游戏性质的不同，了解每一种游戏的内容和幼儿发展的关键经验，掌握观察与指导的要点，灵活地采用适当的方法指导幼儿的游戏，以助推幼儿在游戏中更好地发展。

一、角色游戏活动指导

在角色区的小木屋里，两名幼儿正在玩小医院的游戏。他们把医院打吊瓶用的输液袋挂在木屋的横梁上，让输液管垂下来，旁边放了一个木墩用来坐着打针。一名幼儿跑过来说："我感冒了，要打针！"屋内的两名幼儿赶紧过来，一名幼儿找到一根小棒给他在手背上擦擦，假装消毒，另一名幼儿拉过输液管就打针，并用一片柳树叶子当胶贴盖在手背上固定。一会儿工夫，来打针的孩子自己说打完了，站起来就跑了……看到这一幕，我有些困惑，玩医院游戏不挂号就看病，医生不看病就给病人打针，病人不缴费就跑了……出现这样的情况，教师需要介入吗？教师该如何指导呢？

案例中教师遇到的问题是，当幼儿在角色游戏中的做法或规则与现实生活中有所不同时，教师是否应该介入指导。其实，这个问题涉及幼儿角色游戏的一些根本性问题：

- 角色游戏所反映的应该是幼儿对生活的感受和体验，还是成人的感受和体验?
- 在角色游戏中,让幼儿体验游戏的快乐更重要,还是掌握现实生活中的规则与知识更重要?
- 角色游戏带给幼儿哪些发展的关键经验?
- 教师通过幼儿的哪些行为,可以判断其角色游戏水平的高低?
- 教师如何指导幼儿的角色游戏,才不会破坏其自主性?

角色游戏是幼儿期具有代表性和典型性的游戏形式,是幼儿按照自己的意愿扮演角色,运用语言、动作、表情、想象等,创造性地反映其生活环境、生活体验和生活感受的一种游戏。角色游戏能够充分满足幼儿与同伴一起装扮、模仿,尽情想象与创造的心理需求,为幼儿提供了模仿、再现人与人之间关系的机会,为他们形成良好的社会交往能力打下基础,对幼儿的健康发展具有极为重要的促进作用。[①]

1. 活动内容与关键经验

角色游戏的内容一般包括:以日常生活为主题的游戏内容,如幼儿最喜欢玩的"娃娃家游戏""幼儿园游戏"等;以社会生活为主题的游戏内容,如随着幼儿年龄的增长、生活范围的扩大,以及生活经验和自身体验的进一步丰富而出现的"医院游戏""餐厅游戏""理发店游戏""银行游戏"等。

角色游戏的关键经验见表2.1。

[①] 董旭花,主编. 幼儿园游戏[M]. 北京:科学出版社,2016:123.

表 2.1 角色游戏的关键经验

关键经验		小班	中班	大班
游戏兴趣		喜欢模仿生活中常见的人物角色与生活场景，对角色游戏感兴趣。	喜欢参与角色游戏，能够比较投入地参与角色游戏。	能主动投入地玩角色游戏，能够较长时间沉浸其中，感受到游戏带来的快乐。
游戏能力与水平	主题选择	在游戏环境及材料的影响下能够开展主题相对明确的角色游戏；在教师的引导下能够初步建立选择游戏主题的意识。	能按照自己的意愿主动选择游戏主题，逐渐建立起与同伴商量、共同确定游戏主题的意识；游戏过程能基本围绕主题开展。	能与同伴协商，共同确定游戏主题，游戏过程中主题明确而稳定。
	角色扮演	能从简单的动作模仿到有意识地进行角色扮演，具有初步的角色意识。	有较强的角色意识，游戏过程中能运用语言、表情和动作，体现角色的基本特征，能有意识地与其他角色互动。	有明确的角色意识，能把自己对角色的观察与理解融入游戏；能以扮演的角色身份在游戏中积极地与其他角色自如地互动。
	情节推进	游戏有简单的情节，能够基本围绕主题情节开展游戏。	能比较主动地创造游戏情节，推进游戏开展；游戏情节相对丰富。	能有意识地设计比较丰富的游戏情节，在遇到问题时，能与同伴一起尝试解决问题，创造新的情节，推进游戏发展。
	材料选择与使用	能主动选择并利用材料开展游戏，有较多的以物代物的行为。	能有目的地选择材料，有较高的创造性地使用材料的表现。	能紧紧围绕主题，有目的地选择材料，能根据游戏需要，自如地、随机地利用身边的物品开展游戏。

续表

关键经验	小班	中班	大班
交往与合作	喜欢与同伴一起游戏，能体验到与同伴共同游戏的乐趣。	具有初步的合作游戏意识，喜欢与同伴沟通。在教师引导下尝试通过协商、轮流、妥协等方式解决游戏中的问题。	在游戏过程中主动与同伴交流，能够多方互动；在确定主题、分配角色、设计情节、遇到问题等方面，能听取同伴的想法，主动沟通、协商，较快地解决问题和纠纷。
规则与习惯	在教师的提醒下能遵守游戏规则，不乱扔、不损坏玩具，知道物归原位。	有一定的规则意识，能遵守游戏主题中的规则，爱惜玩具。游戏后能主动归类、整理玩具。	能与同伴一起建立游戏中的规则，并自觉遵守。能快速有条理地归类、摆放玩具和整理游戏场地。

2. 观察与指导要点

在户外角色游戏活动中，教师观察与指导的要点主要体现在幼儿对角色游戏的兴趣；游戏主题的选择与确定；角色的设置、分配与扮演；游戏情节的设计与推进；幼儿对游戏材料的选择与使用；幼儿在游戏中的交往、合作以及解决问题的能力；幼儿对游戏规则的遵守与良好的游戏习惯的养成等方面，具体内容如下。

（1）幼儿对角色游戏的兴趣

幼儿对角色游戏的兴趣直接决定了幼儿能否在游戏中获得积极的情感体验。教师可以通过观察来了解不同幼儿对角色游戏的兴趣。比如，幼儿对游戏的投入程度、专注于某一个游戏的时间、幼儿游戏时的表情和语言等。一般可以通过以下几种途径激发幼儿的游戏兴趣：

- 通过丰富适宜的游戏环境和材料，激发幼儿的游戏兴趣。比如，在游戏区内设置一些木屋、草房子、帐篷、桌椅板凳、废旧生活用品等，以激发幼儿游戏的兴趣。
- 通过游戏前教师与幼儿的互动交流、谈话，激发幼儿游戏的兴趣。比如，教师请幼儿各自说一说自己想玩的游戏，肯定幼儿之前在游戏中的一些创造性表现，还可以利用图片和视频，展示幼儿熟悉的生活场景以及其他幼儿玩过的游戏，从而激发幼儿的游戏兴趣。
- 教师还可以通过推介、展示新的游戏材料，唤起幼儿已有的经验，以激发幼儿游戏的兴趣。

（2）游戏主题的选择与确定

在角色游戏中，幼儿对游戏主题的选择与确定是教师应该关注的要点之一。教师要观察幼儿如何选择与确定游戏主题：是依据经验还是受材料的启发，是自己做决定还是依从同伴，是共同商量还是独自一人确定……教师可以通过对这个过程的多次观察，来了解和判断幼儿的游戏水平、自主意识和能力以及与同伴合作交往的能力。在此基础之上，教师还可以有针对性地对幼儿进行帮助与指导，比如，幼儿一直犹犹豫豫无法确定主题时，教师可以尝试与幼儿交流，了解他的想法，提出自己的建议，帮助他通过筛选来确定自己的选择，或者学会倾听别人，与同伴交流，共同确定主题。

生活经验是幼儿角色游戏主题的主要来源，也是决定幼儿游戏主题的重要因素。因此，教师不妨通过以下方式来丰富和唤醒幼儿的经验，帮助幼儿更快、更好地确定游戏主题。

- 教师可以有意识地引导幼儿学会观察周围的人、事、物，丰富幼儿的生活经验，也可以通过参观、访问等社会实践活动，拓展幼儿的生活体验。如果教师能够引导家长认识到生活经验的重要性，家园共同关注，那么会取得事半功倍的效果。
- 教师还可以利用谈话以及材料投放的方式，唤醒幼儿已有的生活经验。有时幼儿不去开展某些主题的游戏，或游戏中没有出现某些情节，并不是幼儿缺乏这方面的生活经验，而是这些经验没有被唤醒。一旦这些经验被唤醒，相应的游戏主题自然就会出现在幼儿的游戏中。比如，在户外角色区一直没有出现"小医院"游戏，但当一位家长带来一套输液用的药袋后，幼儿就会自然地开始玩起"小医院"的游戏了。再如，游戏开始前，教师在谈话活动中提到隔壁班幼儿玩"烧烤店"游戏时的情节和内容，可能会唤醒本班幼儿的经验，从而出现类似的游戏主题和情节。

（3）角色的设置、分配与扮演

游戏中角色的设置常常能够体现游戏情节的丰富程度，比如，"娃娃家"里是只有爸爸、妈妈和宝宝，还是会有姥姥、姑姑、哥哥、舅舅；"餐馆"里是只有两个做饭的厨师，还是会有餐厅老板、厨师、服务员、采购员。游戏角色的分配方式以及幼儿投入角色的程度，直接体现了幼儿的交往合作能力及其角色游戏的水平。教师应通过细致的观察和倾听幼儿游戏过程中的语言，或者通过游戏后与幼儿交流等方式，对这些方面进行了解。

对于游戏角色的设置问题，教师可以通过提建议、分享他人的游戏或者引导幼儿细致地观察、了解现实生活中的情形等方式予以指导。对于游戏角色的分配问题，教师可以在观察的基础上有针对性地进行指导。比如，对于总喜欢自己说了算的幼儿，教师可以启发他多听听别人的想法；对于总是听别人安排的幼儿，教师可以鼓励他说说自己的想法；建议每个幼儿都积极地发表自己的看法，然后共同确定角色的设置与分配。教师还可以通过适时的语言提醒，以及运用道具提示的方式（如领带、围裙、眼镜等），帮助低龄幼儿建立起比较牢固的角色意识；还可以通过游戏前后的交流分享环节，与幼儿共同分析、了解游戏中角色的特点，帮助幼儿更投入地以角色的身份开展游戏。

(4) 游戏情节的设计与推进

对角色游戏情节的设计以及游戏中情节的推进，体现了幼儿对生活的观察与模仿能力以及幼儿当前的想象力与创造力，因此这也是教师观察与指导的重点之一。游戏中的情节是简单还是复杂；情节与情节之间是否有内在的联系、是否有大胆的创造与想象；幼儿是预先设计好情节，还是边玩边随机推进情节；在遇到问题时，幼儿是如何继续推进情节的……一般来讲，低龄幼儿预先设计情节的情况是比较少的，确定好主题后，他们往往就会开始游戏了。有时一个娃娃家的游戏情节一开始就是做饭、喂娃娃，可能某一个幼儿突然想起"要送娃娃去幼儿园"，情节就向前推进了，或者有人又找到一辆婴儿车，情节就转到带娃娃逛商场了；大一点的幼儿预先设计情节的情况会多一些，但游戏情节随机产生和推进的情况仍然存在；有些游戏可能会因为游戏情节的单一，而使参与者兴趣降低，以至会不了了之。所以，教师应该经常与幼儿聊聊他们的游戏、别人的游戏，引导幼儿观察生活、丰富经验，同时应该用心地观察幼儿的游戏，适时地、尝试性地通过平行介入、交叉介入、垂直介入、材料提醒以及引导幼儿充分利用户外环境和材料等方式，帮助幼儿丰富和推进游戏情节，提升游戏水平。

- 平行介入：教师在幼儿附近与幼儿玩相同的或不同的材料，目的在于引导幼儿模仿教师的游戏，起到一种暗示、指导的作用。
- 交叉介入：当幼儿有想让教师参与的需要或教师认为有指导的必要时，由幼儿邀请教师作为游戏中的某一角色或教师自己扮演一个角色，进入幼儿的游戏，通过教师与幼儿的互动起到指导的作用。
- 垂直介入：幼儿的游戏出现严重违反规则或攻击性等危险行为时，教师直接介入游戏，对幼儿进行直接干预。

（5）幼儿对游戏材料的选择与使用

幼儿在角色游戏中选择与使用材料的情况，也是教师应该观察的内容之一。幼儿在选择材料时是主动的、有目的的，还是盲目的、随机的；游戏过程中以物代物的水平、创造性地使用材料的水平如何；能否主动地、自如地充分利用户外环境中的自然材料和物品；有没有根据游戏需要自发地设计和制作游戏材料的意识和能力……教师需要注意的一点是，当我们为幼儿提供了适宜的游戏材料，并真正给了幼儿自由和自主的空间时，幼儿创造性地使用材料的能力是非常强的。教师完全不用手把手去"教"幼儿如何使用材料，我们要把这个空间留给幼儿，这正是他们发展想象力与创造力的最好机会。

当然，教师可以通过游戏过程中的观察，发现幼儿个体之间的差异，发现那些特别有创造性的做法，然后在交流分享环节请幼儿进行展示和分享，以实现同伴间互相学习、互相影响的目的。也可以通过提出问题、共同解决的方式，给更多的幼儿以启发和引领。例如，幼儿提出想在餐馆里给客人做鱼吃，没有鱼怎么办？这时不妨请大家一起想想办法，比如，可以用树叶、树皮来代替，或者用笔画一些鱼，或者干脆假装有好多鱼……教师可以更多地去观察和引导幼儿如何能够主动地、有目的地围绕主题选择与使用材料。

（6）幼儿在游戏中的交往、合作以及解决问题的能力

对这一方面的观察需要贯穿整个游戏的始终。从游戏主题的确定、角色的设置与分配、情节的设计与推进到游戏结束后的收拾与整理环节，都能够体现出幼儿的交往合作能力以及解决问题的能力。比如，在整个过程中，幼儿是一直处在从属地位，还是积极主动地发表自己的看法；在需要协商时，幼儿是能够耐心地倾听别人的意见、适当妥协，还是固执己见、任性霸道；在遇到问题时，是积极主动地想办法解决，还是直接放弃。其实，幼儿应该在交往中学会交往，在合作中学会合作，在解决问题中提高能力，而游戏便为幼儿提供了这样一个学习与成长的机会。因此，在幼儿的游戏过程中，教师应该多放手，让幼儿真正自由自主地去交往与合作，让幼儿真正有机会遇到问题、解决问题、积累经验、提升能力。

当然，幼儿这些社会性方面的表现，一定不会只是在游戏中展现出来，它与幼儿平时生活中的表现应该是一致的。因此，教师应该将幼儿在游戏中的表现与幼儿日常生活中的表现结合起来，并积极与家长沟通，共同促进幼儿的发展。

（7）幼儿对游戏规则的遵守与良好的游戏习惯的养成

角色游戏中的游戏规则一般分为两部分：一是指整个角色游戏中需要遵守的基本规则，比如，不可以破坏环境和材料、不能伤害自己和他人、要物归原位、参加别人的游戏需要征得他人同意等；二是指某一个具体的角色游戏中的规则，是由参与游戏的幼儿共同制定的。比如，在"公共汽车"的游戏中，上车要刷卡或投币等。对于游戏基本规则的遵守，教师需要提前与幼儿达成共识、明确要求，同时要随时关注、提醒、鼓励，发现问题时及时指出，必要时要对违反规则的行为进行适当的惩罚。

另外，角色游戏中经常会出现幼儿的行为与真实生活中的习惯、规则不一致的情况，比如，"小医院"游戏中出现不挂号就看病、医生不问诊就给病人打针、病人不缴费就跑掉的情况。对于这样的问题，教师其实不必纠结，应该允许这样的情况存在，因为游戏是幼儿自己对现实生活的观察与反映。幼儿在游戏中出现这样的情况，可能是幼儿在"看病"这方面的经验还不够丰富，对生活的观察还不够细致，教师可以有意识地与幼儿一起回忆去医院看病的过程，也可以分享其他幼儿玩"小医院"游戏的情景，以此丰富幼儿的游戏经验，提升游戏水平。

3. 常见问题与对策

问题1：园里要求每天游戏开始前，都要让孩子说说自己的游戏计划,这个环节特别耽误时间。其实,很多幼儿在真正开展角色游戏时并没有按照自己说的计划去进行。我很困惑,游戏计划真的那么重要吗?教师是否有必要帮助幼儿制订游戏计划?

  对于这个问题,我们首先要搞明白"角色游戏计划"指的是什么。它是指幼儿在玩角色游戏前对于游戏的场地、材料、主题、角色、情节等的预想和规划,比如,今天想跟三个好朋友在小竹林一起玩警察局的游戏;会有警察、所长、小偷等角色;所长接到报案就会派警察去抓小偷;会用塑料枪、木棒、竹竿等来当武器……由此来看,这样的计划能够帮助幼儿梳理游戏思路,从而更快地确定主题,投入游戏;能够让幼儿从小就学会有计划、有条理地做事。而且,在一起交流计划的过程中,幼儿会相互启发、拓展思路、丰富游戏内容。

  也就是说,制订游戏计划对于幼儿来说是有价值的,但这并不等于每次游戏前都必须进行这一环节,尤其是对于低龄幼儿。制订游戏计划需要的抽象思维能力和有条理的表达能力,对低龄幼儿来说还是很有挑战的。此外,每次游戏前都让每个幼儿说出自己的游戏计划,不仅会浪费时间,而且会让幼儿的游戏变得僵化、形式化,因此,没有必要每一次游戏前都执行这个计划,但隔一段时间请幼儿说一说自己的计划,与大家一起讨论一下,或者在每次玩游戏之前,请大家想一想:要在哪里玩?跟谁玩?玩什么?怎么玩?这样的过程还是有必要的。

  需要注意的是,当幼儿没有按照自己说的计划去玩游戏时,教师不应该干涉,更不能硬拉回来。有些幼儿园或班级会按照固定的计划,安排幼儿的游戏内容,比如,周一玩"小医院"、周二玩"小餐馆"……这样的计划限制了幼儿自主选择游戏内容的权利,违背了自主游戏的精神,是没有必要的。

  📖 问题2:在观察游戏时,经常会发现有些游戏角色不多、情节也非常简单，幼儿却玩得不亦乐乎。比如，娃娃家里只有爸爸、妈妈和一个布娃娃，游戏情节就是不断地喂娃娃吃奶、哄娃娃睡觉，但幼儿兴致很高，一直投入其中。遇到这种情况，教师需要介入吗？

这种情况在角色游戏中是比较常见的，在低龄幼儿和大龄幼儿中都存在。有些幼儿对于游戏的兴趣不在于角色多么丰富、情节多么复杂，他们往往满足于跟喜欢的朋友在一起自由玩耍的快乐感觉。作为教师，首先要尊重幼儿的这种选择——游戏中确实存在"子非鱼，焉知鱼之乐"的情况，角色游戏就是要满足幼儿这种沉浸其中投入游戏的快乐需求，因此，在这种情况下，尤其是对低龄幼儿，一般不需要教师的介入。

需要注意的是，如果中大班幼儿的游戏长期停留在这个阶段，那么教师要予以重视。教师可以通过引导幼儿用心观察生活、观看生活现场或其他幼儿的游戏视频、倾听同伴的游戏分享等方式，积累和拓展经验，也可以尝试以游戏角色的身份介入予以指导，以丰富幼儿的游戏情节，提升幼儿的游戏水平。

问题3：在角色游戏时，有的幼儿会在各个游戏之间游走，一会儿到娃娃家瞧瞧，一会儿又去坐坐公交车，一会儿又到小餐馆里看看大厨炒菜……每一个游戏都无法真正参与进去，这种情况教师需要介入吗？

游戏时遇到这样的幼儿，教师可以与幼儿交流一下，倾听他的想法，了解其中的原因：是因为他对这些游戏不感兴趣，还是不知道自己想玩什么。教师可以有意识地在游戏前了解他的想法，并协助他主动邀请有共同游戏愿望的幼儿一起玩；可以请能力强的幼儿带他一起玩；还可以尝试性地直接与该幼儿互动，以角色身份将其带入游戏，帮助其确定自己的角色并展开游戏。如果幼儿不喜欢教师和同伴的"帮助"，那么教师应该尊重幼儿的选择。只要幼儿情绪稳定，在这样的游走中也能有快乐的体验，教师不妨先给幼儿这样一个"自由游荡"的空间。

教师还应注意观察该幼儿在生活中的情形，比如，他在读书或者操作区域材料时是否专心、平时是否愿意跟同伴在一起、有没有固定的朋友、在同伴中的威信或者人缘如何……出现这种情况的幼儿在平时的生活中往往也会有相似的表现，教师应该重点观察了解，做到心中有数。教师还应该有意识地增进班里幼儿对他的了解，帮助其树立威信，或者与幼儿的家长沟通，了解其在家庭中的情况以及是否存在对电子产品过度依赖的问题，家园携手，共同帮助幼儿解决问题。

问题4：最近，我发现角色游戏区里的游戏主题有点单一，好长一段时间，幼儿玩的最多的就是娃娃家、小餐馆之类的游戏，为什么会这样呢？我该如何引发新的游戏主题呢？

游戏主题单一可以归结为以下两方面原因：第一是经验，幼儿原有经验不足或经验未被唤醒，是导致游戏主题单一的主要原因。丰富原有经验是一方面，对原有经验的唤醒也是我们需要重视的一点。幼儿没有涉及某些游戏主题，并不都是因为缺乏生活经验，而是原有的生活经验未被唤起。比如，幼儿不玩小医院的游戏，并不是他们没有去医院看病的经验，可能一顶护士帽、一个针管就可以将他们的原有经验唤醒，从而引发这方面的游戏主题；教师在游戏前与幼儿聊天，包括游戏后的交流分享，也是唤醒幼儿的已有经验、丰富游戏主题的好方法。

第二是材料，不同的游戏材料能够引发不同的游戏主题。案例中所描述的情形，很可能是在游戏材料中，锅碗瓢盆类材料比较多。教师不妨在游戏材料的种类上下功夫，比如，投放一些具有各种职业特征的服饰、帽子（厨师服、围裙、领带、医生帽、护士帽、解放军帽、警察帽、建筑工地安全帽等）；投放一些能够引发各类游戏的废旧材料，如

旧电脑、键盘、针管等；投放一些三轮车、小自行车等各种车类材料。另外，低结构材料的投放也是引发幼儿新的游戏主题的重要手段。

问题5：每次角色游戏时，总会有一些游戏主题刚开始不久就结束了，参与游戏的幼儿也都各自散了，出现这样的现象正常吗？教师需要介入和指导吗？

在幼儿的角色游戏中出现这种现象，应该说是很正常的。由于幼儿自身兴趣的问题、同伴合作的问题，有些游戏主题在确定时可能比较仓促，从而导致游戏无法深入开展。遇到这种情况，教师一般不必马上介入，可以通过观察来了解原因，同时继续关注这些幼儿的情况。通常，多数幼儿会参与其他游戏或者重新开始新主题的游戏。对于个别一直未能开展新游戏的幼儿，教师可以尝试鼓励其主动参与他人的游戏，或者自主开始新的游戏，但首先要尊重幼儿的想法，不可强制或者包办。

问题6：在角色游戏中，能力强的幼儿一般会主导游戏，能力弱的幼儿往往只能跟随、听从指挥，比如，在确定游戏主题或者角色分配时，能力强的幼儿往往会首先提出游戏主题，主动分配角色，其他幼儿大多只是附和响应，整个过程缺少讨论与协商。长此以往，能力强的幼儿越来越强，能力弱的幼儿却始终没有锻炼的机会，教师该如何应对这样的现象呢？

幼儿群体中本来就存在性格、能力等各方面的差异，而角色游戏因其自发、自主、自选的特点所造就的那种自然生态的社会性环境，让幼儿的个性差异更充分发挥和展现了出来，因此，案例中这样的问题就会凸显出来。

教师首先要尊重幼儿的个性差异，有的幼儿具有领袖气质和能力，有的幼儿比较被动、顺从。教师所要做的是观察、了解幼儿，同时有针对性地对不同性格的幼儿加以引领。比如，对于能力较强、比较强势的幼儿，教师可以建议其学会倾听同伴的想法，给其他同伴留下表达的机会；对于比较被动、总是跟随附和的幼儿，教师应鼓励其一定要有自己的思考并学会大胆表达出来，一旦发现其有积极主动的表现，要及时给予鼓励。另外，还可以有意识地建议几个能力强的幼儿一起游戏，引导他们关注别人的感受，学会倾听、学会讨论协商与妥协，从而真正学会合作、共享游戏。

我们需要明确的是：其一，幼儿的交往能力、合作能力、解决问题的能力的提升不是靠说教就能实现的，这些能力必须在实际的交往、合作中，在真正遇到问题、解决问题的过程中去培养，而游戏恰恰为幼儿提供了这样的机会。其二，每个幼儿的个性、能力均不同，教师不应盲目地抑此扬彼，而应在充分尊重幼儿个性的前提下，给予有针对性的、适宜的引导。

4. 游戏观察案例

坐着飞机去旅行

【观察时间】2015年6月

【观察地点】户外角色游戏区

【观察对象】大班幼儿

【游戏背景】

天气越来越热了，孩子们游戏时会主动寻找阴凉的地方。大型玩具是孩子们喜欢的选择，这里的平台上有遮阴棚，而且滑梯下面有大面积的阴凉地儿。小左和几个要好的同伴就在这里开展了一次有意思的"旅行"。

【游戏描述】

活动开始后，玥玥、小邹、小左三个人很快就商量好游戏的场地了。"我们就把家安在滑梯下面吧,那里既安全又有阴凉,最适合我们做游戏了!"

三个人分别从材料架上取下电话、锅、手电筒、豆浆机、键盘、做饭的叉子、酱油瓶、水壶等。接下来,小左说:"我来当你们的妈妈,这是我最喜欢的角色。玥玥你来当姐姐,小邹你来当妹妹吧。"大家都欣然接受。小邹马上进入角色:"妈妈,妈妈!我和姐姐肚子饿了,你给我们做点好吃的吧。"小左爽快地回答道:"好,你们想吃什么菜呢?"玥玥说:"我想吃爆炒双花。"小邹说:"我想吃翡翠蛋羹,因为我现在还没有长牙,所以不能吃太硬的东西。"说完小邹哇哇地"哭"起来,还带着哭腔说:"妈妈,我饿,我要喝奶!"这时,玥玥顺手递过一个豆浆机说:"这里面有好多奶,不要哭,妹妹最乖……"小邹停止了哭声,高兴地拿过豆浆机,装作喝奶的样子。

小左乒乒乓乓做好饭便吆喝道:"孩子们快来吃饭了!你们喜欢吃的饭菜已经做好了!"玥玥说:"我还没有写完作业呢,等我写完作业再吃吧。"小左说:"先别写了,等你写完了,饭都凉了。饭凉了,吃了不舒服,我又得和你上医院。别写了,快吃饭,吃完再写也行!"小邹把碗递给"妈妈"让她盛饭(见图2.1)。吃完饭后,玥玥将台灯放在桌子上继续写作业,小邹帮忙扶着台灯,而小左则收拾用过的碗筷。整理完后,小左说:"今天你们两个吃饭都非常棒,有进步,所以我决定带你们去海边旅游,不过我得先打电话预订船票。"

图2.1

"不好了,不好了,妈妈,要地震了!我们得赶快离开这个危险的地方!"玥玥说。"好吧,正好船票订好了,我们赶紧收拾东西上船吧。我们得赶紧离开,再不离开,我们都会死的!"小左说:"正好我们一起坐着船去旅行,去威海,去青岛,去海边和有沙滩的地方。"大家都非常赞同小左的意见,兴奋地吆喝着:"我们一起去旅行喽,我们一起去旅行喽!"这时,柏豪自告奋勇站出来:"我来当船长吧,我开着船带你们去海边旅行。"阿珲也举手要求来操控电脑、指挥方向,就这样,要去海边旅行的轮船启动了(见图2.2)。

图2.2

阿珲一只手拿收音机,一只手在键盘上不停地敲打,突然说:"各位,不好了,刚才收音机里预报一会儿海面上会有台风出现,我们将要遇到危险,现在该怎么办?"

片刻后,他接着说:"各位乘客,请不要着急,也不要拥挤,请系好安全带,听从指挥。"小左着急地说:"我们现在在船上,如果遇到台风,会把我们的船吹翻,我们会没命的!不过我有一个好办法,现在请船上所有的乘客带好自己的物品,按秩序快速下船。"这时候,船上的乘客按照要求陆续下船,他们再次将物品搬运到滑梯下面(见图2.3)。柏豪

图 2.3

大声说:"乘客们,你们安全了!恭喜你们安全到达海边,请随意放松、休息。"小左如释重负:"我们终于脱离危险了。这一路的旅程,我们遇到了太多意想不到的事情,现在终于安全了,不过这次旅行很开心哦!"

【游戏解析】

孩子们今天的游戏可谓意外频出、高潮迭起。本来他们正在写作业、吃饭,却忽然来了地震;刚坐上大船要去旅行,却又遇到了台风……好在最后有惊无险,平安靠岸,真的很佩服孩子们的游戏能力。情节并不是事先计划好的,就这样出其不意而精彩地发展着。他们能把自己在生活中看到的、听到的事件,如此自然地"代入"游戏,而且如此流畅、顺理成章,而他们自己也全情地投入其中,感受着游戏的快乐。

大班孩子的角色意识非常强,家有二孩的小左"妈妈"、还没长牙动不动就"哭"的小邹"妹妹"、认真写作业又会照顾妹妹的玥玥"姐姐"、主动来当"船长"的柏豪、"助手"阿珲……他们在游戏中的表现与自己扮演的角色都非常贴切、自然,每个孩子都表现出高超的游戏创意。

【观察指导】

1. 对游戏情节的关注能够帮助教师看到幼儿的游戏经验与游戏水平。案例中游戏情节的发展是亮点，吃饭、写作业、喝奶、准备旅行、突发地震、坐船、遭遇台风、安全靠岸……真是跌宕起伏。而其中的"突发地震"与"遭遇台风"是让游戏特别出彩的转折。这让我们看到幼儿丰富的游戏经验和较高的游戏水平，也让我们意识到引导幼儿关注生活中的事件，丰富其生活经验，是提升幼儿游戏水平的重要方式。

2. 教师在案例中比较详细地记录了幼儿的语言和行为，这是观察游戏的重点之一。通过幼儿的语言和行为，我们不仅能够了解幼儿的表达能力、交往能力，而且能够了解体现幼儿游戏水平的关键因素，如幼儿的角色意识、角色扮演的能力以及在游戏推进中的作用等。

3. 如果教师能在交流分享环节请这几名幼儿向大家介绍自己的游戏，那么一定能够起到非常好的效果。参与分享的幼儿能够获得同伴的认可，增强自信，游戏兴趣更会高；其他幼儿也能分享到经验和快乐，在今后的游戏中也会有意识地丰富自己的游戏情节、提升游戏水平。

（山东省淄博市市直机关第三幼儿园　刘艳卫）

树屋里上演的"生活剧"

【观察时间】2017年6月

【观察地点】户外角色游戏区

【观察对象】中班幼儿

【游戏背景】

幼儿园的树屋对孩子们来说就像一个魔方，它的吸引力始终有增无减。孩子们喜欢在这个以大树为中心形成的空间不大的树屋里，尽情发挥自己的想象，他们或是躲猫猫、或是过家家、或是聚集在一起进行有趣的交流。

【游戏描述】

自主游戏时间,我发现今天的树屋格外热闹,孩子们进进出出很是忙碌。忽然,盛林一下冲过来堵在树屋门口(见图2.4),说:"这里被我们占领了,你们几个不能进来!"被拒之门外的几个孩子七嘴八舌地说:"这又不是你的,凭什么不让我们进去?"盛林说:"你们想进来也行,我这屋里缺少几把椅子,你们帮我找到,我就让你们进来。"看似带有威胁的条件却一下子让孩子们兴奋了,腾骏说:"我知道哪里有椅子,我去搬。"子言说:"我也去。"不一会儿,孩子们以手拿、肩扛、小车运的方式,将用来搭建的塑料玩具和用来开

图2.4

展体育活动的跨栏从幼儿园各个角落搜集了过来。

盛林指着用来钻的拱形玩具说:"这个可以做树屋的大门。"这时,艳姿恰巧拿来一个用来钻的圆环,盛林赶紧说:"这个可以做树屋的小门。"说着摆放好后演示给同伴看。腾骏则忙着把自己搬来的"小椅子"摆放好。盛林又在小椅子旁边接上一条长长的、有弧度的塑料玩具(见图2.5),说:"这是我们的滑梯椅子,舒服又好玩。"子言搬来了半圆形的玩具,问:"盛林,我想做一个吊床,放什么地方呢?"盛林围着树屋

很认真地看了一番后说:"就放在窗户下面吧!又凉快,光线又好。"子言摆放好"吊床"后,又把搬运来的跨栏从树屋的窗户伸出去,让它悬挂在树屋上(见图2.6)。树屋外面的腾骏拿起跨栏一端大声说:"呼叫盛林,呼叫盛林。"盛林则在树屋里面拿起另一端回应:"我是盛林,我是盛林。有事吗?"腾骏说:"我想问问家里还需要什么东西。"盛林说:"暂时不要了,快回家吧!"就这样,他们时而在树屋里享受"滑梯椅子",时而通过这部特殊的"呼叫机"呼叫自己的同伴,时而又把树屋里的东西重新组合,还时不时地再到"远方"添置点新"家居用品",孩子们开心地忙碌着……

图2.5　　　　　　　　　　　图2.6

【游戏解析】

这场围绕"树屋"发生的游戏深深地吸引着孩子们,虽然没有预先计划好的游戏内容,也没有明确的角色(孩子们依然用名字来相互称呼),但是他们自然地进行选择、分工,推进游戏。盛林的一句话"你们想进来也行,我这屋里缺少几把椅子,你们帮我找到,我就让你们进来",激发了孩子们的兴趣。他们四处寻找,拿来了他们认为可以当作"椅子"的各种东西。"这个可以做树屋的大门""这个可以做树屋的小门",盛林的点子多极了,孩子们的思路被打开了,出现了"滑梯椅子""吊床"……"呼叫机"的创意更是让人眼前一亮,孩子们总会有让我们意想不到的想象与创造。

生活中的盛林各方面能力都比较强,人缘也好,大家都喜欢跟他玩儿。在这次游戏中,他的组织能力和领导力非常突出,几乎带动了整个游戏情节的推进。在游戏中我们也看到他随机应变的能力,当腾骏突发奇想将跨栏当作"呼叫机"呼叫他时,他立刻领会了腾骏的游戏意图,马上进入游戏情境,与腾骏积极地展开互动。

【观察指导】

1. 角色游戏中教师需要关注游戏情节的展开和推进。教师通过观察幼儿的行为,倾听幼儿在游戏中的交流,能够发现游戏主题是从何而来的,游戏情节是如何展开、如何推进的。这正是幼儿的游戏能力的重要体现。案例中,教师的观察印证了这一点。

2. 案例中幼儿的游戏自由、自然、自在,这得益于教师的放手。在自由、自主的角色游戏中,教师更应该把游戏的权利还给孩子,这样才能真正把游戏的快乐还给孩子。

3. 对于中班的幼儿来说,案例中的游戏内容和情节稍显单调,教师可以在交流分享环节请大家一起来分享曾经在树屋玩过的游戏,共享经验,相互学习,提升游戏水平。

(山东省利津县第二实验幼儿园　韩吉花)

做　客

【观察时间】2016年4月

【观察地点】户外运动场地

【观察对象】小班幼儿

【游戏背景】

幼儿园的五号场地是一个小型的运动场，有很多可移动的塑料器械，如平衡凳、拱形门等，孩子们喜欢在这里跑跑、跳跳、玩器械，最近我发现孩子们在这里玩起了角色游戏。

【游戏描述】

艺艺和佳娴一开始在摆弄平衡凳和拱形门，两个人爬来钻去，摆弄了好一会儿，逐渐有了一个"家"的样子。艺艺跑来对我说："孙老师，你看这是我们的家，你到我们家来做客好吗？"我说："好啊，可是怎么进去呀？"艺艺说："要先敲门，再钻过拱形门才可以。"于是，我假装扮演她的姑妈，开始敲门，艺艺在里面高兴地问："谁呀？"我大声说："是我呀，我是你姑妈。"艺艺激动地边挥手边说："姑妈快请进，快请进！"我趴下来，从拱形门钻了过去（幸亏我瘦，否则真钻不过去，见图2.7）。我故意停下来问道："再怎么走啊？你们的客厅在哪儿啊？"艺艺指引我走过直的平衡凳，再走过弯的平衡凳。佳娴在前面带路，还为我示范，说要爬上平台才能到达客厅（见图2.8）。这个爬平台的动作对小班幼儿显然有一定的挑战。我急忙说："哎呀，小朋友爬不上去可怎么办呀？"艺艺大声说："我会在一边保护他们的。"我说："那你可一定看好了，别让他们摔下来啊！"艺艺坚定地说："放心吧，老师！"在我的参与下，小甘也来做客了，先敲三下门，在听到

图2.7

"请进"的声音后开始钻过拱形门……一会儿,客人渐渐多了起来。

图 2.8

在游戏进行了一段时间后,我说:"你们怎么只有一个客厅啊?我困了想睡觉怎么办呢?我的自行车放哪儿呢?"于是,艺艺和佳娴又用剩余的弧形积木搭建了卧室,用另一个拱形门搭建了地下室。佳娴说:"钻出这个拱形门就是地下室,自行车就放在这儿吧。"这两个地方的创建使客人有了更多的选择,他们可以去客厅看电视、去卧室睡觉、去地下室参观等,大家进进出出,钻钻爬爬,艺艺家的客人一直络绎不绝(见图2.9、图2.10)。

图 2.9

图 2.10

第二天,佳娴、涵涵、豆豆和小甘又在场地的另一边,用弧形平衡木围起一个圆形,搭了一个更大、更漂亮的家,邀请我和小朋友们去做客。他们说这是他们的圆圆屋(见图2.11)。

图 2.11

【游戏解析】

小班的孩子特别喜欢娃娃家的游戏,五号场地本来不是角色区,但孩子们利用现有的器械达成了自己的游戏愿望。游戏中,孩子们利用场地上的器械布置出一个与众不同的家,还主动邀请老师来参加,表现出积极的游戏状态。

游戏过程中,孩子们既有自己有目的的情节设计,又能够根据老师的建议及时调整,表现出较强的灵活性和应变能力。能够看出,艺艺、佳娴的语言表达能力和社会交往能力也有较好的发展,为老师介绍路线,主动示范爬上平台的方法,与老师的多次互动都表达清晰、主动交流。对于小班孩子来说，真是非常棒了。游戏过程中，也能看出她们的角色意识还不是很强，比如，当老师强调爬平台要注意安全的问题时，艺艺回应老师说："放心吧，老师！"可见，这时两个孩子已经把老师扮演"姑妈"、她们扮演"侄女"的角色身份忘记了。

第二天，更多孩子参与到建房子、玩游戏的活动中，足以看出小班孩子对此类游戏的兴趣，也能看出孩子们游戏水平的提高。

【观察指导】

1. 在小班幼儿的角色游戏中，教师应该关注幼儿的角色分配以及游戏过程中的角色意识。在案例中，教师接受邀请，以"姑妈"的身份参与游戏，如果能够适时地询问一下两名幼儿的角色分别是什么，可能会引发幼儿对角色设置与分配的关注。当幼儿在游戏中忘记老师是"姑妈"，将现实关系与游戏角色混淆时，教师应该及时提醒幼儿回归到游戏角色中，从而帮助幼儿逐渐建立起相对稳定的角色意识。

2. 在小班幼儿的角色游戏中，教师的适时介入、交叉指导往往能够激发幼儿的游戏兴趣，并能推动游戏的深入开展。案例中，幼儿主动要求教师参与游戏，教师欣然应允。当教师以"姑妈"的角色参与进来时，幼儿非常惊喜、兴奋，游戏的兴趣更浓了。教师在游戏过程中的几次关键性提问——"怎么进去呀？""再怎么走啊？""小朋友爬不上去可怎么办呀？""怎么只有一个客厅啊？""我困了想睡觉怎么办呢？""我的自行车放哪儿呢？"……无不适时地推动了游戏的深入开展，发挥了重要的指导作用。

（山东省淄博市市直机关第三幼儿园 孙爱芹）

"大船"急救室

【观察时间】2015 年 4 月

【观察地点】户外角色游戏区

【观察对象】大班幼儿

【游戏背景】

　　幼儿园中院最近添置了一艘大木船，很快，它成了孩子们的最爱。每到自主游戏时间，都会有人抢先冲上大船，占领地盘。孩子们在上面玩各种各样的游戏，忙上忙下，乐此不疲。

【游戏描述】

　　今天的自主游戏一开始，大船就被几个孩子抢先占领了。雨鑫和冠霖是水手，他们站在船头，手拿望远镜（竹筒）向远处瞭望着。栋栋和几个男孩拿着锤头叮叮当当地敲着木船，栋栋告诉我说，他们是修船的工人。欣欣和小萌两个女孩儿把体育活动中的小担架铺在船尾，悠闲地躺在上面边晒太阳边聊天。还有几个孩子时不时来为水手们送水（用废旧桶装的彩色的水）和鱼（揪尾巴玩具），此时的景象一片祥和……

　　突然，冠霖大声喊起来："着火了！快跳船！"孩子们一片惊慌，纷纷跳下大船"游"入"海底"。这时，小萌和康康抬着担架过来问："谁受伤了？谁受伤了？"可是没有人理会他们。他们挨个问过去，走到欣欣身边问："你受伤了吗？"欣欣点了点头，他俩像发现了宝贝一样喊道："这里有人受伤了！这里有人受伤了！"他们一边喊，一边让欣欣躺在担架上。雨鑫闻声跑过来指挥着："快送医院！快送医院！"大家把欣欣抬到了大船上。"快给她开刀！"雨鑫拿了一把塑料玩具刀在欣欣的肚子上比画着"割"了几刀（见图2.12）。栋栋抬来了表演区的衣架（见图2.13），放到欣欣的身旁说："快给他照X光，这是拍片子的X光机！"栋栋用衣架在欣欣的身体上扫了一

图2.12

图2.13

下,说:"经过诊断,是右手骨折。"雨鑫又对着欣欣的肚子"割"了几刀,栋栋说:"不是肚子,是右手骨折,快点治疗!"雨鑫又赶紧在欣欣的胳膊上面"割"了几刀。康康指挥小萌拿来两块钢板(小木板)放在欣欣胳膊的两侧,然后用布条缠上系了扣进行固定。康康一边包扎,一边说:"骨折以后必须固定,不能乱动!好了,不过还得打点消炎药!"雨鑫抢着说:"我来打!我来打!"

针还没打完,小萌又大喊起来:"不好了!不好了,她没气儿了!""我来!我来!"康康又接着给欣欣做起了心脏复苏,虽然按压的位置发生了偏离,但是这位"医生"一直在很认真地抢救"病人"……终于,欣欣"苏醒"了,大家都欢呼起来。

【游戏解析】

孩子们在大船上的游戏从来不缺少素材,每天都有新的创意。以前大船也经常会"失火",船上的人都"跳海",大火灭了后他们就又上船接着玩。今天因为一副小担架,因为小萌和康康寻找"伤员"的执着精神,还有欣欣勇于配合的"游戏精神",大船变成了"急救室"。

在急救过程中,虽然孩子们的生活经验还有一些肤浅和混乱,但并不妨碍他们沉浸在游戏中。小萌在"急救"过程中不时推动着游戏向前发展,栋栋可能有过拍片的经历,曾经骨折过的康康固定、包扎的流程非常规范,心脏复苏位置虽然没有掌握好,却也做得有模有样……

【观察指导】

1. 案例中这场急救游戏忙而不乱，孩子们有分工、有合作，能够随机选取材料，以物代物，能够及时配合同伴进入游戏情境，展现出了较高的游戏水平。在这样的游戏过程中，教师对幼儿分工合作、相互配合的观察非常重要，特别是对大班幼儿，这方面的能力和水平将会直接影响他们的游戏质量，也反映着他们的游戏水平。

2. 活动中可以看出，幼儿对急救知识还是有一定了解的，也很感兴趣，教师不妨在交流分享环节请幼儿说说自己知道的相关知识和经验，也可以向幼儿推荐一些有关急救常识的视频或图片，丰富相关经验。

（山东省淄博市市直机关第三幼儿园　李燕）

二、表演游戏活动指导

几个大班孩子用纱巾、彩色头套、墨镜把自己装扮好后，来到小舞台上开始表演。他们随着音乐一起又唱又跳，非常开心。但我发现他们好像没有跟上节拍，动作也缺少美感。于是，我把他们召集过来，提醒他们应该跟着节拍来唱和跳，并建议他们动作可以更美、更整齐一些。然后我让他们试着跟节拍，并模仿我的动作来表演。几遍之后，他们的节奏感好多了，动作也比较像样了。我又打开音乐，让他们开始表演，但是只跳了几下，有几个孩子就不想跳了，说要去玩别的。我意识到可能是我的指导出了问题，但让我感到困惑的是，教师帮助他们更合拍地表演，提示他们表演时动作更美一点难道不应该吗？

案例中教师的困惑在于，在表演游戏中教师是否应该通过指导提升幼儿的表演水平，这是幼儿表演游戏中教师经常要面对的情况，它涉及表演游戏的几个重要问题：

- 表演游戏是游戏，还是表演？游戏兴趣与游戏水平哪个更重要？
- 是否应该强调让幼儿更精彩地去表演？
- 各年龄段表演游戏发展的关键经验是什么？
- 教师应该通过什么方式，提升幼儿表演游戏的水平？

表演游戏是深受幼儿喜爱的一种创造性游戏，是幼儿根据各种文学、艺术作品的内容进行创造性表演的游戏，例如，幼儿按照童话故事中的角色、情节和语言进行模仿和创造表演，自由模仿电视节目或舞台上的音乐歌舞表演等。表演游戏是游戏，而不是单纯的表演，与通常的"文艺表演"相比较，它更是幼儿"自娱自乐"的游戏活动。表演游戏能够培养幼儿对文学艺术作品及音乐艺术活动的兴趣，它为幼儿提供了一个尽情表演、表现、表达的机会，满足了幼儿喜欢模仿、愿意表现的心理需求，能够促进幼儿语言表达能力、表现力、创造力、交往能力、合作能力等的发展，有助于幼儿建立自信，体验尽情游戏的快乐。在户外开展的表演游戏，会为幼儿提供更宽敞的表演场地和更多元、更丰富的表演材料，有利于幼儿尽情地、更具创造性地开展游戏。

1. 活动内容与关键经验

表演游戏根据表演内容的不同可分为：故事表演游戏、音乐歌舞表演游戏和装扮游戏等。根据表演形式的不同可分为：小剧场表演、故事盒表演、沙盘表演以及木偶、手偶、皮影、手影表演游戏等。

表演游戏的关键经验见表2.2。

表 2.2　表演游戏的关键经验

关键经验		小班	中班	大班
游戏兴趣		喜欢模仿表演，对表演和装扮游戏感兴趣。	愿意尝试各种表演游戏，能比较投入地参与游戏，享受表演游戏的乐趣。	能主动、投入、持续地进行表演游戏，能感受到模仿、创造以及与同伴共同表演的快乐。
游戏能力与水平	表演内容选择	能在表演服装、道具、材料的提示下选择表演游戏的主题和内容；能在教师引导下初步建立选择游戏主题的意识。	能在自己的经验和兴趣的基础上主动选择表演内容，逐渐建立起与同伴商量、共同确定表演主题的意识。	在表演内容方面有较多的经验积累，能与同伴协商、共同确定表演主题，游戏过程中能围绕主题内容展开表演。
	对作品的理解与把握	对所选文学作品有初步的了解，基本理解作品的结构，初步了解作品中各角色之间的基本关系；初步理解音乐作品的情绪。	能了解文学作品的主题、情节发展，了解自己及同伴所表演的角色的形象和特征；能够初步把握音乐作品的基本节奏、速度、结构、情绪等。	对文学作品有较深的理解和浓厚的兴趣，能把自己对内容及角色的理解融入表演游戏；能较好地把握音乐作品的节奏、速度、结构、情绪等。
	表演与表现能力	能模仿文学艺术作品中简单的角色语言、动作和表情，敢于在集体面前表现；能用简单的头饰、服装等将自己装扮成喜欢的角色；对音乐节奏具有初步的感知能力，能随乐曲做简单的律动，演唱曲调简单、节奏明显的歌曲。	能运用比较清楚、连贯的语言进行表演，适当地运用动作、表情表现角色性格特征；能有意识地与其他角色互动；能够根据需要有目的地利用服装道具对自己、对舞台进行装扮和布置；能随音乐节奏、旋律以及音乐情绪，进行歌唱、打击乐和律动表演。	根据自己对作品的理解，在语言、动作、表情等方面大胆地、富有创造性地表现角色性格特征；能积极地与其他角色自如地互动；在角色装扮、台词以及故事情节推进方面有创造性的表现；能根据音乐自由想象、创编舞蹈动作；掌握一定的打击乐演奏技能，能较完整地演奏作品，享受演奏的乐趣。

续表

关键经验		小班	中班	大班
游戏能力与水平	道具服装材料的选择与使用	能主动选择并利用道具、服装、乐器以及各种低结构材料布置舞台、装扮自己。	能有目的地选择各种材料布置舞台及游戏空间，能通过服装、道具等材料凸显自己所表演的角色的特点。	能围绕表演主题创造性地选择材料、布置场景、装扮自己和同伴；能创造性地使用低结构材料辅助表演活动。
	交往与合作	喜欢与同伴一起表演，能体验到与同伴共同游戏的乐趣。	游戏中与同伴有交流、有互助；能有礼貌地倾听、欣赏同伴的表演；具有初步的合作意识，喜欢与同伴沟通，尝试通过协商、妥协等方式合作进行表演。	在主题选择、游戏准备以及整个游戏过程中有较强的合作意识，能主动与同伴交流，能听取同伴的想法；能认真地欣赏、评价同伴的表演；在表演中能关注到不同角色间的相互配合；主动沟通、协商解决游戏中的问题和纠纷。
	规则与习惯	在教师的提醒下能遵守简单的规则，不乱扔、不损坏服装道具，知道物归原位。	有一定的规则意识，能遵守基本的表演规则，爱惜材料，游戏后能够主动归类整理服装道具等材料。	在教师的指导下，能与同伴共同建立角色表演、材料使用和场地整理的相关规则，并主动遵守；能快速有条理地归类摆放各类服装道具等材料，整理好游戏场地。

2. 观察与指导要点

在户外表演游戏活动中，教师观察与指导的要点主要体现在幼儿对表演游戏的兴趣；幼儿选择表演内容及角色的方式；幼儿对表演内容、角色的理解和把握；游戏过程中幼儿的表演与表现能力；幼儿对道具、服装、材料的选择与使用；幼儿在游戏中的社会性发展等方面，具体内容如下。

（1）幼儿对表演游戏的兴趣

在对表演游戏进行观察与指导时，教师首先应关注的是幼儿对表演游戏的兴趣，这是判断游戏整体质量与幼儿在游戏中的发展质量的首要因素。幼儿在游戏过程中是否投入、专注于某一个游戏的时间长短、幼儿游戏时是否有兴奋的表情和愉快的情绪等，都可以成为我们判断幼儿游戏兴趣的标准。

教师可以从以下几点入手，来激发幼儿对表演游戏的兴趣：

- 带领幼儿欣赏优秀的艺术表演作品，如精彩的童话剧表演、木偶剧表演、歌舞表演、音乐会演出、秀场表演等，也可以观看其他幼儿在表演区的表演游戏，这些都可以激发幼儿参与表演游戏的兴趣。
- 为幼儿创设适宜的游戏环境，投放丰富的游戏材料，也能激发幼儿的游戏兴趣。可以在表演区设置不同形式的展示舞台，如木偶剧场、小舞台、小小电视台等；投放各种故事角色的头饰、服装、打击乐器以及一些帽子、围巾、胡须、眼镜等小道具。
- 还可以通过游戏前后教师与幼儿的互动交流、谈话活动等激发幼儿的游戏兴趣。比如，教师鼓励幼儿说一说自己喜欢的表演内容，展示一下自己的装扮；介绍其他幼儿在游戏中的精彩表现；教师还可以用自己的热情感染幼儿，充分地肯定与鼓励幼儿，从而激发幼儿的游戏兴趣。

（2）幼儿选择表演内容及角色的方式

幼儿如何选择表演内容、如何与同伴协商和分配角色也是教师在表演游戏中应该关注的问题，从中我们可以发现幼儿的自主意识与能力、幼儿与他人交往合作的能力，以及个人的游戏经验和个性品质等的发展。比如，幼儿在选择表演内容时是果断决定，还是犹豫不决；是追随

同伴,还是自己决定;每次都选固定的游戏内容,还是喜欢尝试各种表演游戏;在选择与确定角色时,遇到问题是积极解决,还是固执任性、无法合作。教师可以通过多次观察、与幼儿交流、倾听幼儿想法的方式,全方位地了解幼儿,以便有针对性地进行指导。

当幼儿总是犹豫不决,无法确定自己想玩的表演内容时,教师可以通过沟通了解其中的原因。如果是因为幼儿欠缺表演经验造成的,那么教师可以请幼儿先观看别人的表演,帮助幼儿回忆自己喜欢的故事、童话剧、歌舞等;或者鼓励幼儿先以观众或其他不太重要的角色的身份,参与到其他幼儿的游戏内容中,了解表演内容,积累经验。同时,教师还可以通过讲故事、看视频等方式,在平时帮助幼儿积累对文学艺术作品的经验;当幼儿由于胆小或表演能力欠缺而不敢选择、不敢表现时,教师也可以引导幼儿先从最容易入手的装扮表演、歌舞表演、走秀表演开始,去感受表演游戏的乐趣,建立自信,逐步提升表演能力。

需要注意的是,在幼儿选择、确定角色遇到问题时,教师不要急于介入,要注意留给幼儿自主解决问题的空间。比如,在遇到几名幼儿同时想演一个角色,或者大家都不想演某一个角色的情况时,有经验的幼儿会有多种解决方式——竞选、轮流、增加热门角色的数量等。教师要根据实际情况,适时地给予积极的引导,但绝不能包办代替。

(3)*幼儿对表演内容、角色的理解和把握*

在幼儿进行表演游戏的过程中,教师要细致观察,通过幼儿的语言、动作、游戏情节的发展等,关注幼儿对所选表演内容及角色的理解与把握情况。例如,通过幼儿与同伴的对白,观察幼儿是否理解作品中角色之间的关系;通过观察幼儿在游戏中的语言、动作及表情,观察幼儿是否了解自己所扮演的角色的性格特点等。

教师可以在平时的教学活动、生活活动中,通过讲故事、谈话等方式帮助幼儿理解文学作品与音乐艺术作品的内涵,了解角色的特征,理解作品的基本结构及特点,促进幼儿对作品内容和角色的把握。

教师需要明确的是，表演游戏是幼儿自娱自乐的游戏，它的"游戏性"决定了它与文艺表演有本质的区别。因此，在表演游戏中，幼儿不是简单地再现作品，他们可以根据自己对作品的理解和喜好，增减作品中的角色、情节，改编人物对话，这些都是幼儿创造性的表现。我们应该给予幼儿自主表演与创造的机会，鼓励他们合理创新，以激发幼儿的想象力、创造力，支持幼儿自主性的发展。

（4）游戏过程中幼儿的表演与表现能力

在幼儿游戏过程中，教师还应关注幼儿的表演能力和表现力。教师可以通过倾听幼儿在游戏中的语言、观察幼儿的动作和表情来判断幼儿的表演能力，比如，幼儿是否能够通过语气、语调以及声音的控制来表现角色的性格特点及情感变化；幼儿是否能够通过动作、表情、体态来凸显角色的特点等；在手偶、木偶表演游戏中，教师应该关注幼儿对材料的操作能力；在歌舞走秀类的表演游戏中，教师应该关注幼儿的节奏感、韵律感、对音乐情绪和结构的把握，以及是否能够大方自信地展示自己等。

在幼儿游戏过程中，教师可以在不影响幼儿游戏兴趣、不干扰幼儿表演的情况下，通过语言提示、共同表演、示范性表演等方式提升幼儿的表演能力。比如，教师扮演某一个角色与幼儿同台演出；幼儿结束一段表演后，教师可以登台为幼儿表演相同的内容；教师可以在歌舞走秀类游戏中参与其中，示范更有节奏感、更有表现力的表演，供幼儿学习和模仿。

另外，在平时多带领幼儿观看高水平的演出，搜集适合幼儿观看的表演视频，与幼儿一起欣赏、讨论，有条件的幼儿园还可以成立教师剧团、家长剧团为幼儿演出，或者通过童话节等方式为幼儿提供更多感受欣赏、表达表现的机会，以提升幼儿的表演能力。

（5）幼儿对道具、服装、材料的选择与使用

幼儿在表演游戏中非常喜欢装扮自己、操作摆弄各种道具。教师在

关注幼儿游戏兴趣的同时，还要关注幼儿选择和使用服装、道具以及其他游戏材料的情况，包括幼儿能否根据剧情及角色的特点来装扮自己。比如，灰姑娘的服装应该是怎样的、怎样打扮更像一个猎人、用什么来当老鼠新娘的花轿、一首维吾尔族的歌曲要穿什么衣服来表演、要拿什么来表现敲锣打鼓娶新娘的场景……这些都能体现出幼儿对作品的理解以及创造性表现作品的能力。

幼儿进入表演游戏区，教师首先应该带领幼儿熟悉区域的环境，用讲解、提问、推介等多种方式帮助幼儿了解材料；在幼儿游戏过程中，教师可以通过语言提示、示范、鼓励大胆尝试等方式进行指导；游戏结束后，教师可以通过分享幼儿富有想象力的创造性表现，来激发更多幼儿的兴趣，提升游戏水平。

（6）幼儿在游戏中的社会性发展

幼儿在表演游戏中的社会性发展也是教师观察指导的重点之一。幼儿在确定表演主题、进行游戏准备以及整个游戏的过程中，是否能够主动与同伴交流、耐心听取同伴的想法；幼儿在观看同伴表演时，能否认真、有礼貌地欣赏、评价；在出现问题纠纷时幼儿的表现如何；幼儿收拾整理服装道具等游戏材料的习惯如何；幼儿是否能主动整理游戏场地、是否有规则意识、是否能够遵守游戏规则等……

教师可以通过细致的观察来发现幼儿在社会性发展方面的优势与不足，然后有针对性地予以解决，如用以大带小、以强带弱的方式帮助那些被动的、胆小的、不善交流的幼儿融入游戏；通过示范、提醒等方式，引导幼儿从一开始就养成主动收拾整理材料、物归原位的好习惯等。

3. 常见问题与对策

问题1：孩子们很喜欢来表演区玩，但通常他们就是用各种服装、丝巾什么的来装扮自己，打扮好了就开始跑来跑去，或者随着音乐表演走秀。教师希望出现的故事表演，孩子们却很少涉及，为什么会这样呢？

这个问题具有一定的普遍性，也是许多幼儿园表演游戏遇到的瓶颈。其实，幼儿喜欢装扮自己，喜欢表演、走秀很正常，但如果天天局限于此，就需要引起教师的关注了。幼儿表演游戏内容单一的原因有两个：一是表演经验，幼儿是否有故事表演以及其他像木偶、手偶等表演的经验；二是环境和材料，表演区是否有能够引发、支持幼儿进行故事表演的环境和材料。

这就要求教师首先要在平时的教学与生活中多选择内容健康活泼、形象鲜活、情节起伏、适合幼儿进行表演的儿童文学作品。通过引导幼儿对文学故事、童话剧的欣赏，了解作品的主题，理解其内涵，激发幼儿的表演兴趣；教师还需要引导幼儿掌握故事中的对白，积累一些基本的表演经验。同时，在表演区为幼儿投放能够支持故事表演的游戏材料也非常关键，比如，故事中角色的头饰、手偶、服装、简单的道具，以及能够帮助幼儿熟悉、记忆故事情节的图画书、关键剧照或场幕提示等。

问题2：大班的女孩睿睿邀请婷婷和另外两个女孩一起来演《灰姑娘》，睿睿想演灰姑娘，她请婷婷演后母，另外两个女孩儿演两个姐姐，婷婷她们勉强同意了。睿睿看出她们兴致不高，于是非常殷勤地跟她们说话，用讨好的语气请她们在椅子上坐下，为她们整理衣服、头发……婷婷想带着两个女孩儿走，睿睿着急地拦住她们，说："亲爱的母亲、姐姐们，我给你们洗澡吧，洗完澡你们就更漂亮了！"睿睿请婷婷她们钻进场地上的大油桶里，自己找来一个羽毛球拍，在她们身上搓搓、拍拍，假装给她们洗澡。婷婷她们三个开心地笑了……很明显，《灰姑娘》的故事里没有这样的情节，看到这样的情景，教师是否需要介入呢？

对表演游戏性质的定位,直接决定了教师对表演游戏指导的目的和行为。表演游戏是幼儿"自娱自乐"的游戏活动,而不是单纯的文艺表演,这是我们首先应该明确的。文艺表演需要严格按照文艺作品的内容、情节以及对角色的描写刻画来进行表演;而表演游戏则给予幼儿较大的自主创造的空间,幼儿完全可以根据自己对作品的理解、喜好和社会经验进行表演,游戏中的角色、情节可以删减,语言动作可以自创,每一次表演都可以不同[1]。

由此,我们可以说案例中睿睿为了挽留同伴跟自己一起游戏,主动增加给后母和两个姐姐洗澡的情节是完全可以的,这恰恰是睿睿自主性、创造性的表现。在这种情况下,教师无须介入,也不应制止。当然,教师应该继续观察,如果幼儿的游戏仅仅停留在这个情节,那么教师也可以试探性地介入,通过以角色身份提醒或以观众的身份提出建议和期待,激发婷婷等三名幼儿的表演兴趣,推动表演继续进行下去。

同时,教师还应考虑婷婷等三名幼儿是否因为缺少对《灰姑娘》剧情的了解而不喜欢参与表演,必要时可通过讲故事、提供图画书、观看童话剧等方式给予经验上的支持。

问题3:我们在表演区为孩子们准备了一些自制的打击乐器,如竹筒、大小不一的不锈钢盆以及用铁瓶盖制作的串铃等,幼儿很喜欢随着音乐敲敲打打,但这些自制乐器的声音听起来太喧闹,甚至有些刺耳。户外的表演区一定要用自制乐器吗?

很多幼儿园在表演区都会为幼儿提供一些自制的乐器,供幼儿游戏时使用,但就像问题中所描述的,这些乐器听起来往往缺少"美感",这是由自制乐器的材料性质以及幼儿不当的演奏方式造成的。需要明确

---

[1] 董旭花,主编. 幼儿园游戏 [M]. 北京:科学出版社,2016:145.

的是，户外的表演区不一定非得用自制乐器，一些幼儿园常见乐器，如铃鼓、沙锤、中国鼓、串铃、梆子、碰铃等，都可以在游戏时使用。

不管自制乐器还是购买的乐器，让幼儿养成爱惜乐器、正确收放乐器的好习惯都非常重要，而正确演奏乐器更是在表演区游戏中教师应该指导的重点。很多乐器（包括购买的乐器）如果演奏的方法不正确，不仅不会发出好听的声音，而且会损坏乐器。例如，铃鼓如果不用手敲击，而用粗大的鼓槌去用力敲的话，非但发不出铃鼓独特的音色，反而会将鼓面敲破；而自制乐器中大小不同的木盆、竹筒、铁盆，用适宜的力度和方法敲击，也会发出非常好听的音色，反之就只会发出噪音。因此，在表演区可以引导幼儿探索乐器的多种演奏方法，但启发幼儿用适宜的演奏方法，有节奏、有情感地去演奏，并能感受演奏带来的美感与愉悦，这才是教师指导的目标。一味地放任幼儿乱敲乱打，就失去了表演区游戏的价值。

问题4：孩子们在玩表演游戏时，经常会遇到这样的情况：有的角色好几个孩子抢着演，有的角色谁都不想选，遇到这样的情况该怎么办呢？

创造性游戏是幼儿自发、自选、自主的活动，表演游戏也是如此。因此，当遇到这种情况时，教师首先应该尊重幼儿的选择，了解幼儿的想法，然后有针对性地给予引导。

如果幼儿不想选某个角色，那么教师可以先听听幼儿不选这个角色的原因，引导幼儿讨论这个角色在整部剧中的作用和价值，引导幼儿发现角色的重要性以及可以发挥的空间。比如，《白雪公主》中的猎人虽然不如王子帅，戏份也不多，但在整部剧中非常关键，他善良、勇敢、聪明，是他用一只鹿的心救了白雪公主，否则就不会有后面的故事了……以此激发幼儿对角色的兴趣；当然，有些不影响剧情发展的角

色，如《丑小鸭》中的小蝴蝶等，如果没有幼儿选择，又不妨碍游戏的进行，教师也可以不用介入；有时幼儿也会因为某个角色太有挑战性而不愿意尝试，教师可以通过鼓励、引导、示范等方式，激发幼儿的兴趣。

有些角色很受幼儿喜欢，大家都想演。遇到这种情况，教师可以先放手让幼儿自己解决，比如，猜拳、轮流扮演等；教师也可以建议幼儿采用角色竞选的方式，选出演得最好的幼儿扮演；还可以根据剧情，通过增加同类角色的方式来解决，如《老鼠嫁女》中的大黑猫，可以从一只增加到三只，既不影响剧情，又能满足更多幼儿的表演欲望。

问题5：在表演区，总有幼儿喜欢演唱一些成人的流行歌曲，老师要不要制止？

当下，一些"神曲"的流行让人避之不及，那么，幼儿在表演区演唱这类成人歌曲是否合适呢？在幼儿园表演游戏中，这是老师们比较困惑的问题。首先，我们需要明确，从幼儿的生理、心理发育角度来说，幼儿不宜演唱流行歌曲。幼儿的咽部、声带肌肉尚未发育成熟，音域相对较窄，而成人歌曲音域宽，音高起伏跨度比较大，幼儿在演唱这些对他们来说过低或过高的音时，必定会对咽部及声带的肌肉造成损伤。另外，目前一些流行歌曲的歌词低俗，不利于幼儿的身心健康，尤其不应该让幼儿学唱。当然，一些适合幼儿音域、歌词健康的流行歌曲，幼儿唱唱也无妨。教师应该多为幼儿选择一些优秀的儿童歌曲、童谣，供幼儿在一日生活及教学活动中聆听和学唱；可以有意识地多收集此类歌曲，供幼儿在表演区点播演唱。

问题6：几个大班孩子用纱巾、彩色头套、墨镜把自己装扮好后，来到小舞台上开始表演。他们随着音乐一起又唱又跳，非常开心。

但我发现他们好像没有跟上节拍，动作也缺少美感。于是，我把他们召集过来，提醒他们应该跟着节拍来唱和跳，并建议他们动作可以更美、更整齐一些。然后我让他们试着跟节拍，并模仿我的动作来表演。几遍之后，他们的节奏感好多了，动作也比较像样了。我又打开音乐，让他们开始表演，但是只跳了几下，有几个孩子就不想跳了，说要去玩别的。我意识到可能是我的指导出了问题，但让我感到困惑的是，教师帮助他们更合拍地表演，提示他们表演时动作更美一点难道不应该吗？

　　这是本节开头的案例。在表演游戏中，教师通过指导帮助幼儿提升表演水平，本身没有错，因为幼儿要感受表演游戏带来的乐趣，体验表演游戏带来的成功感和愉悦感，是需要一定的表演技能来支撑的。也就是说，表演水平的提高能够提升幼儿在表演游戏中的积极感受和体验，比如，案例中的幼儿如果能够跟着音乐更合拍地表演，动作更加到位、优美，那么他们在表演中会更自信、更快乐。而在一些故事表演游戏中，幼儿对内容和角色的理解以及他们的语言、形体、动作的表现力，直接决定着幼儿游戏的水平，影响幼儿游戏的感受与体验，因此，表演游戏中教师针对幼儿表演技能的指导是有必要的，否则，幼儿的表演游戏可能只处于嬉戏打闹的状态。

　　需要注意的是，在表演游戏中"游戏性"要先于"表演性"，教师的指导不可太直接、太生硬，表演能力的提升不能以牺牲幼儿游戏的兴趣和快乐为代价。在游戏中，教师可以通过参与游戏、带动表演等方式，巧妙地给予幼儿示范和引领；也可以在游戏前后的交流互动中，引发同伴之间的学习，启发幼儿学习和模仿更高水平的演出；还可以在教学活动中有目的、有针对性地提升幼儿的表演技能。

4. 游戏观察案例

刘老师来当"坏王后"

【观察时间】2017年10月

【观察地点】户外表演游戏区

【观察对象】大班幼儿

【游戏背景】

孩子们升入大班后,"新年童话节"成为他们最期盼的主题活动。最近我让孩子们看了去年童话节哥哥姐姐们的演出视频,班里的孩子们喜欢得不得了,户外的表演区也变得热闹起来……

【游戏描述】

今天的自主游戏进行了大概10分钟,孩子们在长廊上或荡秋千,或攀爬着肋木、绳索,还有两个男孩在小舞台上敲打着架子鼓(见图2.14)。糖糖、菡菡、萌萌、安安一边选着表演区的衣服,一边讨论着自己要扮演的角色,玩CS的小朋友则披着迷彩披风,手拿着枪在长廊与舞台间穿梭着。

图2.14

这时，蓝蓝跑到我身边拉着我的手说："刘老师，刘老师，你来表演老巫婆，就是卖苹果的坏王后。"我问："为什么要我当坏王后啊？""因为你穿着黑色的衣服。"糖糖也跑过来说："求求你了，你当坏王后吧，求求你了，求求你了。"糖糖一边说着，一边把我拽到了后台（也就是衣架后面）候场。萌萌拿了一个玫红色的王冠戴在我的头上，兴奋地看着我说："好像啊，好像啊，刘老师最像坏王后了！"安安提来一个用竹子编制的小果篮（里面放着一面红色的自制摇鼓），挂在我的胳膊上说："给你毒苹果，给你毒苹果。"糖糖又拿来一块纱布盖在"苹果"上说："别让别人看见。"

他们兴奋地喊着："刘老师先在那边等着，我们先上。"糖糖和安安扮演的小动物与蓝蓝扮演的小动物"做游戏"，萌萌和田田则驱赶着舞台上玩CS的小朋友说："快下去，快下去，我们在演童话剧呢。"我扮演坏王后，弯着腰，提着篮子出场："卖苹果，卖苹果，又大又甜的苹果。"（见图2.15）扮演白雪公主的田田对"小动物们"说："我们去看看吧。"

我对田田说："姑娘，吃一个苹果吧。""小动物们"拉住田田说："不要吃啊，苹果有毒，要不让她先吃吧。"田田对我说："你先吃一口看看。"我假装咬了一口说："呀，不小心沾上口水了。"田田对"小动物们"说："好恶心啊，苹果沾上坏王后的口水了。"我把"苹果"掉了个

图 2.15

个儿,递给田田(见图2.16)说:"你吃没有口水的那一面吧。"

田田接过"苹果"咬了一口,马上倒在地上。我像童话剧里的坏王后那样大笑起来:"哈哈哈……白雪公主终于死了,哈哈哈……""小动物们"趴在田田的身上伤心地"哭"了起来……而我这个"坏王后"立刻遭到了玩CS的小朋友的"枪击"(见图2.17),我蹲在地上假装"死了",却并没有平息"众怒",几个CS战士直接把我拽到了"大牢"(大滚筒)里。

图2.16

孩子们的表演并没有就此结束。被关到大牢后,我又被"白雪公主"和"小动物们"拉回后台,演了好多次"坏王后"。每一次"白雪公主"都会让"坏王后"先尝一口苹果,自己再咬另一面,然后倒在

图2.17

地上,而玩CS的"战士们"一看到"坏王后"上场,就端起"枪"在台下准备着,等"白雪公主"一倒地,他们就立即对"坏王后""射击",并扭送进"大牢"。"白雪公主"和"小动物们"又到"大牢"里把"坏王后"拉出来再演一次……孩子们一遍遍地重复着,乐此不疲……

【游戏解析】

孩子们能够主动邀请老师加入他们的童话剧演出，并能大方自如地与老师对话，清晰地表达他们邀请老师扮演"坏王后"这个角色的理由，从中可以看出孩子们已经会主动寻求帮助，愿意与人交往，也足以看出他们出色的语言表达能力。

糖糖、萌萌、安安能够将"坏王后"打扮得如此形象、贴切，说明他们对这一形象的特点有具体准确的观察和了解。从表演过程中的对白可以看出，他们对"坏王后"卖苹果这段剧情的把握非常准确，有着比较高的游戏水平。这是因为他们在小班、中班时都观看过大班的哥哥、姐姐表演的童话剧，对童话剧的表演形式有一定的了解，对《白雪公主》的剧情也比较熟悉。也就是说，孩子们因此拥有了比较丰富的经验。最近老师又带孩子们观看视频，更激发了他们表演的欲望。

CS战士们的加入，让我们看到孩子们既尊重剧情，又加入了自己的想象与创新，更加凸显了表演区活动的游戏性大于表演性的特点。

【观察指导】

1. 从游戏中，我们可以看到幼儿以往观看童话剧表演的经历，以及近期教师为幼儿播放的童话剧视频，为幼儿的表演游戏提供了较好的经验基础。因此，对幼儿相关经验水平的关注，是教师在表演游戏中应该重视的，这是决定幼儿表演游戏水平的关键。

2. 在本次游戏中，教师欣然接受幼儿的邀请，以角色的身份加入游戏，从而促进和推动了幼儿表演游戏的开展。可以说是在合适的时机，以合适的方式介入了幼儿的游戏，起到了非常好的指导作用。

3. 在与幼儿反复进行同一段表演的过程中，教师可以适时引导幼儿根据剧情的发展而展开新的游戏情节。比如，启发幼儿思考"白雪公主被毒死了，七个小矮人怎么样了，是谁救了白雪公主……"等，或者在自己与幼儿共同表演几次后，请其他幼儿来扮演"坏王后"，让更多

的幼儿参与到游戏中。

（山东省淄博市市直机关第三幼儿园　刘玉莲）

热闹起来的表演游戏区

【观察时间】2017年5月

【观察地点】户外表演游戏区

【观察对象】中班幼儿

【游戏背景】

　　孩子们很喜欢在表演区玩，但游戏形式单一，也很难深入下去。慢慢地，表演区就有些冷清了。针对这个问题，我们利用交流分享的时间，和孩子一起来讨论他们喜欢的表演形式，丰富他们的经验，并和他们一起欣赏一些精彩的表演视频。我们想关注一下孩子们在这之后的表演游戏是否会有变化。

【游戏描述】

　　第二天的表演区真的非常热闹。先是一群女孩表演了一段舞蹈，过了一会儿，昊泽跑过来当主持人，他一一询问小朋友们想表演什么，然后开始为大家报幕，接着笑颜也加入他的行列，两个人同时主持。

　　令人惊奇的是昊泽在游戏中不但与笑颜配合默契，而且在表演结束之后对小朋友们的表演进行点评，点评得很有专业评委的味道，可圈可点，而且在环节中间还会引导小观众们鼓掌，与表演者回应。

　　接下来，思源先装扮好自己进行了一场走秀，后来平时比较内向的治达（治达小朋友平时不会主动在大家面前表现自己，即使被叫起来回答问题，也会非常羞涩）进行了表演（见图2.18）。

　　走秀结束之后，拿着小吉他的俊哲开始了他的摇滚乐表演，一曲结束之后意犹未尽，还要求返场。在他演唱的同时，治达小朋友竟然上来给他伴舞（见图2.19），舞蹈的节奏和歌曲的节奏结合得非常好。

　　今天的游戏中甚至还出现了魔术表演和规模较大的模特走秀，孩子

图 2.18

们把自己打扮得花枝招展,走起来也是有模有样的。一个个小模特自信地迈着优雅的步子,摆着各种造型,非常专注和投入。

【游戏解析】

今天,孩子们的表演游戏可谓丰富多彩,比之前有了很大的进步。他们有的表演舞蹈、有的当主持人、有的唱歌、有的玩摇滚,形式有歌伴舞、时装秀、魔术表演……我们能够感受到孩子们对表演游戏的热爱,也能看到经验的拓展与唤醒对表演游戏的重要性。

孩子们的表演内容比以前丰

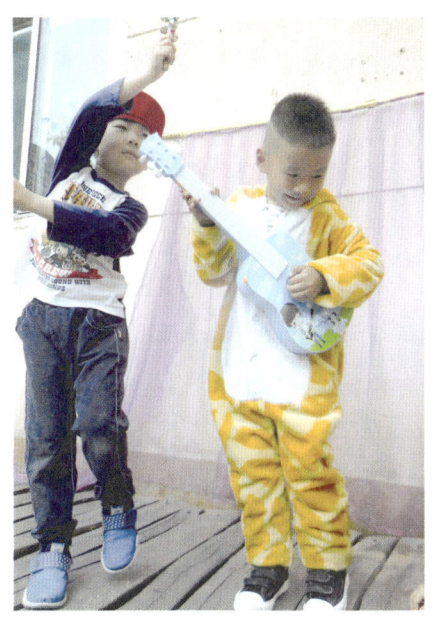

图 2.19

富了很多,孩子们在游戏中非常投入,也非常开心,但他们的游戏内容大多仍是歌舞和走秀活动。故事表演需要更丰富的经验与更高的游戏水平,孩子们还比较欠缺。

【观察指导】

1. 孩子们在游戏中的表现,与这之前教师在交流分享环节有针对性地进行经验交流有密切的关系。所以,教师在幼儿游戏中应关注游戏主题与内容,同时应意识到,可以通过对幼儿新经验的丰富以及对原有经验的唤醒,来拓展和丰富幼儿的游戏内容。

2. 游戏材料也是决定幼儿游戏内容的重要因素之一。在案例描述与分析中,我们能看到幼儿的表演内容,缺少更多富有挑战性的故事表演,除了幼儿经验不足的因素,教师还应关注在表演区是否投放了相关的游戏材料,比如,用于故事表演的头饰、手偶、服装、道具等。

(山东省淄博市市直机关第三幼儿园　李欠欠)

棒棒的小鼓手

【观察时间】2016 年 11 月

【观察地点】户外表演游戏区

【观察对象】中班幼儿

【游戏背景】

我们班的孩子们一进表演区首先要做的就是装扮自己,而且男孩女孩都热衷于此。他们有的一直沉浸在各种装扮的快乐中,有的装扮完了会开展各自喜欢的表演游戏。

【游戏描述】

户外游戏时间到了,壮壮一来到表演区就走到材料架前,选了一副眼镜——有粉色桃心的镜框和蓝色的镜架,又选了一个黑色的假发戴在头上(见图 2.20)。接着,壮壮将一些奶粉桶、饼干盒搬到舞台上一字排开,又找来一副鼓锤,跑到"自信小舞台"上咚咚地敲了起来(见图 2.21)。

图 2.20　　　　　　　　　　　图 2.21

　　壮壮的鼓声吸引了其他几个小朋友也加入进来。看到孩子们的热情如此高，我赶紧选了一些他们平时比较熟悉的、节奏明快的音乐在小音箱上播放起来。孩子们敲得很起劲，但节奏有些乱，有几个小朋友一首曲子没结束就离开了。壮壮不但没有离开，而且能随着音乐的节奏来敲。播放《小毛驴》的时候，壮壮对歌曲的基本节奏型及四分音符的时值掌握得非常好。在演奏的过程中，壮壮非常开心，还不时站起来随着节奏颤动双腿，扭动屁股。

　　当《沙沙沙》的音乐响起来后，壮壮更来劲儿了，这首曲子是主题活动中专门的打击乐。只见壮壮用右手的鼓槌敲纸盒（原打击乐中沙蛋演奏的部分），两个乐句后，又用左手鼓槌来敲铁盒（原打击乐中碰铃演奏的部分），两个乐句后，再用右手来敲原先"沙蛋"演奏的部分，而且两个部分的节奏型是不同的。在歌曲结束部分，壮壮将两个鼓槌同时敲下去，完成了表演。我和周围的小朋友都为壮壮的表演送上了热烈的掌声。

【游戏解析】

　　壮壮是一个非常喜欢音乐的孩子，只要学了新歌，他都会在洗手、如厕等生活环节不由自主地唱起来，他对歌曲节奏与情感的把握都非常到位。

　　通过壮壮在游戏中的表现可以看出，他是有意识、有目的地去装扮自己和准备材料的，其他几个孩子则受了他的影响。我及时播放的音乐为壮壮的演奏提供了背景音乐，让他的演奏变得更好听，同时这些歌曲也是一个支架，让壮壮的演奏有了抓手。壮壮在演奏中的专注、投入与快乐，让我们看到了他对打击乐活动的喜爱。他在演奏中对乐曲节奏的准确把握，展现出良好的音乐感觉，而在演奏《沙沙沙》时，壮壮能够清楚地区分不同的乐句，并用不同质地的盒子来代表不同音色的乐器，一个中班的孩子能有这样的想象力与表现力实在令人叹服！

【观察指导】

　　1. 表演游戏中幼儿在表演方面的各种能力是幼儿游戏水平和游戏质量的基本保障，也是教师需要关注的重点之一。

　　2. 教师在表演游戏中的指导不一定要介入、要使用语言。本案例中，教师发现壮壮和其他几个幼儿都对敲鼓感兴趣后，及时播放幼儿熟悉的歌曲，让幼儿能够很快将原有经验与当下的打击乐游戏结合起来，为幼儿的打击乐表演提供了有力的支持，这样的指导无痕却有效。

　　3. 在关注表现特别优秀的壮壮时，教师也要关注敲了几下就走开的幼儿，了解他们走开的原因：是因为兴趣转移了，还是因为基本表演能力的欠缺，然后有针对性地予以指导。

（山东省淄博市市直机关第三幼儿园　陈姝）

我爱唱歌

【观察时间】2016 年 4 月

【观察地点】户外表演游戏区

【观察对象】大班幼儿

【游戏背景】

最近一段时间,班里的孩子们对"TFBOYS[①]"的歌曲特别感兴趣,经常会在闲暇时间小声地哼唱。在自主游戏时间,他们都抢着跑到表演区一展歌喉,演唱他们最喜爱的歌曲。

【游戏描述】

游戏一开始,小舒就选了《青春修炼手册》这首歌。当这首歌的音乐响起时,边上的祺祺听到了,喊着说:"我也唱,咱俩一起唱吧。"于是,两个人就一起唱了起来。他们采用了轮流唱的方式,每人唱两句。但每次祺祺唱完后,都会非常害羞地藏到小舒的身后,只露出半个身子(见图2.22),而且还时不时地摸摸头发、拽拽衣角,显得非常羞涩的样子。

图 2.22

小舒却是另外一种状态。在间奏部分,小舒一手叉腰,另一只手将麦克风放在身旁,脚还随着音乐的节奏地打着拍子,就像经常参加演出

[①] TFBOYS,是由北京时代峰峻文化艺术发展有限公司推出的少年偶像组合,成员包括王俊凯、王源和易烊千玺,代表作品有《青春修炼手册》《我们的时光》等。

的大明星一样，自信又大方（见图 2.23）。

图 2.23

就这样，两个人配合着把歌曲唱完了。可能是太喜欢这首歌曲的原因，两个孩子都要求再唱两遍。在演唱到第三遍时，祺祺的表现有了翻天覆地的变化，他不再藏到小舒的后面，而是大方地站在舞台中间，面向台下观众演唱，那些挠耳朵、摸衣角的小动作也没有了。还有一个细节，那就是一直由小舒拿着的麦克风不知道什么时候跑到了祺祺手里。

后来，别的小朋友演唱时，祺祺还会在小伙伴身边伴唱。虽然没用麦克风，但他比拿麦克风的人演唱的声音还要大，而且表情轻松、自然，身体也能随着音乐有节奏地摇摆起来。

【游戏解析】

平时在生活中，祺祺是一个特别健谈、活泼大方的孩子，在语言方面很有表现力。今天在表演区中如此害羞是让人没想到的。可能是因为祺祺在以前的游戏中更喜欢玩运动游戏和建构游戏，很少来表演游戏区，再加上平时在舞台表演方面的经验较少，所以他一开始总是低着头，唱歌的时候会藏到小舒的身后，还有一些挠耳朵、摸头发等让他看上去不自信的小动作，与他身边的小舒形成了鲜明的对比。看来再大方的孩子在自己不太有经验的领域也会不自信。

今天的祺祺，没有因为不自信而放弃，而是一直努力地去尝试这件自己不太擅长却感兴趣的事情。经过了两次尝试之后，在第三遍演唱时，他的表现就比第一遍有了质的飞跃，不仅抬起来了头，那些不自信的小动作也没有了，而且更重要的是，他已经能和身边的小舒并排站在台上，还时不时地晃动身体，有节奏地来表现音乐。在短短几遍尝试之后，祺祺的舞台表现力有了显著的提升，这让我们看到祺祺非常强的学习能力，同时也意识到"经验"对孩子发展的重要意义。

【观察指导】

1. 在表演区中教师准备的适宜的"材料"，会成为吸引幼儿开展游戏的重要因素。案例中，教师收集在音响中的歌曲是孩子们特别喜欢的，这也促成了平时不怎么来表演区玩的祺祺的一次重要的登台演出。需要注意的是，教师对这些素材的选择要符合幼儿的年龄特点，不仅要关注幼儿是否喜欢，还要关注歌曲音域以及内容的适宜性。

2. 观察幼儿在表演游戏中的表情和动作，能够让我们了解幼儿此时的心理状态。祺祺一开始的不太自信，正是教师通过对他细致入微的观察了解到的。

3. 丰富经验、及时鼓励，是在表演游戏中培养幼儿自信心的重要途径。教师在平时可以多为祺祺这样的幼儿提供登台表演的机会，积累经验。在他们愿意尝试、取得进步时，教师、同伴及时的鼓励与肯定会大大增强他们的自信。

（山东省淄博市市直机关第三幼儿园　孙迪）

三、建构游戏活动指导

  几个大班的男孩在建构区搭了一个有三面墙的建筑，又搬来一些积木放在里面，说搭建的是警察局。我发现他们"砌墙"的方法是小班孩子常用的一块叠一块的垒高方式。孩子们抢着告诉我墙外面的一块正方体积木是空调外机，里面的一块立起来的长方体积木是大空调，这样"警察局"就会很凉快；地上围成一圈的积木是沙发，中间一块积木是茶几，这是他们开会的地方；旁边立着的小块积木是他们的报话机——抓小偷的时候互相联系用的……听着孩子们兴奋的描述，看着一块块或平放或侧立的积木，我总感觉作为大班的孩子，这样的建构活动缺少"技术含量"，但孩子们在游戏中的想象力的确很丰富，他们也都玩得非常兴奋、快乐，我要不要在建构游戏技能方面给他们提些要求或建议呢？

  案例中教师的困惑在于，在幼儿建构游戏过程中教师是否要对幼儿的建构技能进行指导，除此之外，还需要我们思考以下几个问题：

- 建构游戏能给幼儿带来哪些发展的关键经验？
- 如何观察和评价幼儿的建构游戏水平？
- 如何在指导时兼顾幼儿的游戏兴趣与建构技能？
- 各年龄段幼儿应该具备什么样的建构技能？

  建构游戏是幼儿通过操作各种建构材料，运用思维、想象创造性地构造物体形象、反映周围生活的游戏。幼儿通常使用的建构材料包括积木、插塑、金属结构材料、沙石、泥、雪等。刚开始玩建构游戏时，幼儿一般都会从简单的拼搭开始，随着幼儿动作的发展、认知能力的提高以及生活经验的丰富，幼儿建构游戏的内容会越来越丰富多样，建构水平也会不断提高。幼儿的建构游戏常常会与角色游戏、表演游戏相互融合、促进。

1. 活动内容与关键经验

幼儿建构游戏的内容来自幼儿的生活经验、兴趣爱好以及他们的想象创造，一般包括建筑物、道路桥梁、交通工具、武器、生活用品、动植物及想象创造出来的各种物体。建构游戏按照建构材料可以分为积木游戏、积塑游戏、金属构造游戏、拼棒游戏、拼图游戏以及利用沙水雪石等自然材料进行建构的游戏等；按照建构游戏的创造性程度可以分为模拟建构、主题建构、自由建构。

建构游戏的关键经验见表2.3。

表2.3 建构游戏的关键经验

关键经验	小班	中班	大班
游戏兴趣	对建构游戏感兴趣，喜欢用积木、插塑等材料进行简单的拼搭活动。	愿意尝试使用更多的建构材料进行搭建，能比较投入地参与游戏，享受游戏的乐趣。	能专注、投入、持续地进行搭建，愿意搭建有挑战性的作品，体验搭建成功后的成就感和喜悦感。
游戏能力与水平	了解各种建构材料的名称和特征；能运用简单的平铺、垒高、围封等技能，用积木来建构简单的物体形状。	熟悉各种建构材料；会运用架空、组合、对称、按规律排序等基本的建构技能，用积木搭建作品；学习运用插接、排列、组合、旋转等基本技能来建构作品；能有目的、有计划、有主题地建构；学习使用辅助材料，增强建构作品造型的表现性；能够搭建比较完整的作品。	了解各种建构材料的特点；能熟练运用各种建构技能，进行综合搭建；能恰当地选择不同的建构材料拼搭；有一定的创新意识，能根据经验进行想象搭建；会看平面图，能把平面图变成立体搭建物。

续表

关键经验	小班	中班	大班
交往与合作	喜欢与同伴一起玩建构游戏,能运用简单的语言进行交流;愿意向同伴介绍自己作品的名称。	能与同伴共同搭建同一主题的作品,游戏中有交流、有互助、有协商;能用较为简单的语言介绍自己的作品,大胆地与同伴交流想法;能理解、欣赏他人的作品。	能与同伴友好协商搭建主题和建构方案,分工合作,完成搭建作品;能较完整地讲述建构活动的过程和主题;在合作中既能有主张、有主见,又能尊重别人的意见,有合作的态度;喜欢挑战,富有想象力;主动沟通、协商、解决游戏中的问题和纠纷。
规则与习惯	在教师的提醒下能遵守简单的规则,不乱扔、不损坏建构材料,知道物归原位。	有一定的规则意识,爱惜材料;游戏后能主动整理材料,按类摆放整齐;游戏中知道要小心行动,不破坏别人的建构作品。	能在教师的指导下,与同伴共同建立材料使用、场地整理、合作搭建的相关规则,并主动遵守;能分工协作、动作迅速地将玩具和辅助材料分类摆放整齐;能按需取用材料,随时清理现场,有一定的安全意识。

2. 观察与指导要点

在户外建构游戏活动中,教师观察与指导的要点主要体现在幼儿的专注与兴趣、建构技能、对辅助材料的选择与使用、建构作品的完整性和复杂性、幼儿在游戏中的互动与合作等方面,具体内容如下。

(1) **幼儿在建构游戏中的专注与兴趣**

幼儿能否主动参与建构游戏、在游戏中是否表现出积极主动的态度、建构过程中是否专注投入、能否持续地完成一件作品，以及幼儿在游戏过程中的情绪、情感状态等，都是教师应该关注的重点。教师可以通过以下几点来激发幼儿的建构兴趣：

- 通过设置情境激发兴趣。比如，针对小班幼儿的特点，在建构游戏中，教师可以提供一些动物玩具，请幼儿为小动物盖房子、铺路等。
- 通过幼儿感兴趣的主题，激发幼儿的建构兴趣。比如，对于中大班的幼儿，可以以他们感兴趣的内容（"我的幼儿园""我要上的小学""交通工具""武器"等）为主题来激发他们的兴趣。
- 通过提升新技能来激发兴趣。在建构游戏中，技能的提升能够帮助幼儿更好地完成建构活动，体验到成就感，从而对建构活动更有兴趣。
- 通过分享优秀作品激发建构兴趣。教师可以展示、分享幼儿自己或他人的优秀作品，或者在建构游戏活动结束后，带领幼儿现场观赏优秀的建构作品，带领幼儿共同评价，发现创意、技能等方面的优点，激发其进一步建构的欲望。
- 通过带领幼儿实地参观或观看视频、图片等方式，与幼儿一起分析建筑特点，激发建构兴趣，也可以通过让幼儿与同伴共同设计图纸、讲解设计思路、引发大家期待的方式，激发幼儿的创作欲望。
- 教师还可以充分利用和拓展建构材料来激发幼儿的建构兴趣。例如，冬天大雪后，可以带领幼儿用雪来建构房子、桥梁、雪人、滑梯等。

（2）*幼儿在游戏中表现出来的建构技能*

在建构游戏中，幼儿基本的建构技能也是教师需要重点关注的内容。任何一件建构作品都是由最基本的建构技能组合而成的，掌握了基本的建构技能，幼儿才能在建构游戏中感受到成功与快乐，激发出浓厚的游戏兴趣。

操作材料不同，所需要的建构技能也不同。积塑类材料的建构技能一般分为：排列、组合、插接、镶嵌、粘合、旋转等。积木类材料的建构技能一般分为：平铺、垒高、架空、围封、组合、对称等。

教师可以通过观察、比较等多种方式，引导幼儿认识建构材料的性能特点，在此基础上，教师可以在建构活动前后的交流中，采用范例、示范、讲解、分析作品等方式，进行基本建构技能的指导；在游戏过程中，教师可以通过参与游戏、现场示范、语言提示和范例启发等方法，对幼儿的建构技能进行巧妙的引导。

（3）*幼儿使用辅助材料的情况*

在建构游戏过程中，对辅助材料的选择和使用也能体现出幼儿建构游戏的水平。建构游戏的辅助材料一般分为建构性辅助材料和情境性辅助材料两大类：建构性辅助材料是指一些可以代替建构材料，起到建构作用的材料，像纸盒、纸筒、奶粉桶、易拉罐、饮料瓶、木板等；情境性辅助材料是指能够与建构材料结合，从而营造更富有游戏情境的材料，像玩具汽车、塑料的动植物、毛绒玩具、娃娃以及一些废旧的丝巾、床单等。

教师在观察幼儿使用辅助材料的情况时，可以关注幼儿是否喜欢选择辅助材料，经常选用哪一类辅助材料；在使用时是否能够关注到辅助材料的特点，比如，能否选择适宜的辅助材料（用纱巾做门帘、用塑料植物装饰道路等），能否判断出辅助材料与基本建构材料之间的关系（高度相同、粗细相同等），从而巧妙地利用辅助材料；在户外开展的建构游戏中，幼儿能否随机发现和利用一些自然物作为辅助材料来搭建（用鹅卵石铺路、用树枝和树叶搭建屋顶等）。

教师还可以通过交流分享、作品赏析等方式，激发幼儿使用辅助材料的兴趣和灵感，提升建构游戏水平。

（4）幼儿建构作品的完整性和复杂性

幼儿建构作品的完整性、复杂性不仅能够体现出幼儿的建构技能和水平，而且能够反映出幼儿在建构过程中思维能力、想象力及意志品质的发展水平，因此，教师在幼儿建构游戏中不仅应关注幼儿的建构兴趣、建构活动中的积极情感体验，而且应关注幼儿作品呈现的情况。

建构游戏中会出现幼儿作品不完整的情况，教师应该通过观察、交流来了解原因：有的幼儿是因为着急想进入角色游戏而使作品不够完整，有的幼儿是因为游戏过程中没了兴趣，有的幼儿是因为时间不够，有的幼儿是因为在搭建过程中遇到了困难……因此，教师应在了解真实情况后，再有针对性地进行指导。

幼儿建构作品的复杂程度一般是与幼儿的观察、分析、概括、抽象思维能力、想象力以及建构能力成正比的，因此，透过幼儿作品的复杂程度，教师可以对幼儿的相关能力做出基本的判断。教师在提升幼儿建构能力的同时，还可以通过对经典建筑以及优秀建构作品的赏析，引导幼儿提升观察、概括等能力，激发幼儿的想象力以及挑战复杂作品的兴趣，引导幼儿运用多种技能搭建出更完整的、更复杂的、更有创意的作品。

（5）幼儿在游戏中的互动与合作

游戏是幼儿社会性发展的重要途径，因此，建构游戏中幼儿的交往互动、合作能力、主动性等也是教师应该关注的。教师应该通过观察幼儿在游戏中的行为来分析幼儿能否主动与同伴协商搭建的主题和建构方案；能否分工合作，完成搭建作品；在合作中是否有自己的主张和见解、是否能耐心地倾听和尊重别人的意见、是否能通过主动沟通来解决游戏中的问题和纠纷等。

交流合作是幼儿建构游戏的乐趣之一，教师应通过细致的观察，了解幼儿社会性发展的水平，并通过语言提示、榜样示范等方式促进幼儿的社会性发展。比如，有的幼儿总是一个人搭建作品，不愿意与同伴合作,教师可以引导他观察其他幼儿合作搭建的作品,感受作品的不同以及合作的快乐,激发幼儿与同伴共同搭建的兴趣;还有些幼儿在合作中总是难以达成共识,无法与他人合作,教师不妨邀请那些能够友好合作的幼儿来分享他们的经验,共同讨论在遇到意见不一致等问题时应该如何处理,从而提升幼儿的合作水平,促进其社会性发展。

3. 常见问题与对策

问题1: 在我看到的建构游戏中,有的教师直接让幼儿自由建构,有的教师会让幼儿围绕一个主题来建构,我想知道,在幼儿建构游戏中教师是否需要对幼儿的建构主题进行规划?

幼儿建构游戏主题的确定一般会有两种方式:一种完全由幼儿自主确定,另一种由教师和幼儿根据现阶段主题活动的内容以及幼儿当下的兴趣共同来确定,上述两种方式各有价值。完全由幼儿自主确定主题,能够充分体现幼儿的自主意识和能力。由师幼共同提出的主题能够避免幼儿无目的地盲目搭建,同时教师能够将一些基本的建构技能有目的、有计划地渗透其中,尤其对建构水平和技能都尚未成熟的小中班幼儿。

这两种方式可以互相结合,交叉进行。比如,一周中有几次师幼共同确定的主题,有几次幼儿自主确定的主题。有的幼儿园在室内和户外都设了建构游戏区,也可以室内以教师确定的主题为主,室外则完全由幼儿来确定主题。

需要注意的是,师幼共同确定主题的方式并不代表幼儿就没有自主性,比如,在小班搭建"小路"的主题下,幼儿完全可以自主选择材料,按照自己喜欢的方式,为自己喜欢的小动物搭建小路。因此,在确定主题时应充分考虑幼儿的经验、兴趣,让幼儿充分表达建构的愿望,经过大家讨论后再确定,为幼儿留出足够的自主发挥的空间。

📖 **问题2**：大班幼儿在为建构游戏做计划时，有几名幼儿先在纸上随便画了几个形状，然后开始选择积木进行建构，但据我观察，这几个孩子在搭建时根本不再去关注刚才的图纸，最后的建构作品也跟图纸没有什么关系，那么我们还有必要让幼儿在搭建前去设计图纸吗？

在建构游戏中，教师请幼儿画图纸的目的是让幼儿在建构前，对将要建构的主题进行选择、计划和构思。幼儿可以自己或与同伴一起商量要搭建的主题、构思作品的基本形状、可能会用到的材料、分工等。幼儿一般先在纸上画出平面图——图纸，再根据图纸搭建出自己想要的作品。其实，这是提升幼儿游戏目的性、计划性，促进其想象力和思维能力发展的有效方法之一。

从该教师观察到的情况可以看出，这几名幼儿显然没有理解"画图纸"的意义，只是按照教师交代的流程走了个过场。因此，教师应该首先引导幼儿明确在游戏开始之前的思考对他们最终建构作品的意义，可以请其他幼儿分享自己计划构思的过程、设计图纸的方法及其在建构过程中的作用，指导幼儿学会做计划、画图纸，并运用图纸完成建构。

需要注意的是，不是每一次建构游戏都要画图纸，有些幼儿在与同伴交流、协商的过程中已经对搭建作品的基本情况达成共识，即使不画图纸，他们也能按照共同协商的思路来进行搭建，但是引导幼儿逐渐有目的地、有计划地搭建是在建构游戏开展过程中，教师心中应该装着的一个目标。

📖 **问题3**：每次在组织建构游戏结束后的交流分享时，孩子们分享的内容总是局限于介绍自己搭建的是什么，因此没有多少话可说，分享的意义并不大，如何才能让建构游戏的分享交流更有价值呢？

游戏结束后的分享交流是整个建构游戏活动重要的组成部分。优秀的教师可以通过交流分享环节引导幼儿发现问题，给予幼儿肯定和鼓励，提升建构技能，进一步激发游戏兴趣。

案例中幼儿分享内容单一的现象应该与两个因素有关：一是教师在游戏现场观察不到位。也就是说，教师在幼儿游戏时没有抓住可供交流和分享的关键点，所以无法引导幼儿有效交流；二是教师在交流分享环节的启发与引导不够。建构游戏结束后，教师可以引导幼儿在现场进行作品的赏析与交流。分享交流的内容除了"我搭建的是……"，还可以请幼儿介绍自己构思作品及建构的过程、整个作品的组成部分、搭建中用到的基本技能及辅助材料的使用情况、搭建过程中遇到的问题是如何解决的、与同伴合作搭建的情况等。同时，教师也可以针对幼儿作品中材料的创造性使用、独特的想象力、创新性的表现以及幼儿建构过程中表现出来的社会性发展等与幼儿进行交流。总之，有了教师细致的观察、具体而有针对性的引导，才会有幼儿更丰富的、更有价值的分享。

问题4：在建构游戏中，孩子们常常搭建完一个作品后就开始在里面玩起角色游戏，有的后续游戏直接没有搭建活动，出现这样的情况可以吗？是否需要教师的引导呢？

幼儿的建构游戏经常伴随着角色游戏的开展。有些幼儿一开始就以角色游戏的身份开始建构活动，比如，分工时就有爸爸、妈妈、姐姐、弟弟，然后一家人一起建房子、一起布置自己的家；有的在搭建完成后接着进入角色游戏。这些都是正常的、自然而然的状态，没有什么不可以。

遇到这样的情况，教师没有必要去制止，但可以在建构内容和建构技能上给予幼儿一些建设性的建议，引发幼儿进一步建构的兴趣。比如，医院的大楼前面要不要建一个停车场；可以让娃娃家更大一些，有更多的房间；是不是可以给宝宝建一所带滑梯的房子；学校的围墙怎样可以建得更美一些等。

📖 问题5：几个大班的男孩在建构区搭了一个有三面墙的建筑，又搬来一些积木放在里面，说搭建的是警察局。我发现他们"砌墙"的方法是小班孩子常用的一块叠一块的垒高方式。孩子们抢着告诉我墙外面的一块正方体积木是空调外机，里面的一块立起来的长方体积木是大空调，这样"警察局"就会很凉快；地上围成一圈的积木是沙发，中间一块积木是茶几，这是他们开会的地方；旁边立着的小块积木是他们的报话机——抓小偷的时候互相联系用的……听着孩子们兴奋的描述，看着一块块或平放或侧立的积木，我总感觉作为大班的孩子，这样的建构活动缺少"技术含量"，但孩子们在游戏中的想象力的确很丰富，他们也都玩得非常兴奋、快乐，我要不要在建构游戏技能方面给他们提些要求或建议呢？

这是本节开头的案例。案例中的教师纠结于幼儿在建构游戏中表现出来的建构技能远远低于该年龄段幼儿应有的水平，但他们在建构游戏中玩得很开心，也很有想象力。在这样的情况下，教师是否有必要对幼儿的建构技能进行指导呢？

案例中幼儿表现出的浓厚兴趣似乎并不在于建构物的表征，而是对于"警察局"游戏的热情。建构技能是幼儿建构游戏水平的重要组成部分，而建构游戏水平又是决定幼儿建构游戏质量以及幼儿在游戏中能获得发展的关键指标。因此，首先可以明确的是，幼儿的建构技能是教师在建构游戏中必须关注的重点之一。

其次，幼儿在建构游戏中的想象力与创造力，应该更多地体现在创造性地使用建构材料，以及对建构作品的主题与造型的创意方面。案例中的幼儿把积木想象成空调、饮水机等，相当于角色游戏中的以物代物，还不能代表幼儿在建构方面的想象力与创造力，而这方面的能力与幼儿的建构技能是密不可分的。建构技能的提高能够促进幼儿在建构方面的想象与创造能力的提升。

对于案例中出现的情况，教师可以首先肯定幼儿的建构主题与游戏，然后再有针对性地提出自己的建议。比如，如果能用错位垒高的方式垒，"警察局"的围墙会更结实；如果盖得高一点，用四面墙将其围起来，再加个屋顶就更棒了；房间里的沙发、空调、饮水机用几块积木组合在一起，可能会更像。也可以请幼儿观察"警察局"的图片，了解其建筑特点，以及门、窗的位置，启发幼儿运用已有的架空等方式进行搭建。

针对上述情况，教师还可以通过多次观察对幼儿的建构行为进行分析，判断幼儿的行为与建构兴趣、建构技能、建构经验之间的关系。幼儿建构技能的不足，还有可能是缺少经验迁移的能力造成的。

4. 游戏观察案例

我们的鸟巢

【观察时间】2016 年 4 月

【观察地点】户外建构游戏区

【观察对象】大班幼儿

【游戏背景】

进入《我是中国人》主题活动后，在和孩子们一起了解中国著名的或者有代表性的建筑时，我发现他们对北京的地标性建筑——鸟巢（国家体育场）特别感兴趣。这几天总有几个孩子在自主游戏时间尝试搭建鸟巢，但是都没有成功。有时是因为地基不稳，有时是因为材料使用不当，还有很重要的一点是，他们无法解决封顶的问题。

【游戏描述】

今天，自主游戏活动刚开始，颇具指挥能力的书君一招手，几个孩子就聚在了一起。只听书君说："昨天咱们没有把鸟巢搭起来，今天谁还想和我一起搭鸟巢?"几个小伙伴一致同意。书君简单分工,有人负责取材料,有人负责搭建,大家马上开始分头行动。

宇宇和三个女孩一起用三个弧形积木,拼成了一个拱门作为鸟巢的入口,又把小跨栏摆到两侧做成进入鸟巢前的甬道(见图2.24)。新沂负责取材料,书君和两个女孩分别用两个圆柱体架起一块长板,一组一组进行连接。每搭建一块长板,他们都会用手轻轻地晃动一下,在确定平稳的情况下再继续搭。宇宇他们搭完了入口后也马上加入进来(见图2.25),他们很快就搭好了第二层。搭到第三层的时候,书君发现圆柱体有些晃动,于是他马上用手扶住并喊道:"新沂,要倒了,快点!"新沂立刻跑过来,扶住长板,然后两人从第一层开始逐个调整长板的位置,配合得非常默契(见图2.26)。

图 2.24

图 2.25

图 2.26

三层高的围墙做好了，鸟巢该封顶了，孩子们又陷入了原来遇到的困境。有的孩子拿着最长的板比画着，有的又去检查围墙，有的干脆放弃尝试，在围墙里盲目地走动着……宇宇转来转去，他望着我像求助又像自言自语地说道："唉！到底该怎么封顶呢？"我走过去对孩子们说："想一想大家喜欢把国家体育场叫作什么？为什么这么叫？我们欣赏过的图片上的鸟窝是什么样的？"宇宇说："国家体育场就叫鸟巢，因为它特别像一个小鸟的窝。""好多鸟窝都是用树枝一根一根这样搭的。"新沂一边用手比画一边说。我接着问："那你们想想看，可不可以像鸟窝那样来封顶呢？"宇宇一跺脚说："我知道了，用长板！"

宇宇指挥小伙伴取来长板，一块一块交替搭建。他们从一侧将长板交错叠加着往上搭，可是搭到一定程度（用长板搭建的顶部较高，两边的延长线部分成了一个斜坡）后，长板开始从高处向两边滑落下来（见图2.27）。宇宇连忙喊道："不要搭了，再搭又要倒了！"小伙伴们停止了搭建。书君说："咱们应该转着圈搭，鸟窝就是这样的。"他边说边拿着一块长板架到了对面用拼插滚筒做的拱门上。其他孩子也马上跟着书君开始了环形的搭建。在大家的

图2.27

共同努力下，封顶工作顺利完成，他们还在顶部留下一个圆孔，说鸟巢（国家体育场）就是这样的（见图2.28）。封顶结束后，孩子们兴奋地互相击掌、拥抱，庆祝成功。

图 2.28

【游戏解析】

孩子们在建构区的表现令人惊喜,从一开始的建构主题确定、任务分工,到发现基础不牢时的及时调整,再到封顶之前的思考,以及遇到封顶滑坡问题后的果断解决……都让我们看到孩子们在活动中的独立自主、默契合作,以及面对挑战时积极想办法解决问题的良好品质。

搭建活动中,不管是在主动性、解决问题的能力方面,还是在领导力等方面,书君和宇宇都是能力比较强的孩子。他们在整个搭建过程中起到了重要作用。但让人感到欣慰的是,两个能力特别强的孩子在一起并没有出现各自为政、互不服气的情况,这更让我们看到他们在社会性发展方面的突出表现。

在今天的搭建活动中,平时作为体育器械的大拼插滚筒与塑料跨栏的使用也是亮点之一。之前在建构游戏的交流分享环节,老师曾经请孩子们分享他们将建构材料与场地上的滑梯结合使用的做法。今天宇宇等幼儿可能受到了启发,用这种方式搭建的鸟巢大门不仅大气、牢固,而且非常有创意。

在搭建鸟巢的过程中,孩子们的原有经验(主题活动中的介绍、国家体育场和真的鸟窝图片的欣赏、有几个孩子曾经去过鸟巢)都发挥了重要作用。比如,两次封顶遇到困难的时候,还有最后封顶要留下一个圆孔的表现,都是孩子们的经验和能力的表现。

【观察指导】

1. 从游戏背景可以看出,幼儿在这之前曾尝试过搭建鸟巢,但都未成功。因此,幼儿再一次准备尝试时,教师应重点关注幼儿发现问题、解决问题的能力。通过教师的观察,能看出幼儿能够吸取以前的教训,在发现基础不牢固时立即调整,避免了之前曾经有过的失败;在成功搭建好围墙、即将封顶时,幼儿又遇到了不知用什么方法和材料来封顶的问题。这时教师的介入及时准确地推动了幼儿的思考,帮助幼儿找到了解决问题的方向。也就是说,在幼儿经历过多次失败后,教师应该及时、有效地介入与指导,避免幼儿因再次失败受挫而放弃搭建。

2. 在搭建大型的作品时,教师还应关注幼儿之间的合作。在本案例中,幼儿之间的合作非常默契,这与他们平时的交往互动水平有密切的关系。但教师在关注能力较强的幼儿的同时,也不能忽视其他幼儿在这方面的能力。比如,每次都是能力较强的幼儿发现问题并想出解决问题的办法,教师不妨鼓励其他幼儿也来尝试发现问题,在遇到问题时,也能积极主动地说出自己的想法。

3. 幼儿在搭建中选用了大拼插滚筒作为鸟巢的入口,非常方便、牢固、富有创意。但比起用积木来搭建,这样的方式在技术上、挑战性方面的要求低了些。所以,教师在以后的搭建中,可以建议幼儿尝试用积木搭出一个同样牢固、漂亮、富有创意的体育场入口,以激发幼儿的潜力,搭建出更好的作品。

(山东省淄博市市直机关第三幼儿园　杨娜)

和长板比高矮的彤彤

【观察时间】2016年10月

【观察地点】户外建构游戏区

【观察对象】大班幼儿

【游戏背景】

户外建构游戏区的材料中有三种不同长度的长板,为了方便区分,孩子们分别给它们命名:1号板、2号板、3号板。这些长板是孩子们使用率比较高的材料。孩子们有时将长板和圆柱体或长方体积木相结合来进行架空垒高;有时用它们作为搭建作品的"面儿",比如,桌面、沙发及长椅的"座面儿";有时使用它们为建筑物封顶。孩子们有时不用清楚地分辨长板的型号,有时则需要用特定型号的长板来搭建……我观察发现,多数孩子对于三种型号的长板都能轻松地分辨出来。1号板最长,所以最好辨认,2板号与3号板的长度比较接近,有的孩子会拿错。

【游戏描述】

建构游戏开始后,泽泽想带着彤彤、诺诺一起搭建一艘小船(在这之前他已经搭过两次了,彤彤和诺诺是第一次搭)。彤彤和诺诺负责运积木,泽泽负责搭建。泽泽对她俩说:"诺诺,你要去运很多很多的圆柱体,彤彤你去拿最长的1号板,咱们一起分头行动吧。"(他上次搭的船也用了很多圆柱体和不同型号的长板)

诺诺一手抱着一个圆柱体回来了。泽泽说:"需要很多圆柱体呢,你一次多拿点啊!"诺诺说:"咱们离得很近,两个两个拿就行。"泽泽说:"好吧,你再去拿吧!彤彤,你快点拿长板啊!先拿1号板吧!"彤彤走到积木橱放长板的区域,站着看了一会儿,取了几块1号板,抱着来到泽泽面前说:"来了,来了,也不知道你要几块1号板,这些你先拿着用吧。"泽泽接过彤彤手里的长板往地上一放说:"彤彤,你再去拿五块 2 号板吧。"形形说:"好的,遵命。"我问泽泽:"形形拿来的木板,你怎么不用啊?"他说:"我要先把圆柱体摆好当船舱,再放长板来搭甲板。"

这次形形站在积木橱前拿出一块木板和自己的身体比了比,然后放了回去。一会儿,她又拿出另外一块木板比了比,然后数出五块同样的木板拿了出来。我好奇地走过去问她:"形形,你手里拿的是几号板?"形形说:"2 号板。""这么确定吗?"形形不好意思地笑笑说:"以前我不知道哪个是 2 号板时,我拿长板和我的身体比一比就知道了。你看,最长的 1 号板比我的身体要高。"说完,她从地上拿起 1 号板量起来(见图 2.29)。"2 号板不如我高,它现在正好到我嘴巴的位置(见图 2.30),可是你知道吗?在我上中班的时候,它是到我的鼻子的。"我说:"那是不是说明你长个子了?"形形害羞地说:"可能是吧,可是我也没觉得自己长高啊!"我接着问:"形形,那你怎么确定 3 号板呢?"形形找来一块 3 号板说:"你看,3 号板才到我胸口这里(见图 2.31)。"我冲她竖起大拇指:"形形,你还真是有办法呢!一会儿你再试试,我相信你肯定一眼就能看出哪块是 2 号板了!"这时候,泽泽已经将圆柱体都摆好了,要开始搭甲板了。得到表扬和鼓励后的形形又高兴地和泽泽、诺诺

图 2.29

图 2.30

图 2.31

一起搭起来。

泽泽将彤彤最先拿来的几块1号板并排摆在中间的位置,然后又请彤彤拿来一些2号板和3号板,依次并排摆到1号板的两侧。这个过程中,彤彤已经能够非常准确地按照泽泽的要求取长板了。很快,一个中间宽两头窄的甲板就搭好了。

最后,他们三个人共同努力,在甲板的周围用不同型号的长板围上一圈围栏,又在船上搭建了桅杆和座位,两边放上了船桨,最后,船终于搭好了(见图2.32)。

图2.32

【游戏解析】

泽泽在搭建过程中的目标非常明确,又因为曾经有过成功搭建的经验,因此在整个搭建过程中处于主导地位。他清楚地知道搭建小船需要什么材料,能快速做好分工并安排两个同伴分头行动。从泽泽在游戏中的表现能够看出他的建构能力、游戏水平,也能看出他较强的组织协调能力。

在游戏中,彤彤负责取长板。在取1号板时,彤彤还是比较自信的,但在取2号板时,她不确定自己的判断。于是她用了自己在中班时用过的方法——用身体和长板做比较后,再来判断长板的型号。这个方法虽然慢一些,却能让形形更放心些。形形属于平时比较小心谨慎的孩子,在老师、同伴面前做事时总会先小声地问问——"我这样做行吗""我这样讲行不行",显得不是很自信。结合对形形的了解,老师先肯定了她的方法,又鼓励她用目测的方法确定长板的型号,在接下来的游戏中她做得非常好。老师在游戏结束后的交流分享环节又一次表扬形形,她很开心。

【观察指导】

1. 在建构游戏中,幼儿取放材料的过程能反映出幼儿的能力、习惯和水平。比如,本案例中通过形形取长板的表现,我们就能判断出形形目测长度的水平可能比其他幼儿弱一些,同时也能看出她自信心的不足。

2. 对于形形这样不是很自信的孩子,老师要在游戏中及时给予肯定和鼓励。案例中虽然形形不如其他幼儿目测长度的能力强,但升入大班后,她的能力比在中班时提高了,她的不确定主要是因为不自信,而教师适时的肯定和鼓励让形形有了自信。于是,在接下来的游戏中,形形能够通过目测,果断、准确地分辨长板了。

3. 对于能力比较强的幼儿,教师可以在指导时有意识地增加游戏的挑战性。比如,本案例中的泽泽各方面能力都比较强,又有多次搭建小船的经验,因此整个搭建过程对他来说缺少了一些挑战。教师不妨提出一些建议来增加泽泽游戏的挑战性,比如,建议他搭建一艘更高大或者更漂亮的船;请他说说自己见过的船,然后共同确定要搭什么样的船……总之,可以在建构技能、交往合作等方面,让游戏的挑战性更强一些。

(山东省淄博市市直机关第三幼儿园　陈亚婷)

一间有门的奶茶店

【观察时间】2016 年 10 月

【观察地点】户外建构游戏区

【观察对象】大班幼儿

【游戏背景】

户外建构游戏区的孩子们在合作搭建时出现了一个有趣的现象：有的孩子搭建的房子有门、花园，房子里还有小桌子、小椅子，内容非常丰富；有的孩子搭建的房子也挺漂亮、结实，但总是没有门。他们是不想搭建门呢，还是不会搭建门呢？在建构游戏中，我开始关注这几个孩子。

【游戏描述】

建构游戏开始后，斯斯、天宇分别在搭建自己的房子。我走到斯斯的房子前，观察到斯斯的房子一面没放长板，我问她："斯斯，这三面都放了长板，为什么这面不放啊？"她说："因为我要留一个门，好进来啊。""哦，原来是这样啊！那你搭建完可以请我看看吗？"斯斯点了点头。

不一会儿，斯斯搭建完了四层房子（见图2.33）。她高兴地拉着我的手说："老师，你快来看我和童童一起搭的房子。"我走进她的房子说："嗯，有门的房子进出确实方便啊！"两个孩子接着开始布置自己的楼房了。

图 2.33

斯斯的邻居天宇和清岩也正在运积木搭建房子，只见清岩脚踩着两块长方体等着天宇拿长板过来（见图2.34）。见我走过来，他热情地说："老师，你看我们的楼房马上要封顶了！""哦！是呀，你们的楼房马上就要竣工了。"他笑嘻嘻地问："竣工是什么意思，我还不知道咧。""就是你们的房子搭建完成的意思。"我告诉他。

一会儿，天宇和清岩把房子搭好了。两个人从材料架上

图2.34

拿来一些奶粉桶、易拉罐和长方体积木摆在每层的长板上面，又拿来一些长板斜靠在房子的外墙上。我走过去问清岩："这些易拉罐和奶粉桶是做什么的呀？"清宇说："那是奶茶，因为我们是奶茶店。""那你们在侧面放上这些长板是什么意思呀？"我继续追问。天宇说："我们怕房子不结实，会倒了，所以用长板加固一下，让它更牢固。""哦，看起来你们的奶茶店很不错啊！我能进去坐坐吗？"我问。天宇连忙摇头说："不可以，不可以。"清岩说："可以的，不过你要这样进去。"说完，清岩费力地从楼房最底层钻了进去。天宇冲着清岩喊："你快点出来吧！"清岩又从房子里费力地爬了出来（见图2.35）。我说："你们的奶茶店搭建得很好，可是出来进去看上去好费劲啊！我们能不能想个办法让进出容易一些啊？"两个人互相看着对方，好像没什么办法来解决这个问题。我趁机邀请他们说："咱们一起去斯斯家做客吧！她和童童也搭了一座四层的楼房。"

图 2.35

我们一起来到了斯斯家,我说:"斯斯,能让我们参观一下你的家吗?"斯斯点了点头说:"当然可以啊!"说完,她从房子里轻松地走了出来。天宇看了之后马上说:"哦,我明白了,走!清岩,咱们把那个奶茶店送给禾禾吧,咱们再搭一个像斯斯家一样有门的奶茶店!"清岩说:"好!"两个人立即开工,很快他们就仿照斯斯的家重新搭建了一个更大的奶茶店,这个新的奶茶店有两个房间,关键它是有门的(见图2.36)。

图 2.36

当我给他们两个拍照的时候,天宇说:"以前我们那个奶茶店只能爬进去一个人,现在我们这个奶茶店能进两个人,不,好像能进三个人了,而且不用爬了!"我说:"有门是不是比以前方便多了?"他高兴地点了点头,拉着清岩走进了他们的奶茶店。

游戏结束,我直接在场地上进行了现场分享,并让斯斯、童童、天宇和清岩分别介绍了他们搭建的有门的建筑。几个一直没有搭过门的孩子也都恍然大悟,纷纷表示明天也要搭一个有门的房子。

【游戏解析】

在搭建活动中,有些孩子习惯性地在四周一层一层地向上架空、垒高,却容易忽视建筑物中"门"的搭建。在今天的游戏中,细心的斯斯和童童在搭建楼房时有意识地从第二层开始预留出了门的位置。搭建完成后,房子进出非常方便。其实,这并不是一个特别有难度的技能,但有些孩子会忽视。比如,天宇跟清岩两个人直到把房子建完、装饰布置完,也没有想到要设计一个门。在老师的邀请下,他们参观了斯斯的家,马上就去搭建了一个有门的奶茶店。

游戏结束后现场交流的效果非常好,孩子们看到那些有门的房子,也都充满兴趣。看来,在建构游戏中,同伴间的相互学习真的是一种非常好的方式。

【观察指导】

1. 建构游戏中对幼儿作品的关注非常重要。案例中教师通过对幼儿搭建作品的观察和比较,发现了"有门"与"无门"的差别,从而意识到问题所在。教师通过巧妙的、不露痕迹的指导——参观同伴搭建的有门的房子,引导幼儿关注到"门"的存在,并通过同伴间的相互学习与启发,轻松地解决了这一问题。

2. 建构游戏后的交流分享环节是教师进行指导的好机会,而现场分享更适合建构游戏。幼儿通过在现场观察同伴的作品、倾听同伴的想法,可以直观地感受和学习同伴的建构技能与方法,以及他人在遇到问题、解决问题时的做法。

(山东省淄博市市直机关第三幼儿园 陈亚婷)

小木船变大游轮

【观察时间】2016年4月

【观察地点】户外建构游戏区

【观察对象】大班幼儿

【游戏背景】

幼儿园院子里的小木船引起了孩子们的极大兴趣,他们经常在小木船上玩各种游戏(见图2.37)。乐乐是一个建构迷,最近几乎每天的自主游戏时间,我都能看到他在建构区忙碌的身影。

图 2.37

【游戏描述】

自主游戏时间,乐乐在建构区将 1 号长板斜放在两块摞起来的长方体积木上。他让一端翘起来,然后想在翘起的一端横放两块 3 号板。乐乐不断调整 1 号板的着力点和两块横放的 3 号板的位置,但一直没有成功,那两块 3 号板总是掉下来(见图 2.38)。于是,乐乐请好朋友天天和谷谷帮忙,他们三个人先反复调整 1 号板支点的位置,然后三人分工协作,其中,两人分别压住 1 号板的下端,另一人轻轻地将一块 3 号板横放在翘起的一端(见图 2.39)。

接下来,他们又在另一边也搭出了一个相似的造型,并在两个造型之间铺了好多 3 号板(见图 2.40)。我恍然大悟,他们是在搭一艘船啊!果然,他们几个铺完了 3 号板后,就开始一会儿跑到放在场地上的木船上,一会儿又回来搭建。原来他们是去观察木船的构造,模仿着搭建呢。在搭建船帮和船舱中的隔板时,他们遇到了问题,尝试了几次都不满意。于是,他们跑到船上去重新观察、研究、尝试,最后终于造出

第二章 幼儿园户外创造性游戏类活动指导 147

图 2.38

图 2.39

图 2.40

了满意的船帮和船舱（见图2.41）。

　　小船有了雏形后，便吸引了一些小伙伴来乘船。果果问乐乐："我可以上你的小船吗？"乐乐头也不抬地回答："当然可以！"他和天天在继续丰富船上的设施。乐乐拿来一根白绳绑在了船上，天天将一块小木块放在了船舱里（见图2.42）。我问他们："这些都是什么？有什么用吗？"乐乐介绍说："白绳是靠岸时用来固定小船的。"天天说小木块是他们出海时与陆地联系用的对讲机。

图2.41

图2.42

搭建完后,想乘船的孩子越来越多,小船根本盛不下了。先上船的"乘客"自动变成了乘务组,开始吆喝要凭票(鹅卵石)登船(见图2.43),限制人数。平平说:"船上有这么多乘客,需要一个警察来保护,我来做船上的警察吧。"果果和其他小伙伴欣然同意,于是小船顺利出海了。

图2.43

谷谷提出要带好多人一起出海吃烧烤,这个提议大家都很喜欢,但乐乐意识到船太小了,容不下那么多人。他指挥大家拆掉了一侧的船帮,又找来许多1号板接在旁边,加宽了船体,于是船瞬间变大了(见图2.44)。他们又在船上架起了桌子和烧烤炉(见图2.45)。乐乐宣布:"小船变成了大游艇,欢迎大家一起出海!"孩子们高兴地玩儿了起来。

图 2.44

图 2.45

【游戏解析】

在建构小船的过程中,孩子们解决问题的能力令人惊叹,尤其是船头与船尾的搭建,这种翘起来的船头与船尾在该班的建构活动中还从未出现过,这种搭建方法的难点在于要找准 1 号板的支点。孩子们经过多次失败后并不气馁,终于通过不断探索解决了这个难题。而船舱、船帮以及小船变大船的过程,无不体现了孩子们积极的态度以及解决问题的能力。

游戏中乐乐的表现无疑是最棒的:他先确定了搭建主题;在搭建翘起的船头遇到困难时不气馁,知道邀请同伴帮忙;在其他小朋友跑来乘船时，慷慨应允，同时自己依然专注于小船的搭建；当小船容纳不下更多的同伴时，他能够果断想出办法将小船变大，并指挥大家快速完成……

在游戏过程中，我们不仅看到了孩子们建构的水平，通过他们在小船上玩的各种角色游戏，我们也发现了他们细致的观察生活的能力，比如，能够参照场地上的木船来搭建、在船上拴上绳子以便在靠岸时用来固定小船等；孩子们以物代物的能力，比如，用鹅卵石当船票、用小木块当对讲机；还有他们的创造性才能，比如，想吃烧烤就用积木搭出一个烧烤炉，上面还搭建了桌子和座位等。

【观察指导】

1. 从案例中我们发现，教师关注到了幼儿的建构技能、创造性发展、解决问题的能力以及建构结束后的角色游戏水平，这在建构游戏中都是非常重要的。

2. 在整个游戏过程中，教师一直以旁观者的身份在观察，几乎没有任何介入与指导。这种方式给予了幼儿更多自主游戏的机会，也锻炼了幼儿独立解决问题的能力。在幼儿的自主游戏中，教师的放手往往能够成就幼儿的成长，因此，在幼儿不需要教师介入或者幼儿遇到问题、遭遇失败但并没有放弃时，教师静观其变常常是最好的选择。

3. 案例中船头与船尾的搭建是游戏中的难点，教师可以在现场的交流分享环节，请其他幼儿也来尝试搭一下，这样做一方面可以让大家感受这种搭建的难度，为乐乐等小朋友的锲而不舍的精神和解决问题的能力而产生由衷的赞叹；另一方面可以通过乐乐的分享，将这一经验进行推广，以提升其他幼儿的建构技能。

（山东省淄博市市直机关第三幼儿园　任云丽）

四、沙水泥巴游戏活动指导

沙池游戏时间，孩子们都兴奋地拿着自己喜欢的玩具，三个一群、五个一组地开始玩起来。他们有的铲、有的挖、有的用工具塑形……大、中、小班的孩子们对沙池游戏的兴趣都非常高，每次游戏结束也都恋恋不舍。但看到不同年龄的孩子们在沙池中玩的游戏内容都差不多，我还是觉得有些问题，应该怎样让沙池游戏更加丰富，更能推动不同年龄孩子的发展呢？

案例中教师提出的问题具有一定的普遍性。幼儿园的沙水泥巴游戏一般都以幼儿自由玩耍为主，教师往往只看到幼儿的游戏兴趣很高，却容易忽视幼儿在此类游戏中的具体活动内容，以及不同年龄段幼儿游戏及成长的需求。如何解决这样的问题呢？这需要我们从以下几点展开思考：

- 沙水泥巴游戏对于幼儿来讲都有哪些发展价值？
- 沙水泥巴游戏在游戏内容与关键经验方面有什么不同？
- 沙水泥巴游戏应该如何投放材料，才能最大限度地支持幼儿的发展？
- 教师在此类游戏中应如何观察与指导？

在幼儿园的户外自主游戏活动中，沙水泥巴游戏是深受幼儿喜欢的活动内容。沙、水、泥巴自身所特有的质朴、自然、多变等特性，可以带给幼儿更多与自然连接的机会，给予幼儿感官上丰富的刺激和奇妙的体验，让幼儿在恣意的游戏中放松身心、愉悦心情；在玩水、玩沙、玩泥巴的过程中，幼儿能够感受沙、水的流动性和泥、沙的可塑性，感受渗透、流动、凝固、沉浮、溶解等现象，了解粗细、干湿、冷热、多少、深浅等概念；沙水泥巴游戏还能够激发幼儿自主发现与探索的兴趣，促进感知、思维等多种能力的发展；促进幼儿大小肌肉动作的发展，促进幼儿身体动作、力量、耐力、协调性的发展；在使用工具、共同游戏的过程中，能够增进幼儿与同伴间的交流与合作，形成良好的规则与习惯。

1. 活动内容与关键经验

沙水泥巴游戏，按照游戏材料可以分为单纯的玩沙游戏、玩水游戏、泥巴游戏，以及两种材料相结合的游戏，比如，沙水结合游戏、泥水结合游戏；按照所开展的游戏性质可以分为角色类游戏、运动类游戏、建构类游戏、美工类游戏、科学探索类游戏等；按照幼儿在游戏中的自主程度，可以分为幼儿自发的自主游戏和有计划的主题游戏。

沙水泥巴游戏的关键经验见表2.4。

表 2.4　沙水泥巴游戏的关键经验

关键经验	小班	中班	大班
游戏兴趣	对沙水泥巴游戏感兴趣，不怕脏，能够体验游戏的快乐。	愿意尝试使用各种辅助材料进行游戏，能投入地参与游戏，享受游戏的乐趣。	能专注、投入、持续地进行游戏，愿意尝试更有创意的游戏内容与玩法，体验探索与发现的乐趣。
游戏能力与水平	初步了解沙、水、泥巴的特性，会使用简单的辅助材料和工具；能运用材料开展简单的角色、建构、运动等类型的游戏。	熟悉沙、水、泥巴的基本特性，能利用材料的特性开展游戏；能比较熟练地使用各种辅助材料和工具，开展多种类型的游戏。	能利用沙、水、泥巴的特性创造性地开展游戏；能创造性地使用各种辅助材料和工具；能有目的、有计划地开展一些富有创造性、探索性的游戏内容和主题。

续表

关键经验	小班	中班	大班
交往与合作	喜欢与同伴一起玩沙水泥巴类游戏，能运用简单的语言进行交流；愿意与同伴主动沟通。	在共同游戏及材料的选择与使用过程中，能大胆与同伴交流、共同协商；能用简单的语言表达自己的想法；能尊重他人的游戏，不破坏他人的游戏成果。	能与同伴共同协商游戏主题和方案，有分工，有合作；在合作中既能有主张、有主见，又能尊重别人的意见；能与同伴一起完成比较有挑战性的游戏主题；能主动沟通、协商、解决游戏中的问题和纠纷。
规则与习惯	在教师的提醒下能遵守简单的规则，不乱扔、不损坏玩沙水泥巴游戏的辅助材料和工具；知道物归原位；知道不能随意将沙、泥巴扬起，避免伤到眼睛。	有一定的规则意识，能遵守基本的安全及卫生要求；爱惜材料和工具；游戏后能主动整理材料、工具，按类摆放整齐；游戏中知道要小心行动，不破坏别人的作品；有一定的安全意识。	能在教师的指导下，与同伴共同建立沙水泥巴游戏的特殊规则，辅助材料及工具使用以及场地整理、合作游戏的相关规则，并主动遵守；能分工协作、动作迅速地将工具和辅助材料分类摆放整齐；有一定的自我保护意识和能力。

2. 观察与指导要点

在户外沙水泥巴游戏活动中，教师观察与指导的要点主要体现在幼儿对沙水泥巴游戏的兴趣；幼儿对沙、水、泥巴特性的了解；幼儿对辅助材料与工具的选择和使用；幼儿利用沙、水、泥巴所开展的游戏内容；幼儿在游戏过程中的探究意识与创造性；幼儿在游戏中的规则意识、合作能力及习惯养成等方面，具体内容如下。

（1）**幼儿对沙水泥巴游戏的兴趣**

绝大多数幼儿对沙水泥巴游戏都有浓厚的兴趣，但这不代表教师就不用关注幼儿的游戏兴趣了。因为对幼儿游戏兴趣的了解是教师能够有的放矢、有针对性地进行游戏指导的抓手。教师在对幼儿的游戏兴趣进行观察时，不妨从以下几点入手：

- 幼儿对沙、水、泥巴这些基本材料的兴趣。比如，有的幼儿特别喜欢这类材料，会全身心地投入游戏；有的幼儿怕弄脏、弄湿衣服和身体，在玩游戏时缩手缩脚、瞻前顾后。
- 幼儿在利用沙、水、泥巴进行游戏时的兴趣点在哪里。比如，有的幼儿喜欢在沙池里玩挖沙子、倒沙子等游戏；有的幼儿喜欢玩过家家等角色游戏；有的幼儿喜欢用泥巴玩泥塑；有的幼儿喜欢在稀软的泥巴里蹚和踩泥巴玩……
- 幼儿对有挑战性的、探究性游戏的兴趣。比如，有的幼儿对此类游戏特别感兴趣，愿意去尝试，并能坚持到底；有的幼儿比较喜欢简单随意的玩耍，对那些需要许多人一起完成的"大工程"或者需要不断去探究、发现的活动缺少兴趣。

有了对幼儿游戏兴趣的观察与了解，教师可以有针对性地采取措施进行指导。比如，针对个别因为怕弄脏、弄湿衣服和身体而无法投入游戏的幼儿，教师可以引导他们观看其他幼儿游戏，感受投入游戏的快乐；还可以指导幼儿学会在游戏后自主清理衣服与身体，或者请家长为幼儿提供替换的衣物等。教师还应该通过游戏前后的交流与分享活动，向幼儿展示更多的、更丰富的游戏内容，激发幼儿主动尝试与探索的兴趣。还可以提供丰富多样的辅助材料及工具，激发幼儿对沙水泥巴游戏的兴趣。

（2）*幼儿对沙、水、泥巴特性的了解*

幼儿对沙、水、泥巴这些游戏材料特性的了解是此类游戏的目标，同时也是幼儿游戏水平的体现。幼儿在游戏过程中会不断加深对此类材料特性的了解，在了解并掌握材料的特性后，幼儿就能够利用这些特性更深入地开展游戏。因此,教师在对沙水泥巴游戏进行观察时,有必要关注一下幼儿对这些材料特性的了解与掌握情况。比如,在用泥巴、沙子进行塑形时能否通过多次实践,认识到其中水的适宜比例;在沙池中修建水渠时能否感受到沙地中水的渗透性,从而想办法解决沙地水渠的输水问题;在玩水的活动中能否利用水的流动性,使用各种管道把水引到远处等。

(3)**幼儿对辅助材料与工具的选择和使用**

幼儿选择与利用辅助材料和工具的情况,也是此类游戏中教师应该关注的重点。比如,同样是挖水渠,有的幼儿会用一把小铲子一点点挖;有的幼儿会把一块木板立起来,用力推出一个沟槽再去挖;有的幼儿会用小桶一点一点往泥巴池里运水;有的幼儿会与同伴合作将几段PVC管连起来,将水直接从压水井通到泥巴池;有的幼儿用锅碗瓢盆来运沙子,有的却用它们开餐馆……幼儿选择、运用辅助材料与玩具的水平,体现了幼儿的游戏兴趣和游戏水平,教师可以通过材料推介、交流分享等方式,提升幼儿这方面的水平。

(4)**幼儿利用沙、水、泥巴所开展的游戏内容**

在沙水泥巴游戏中,教师除了关注幼儿游戏的兴趣,还应关注幼儿的游戏内容是丰富的,还是单一的;是有目标、有主题的,还是盲目的、随意的。教师可以通过丰富游戏环境和材料,以及交流分享他人的游戏经验等方式来丰富幼儿的游戏内容。例如,在沙池中为幼儿设置和投放一些运动类设施,如攀爬架、树桩、独木桥等就可以引发幼儿的运动类游戏;投放一些锅碗瓢盆和废旧日用品,就会引发角色游戏;在玩水游戏中投放一些瓶盖上有洞的饮料瓶,就会引发倒水、打水仗、用水在地上画画等好玩的游戏内容。游戏前后的交流与分享活动,可以帮助幼儿通过分享学习与启发碰撞来丰富自己的游戏内容。

教师可以通过引导幼儿思考和制订游戏计划的方式,促使幼儿对游戏内容的选择更有目标、游戏主题更加明确;也可以通过为幼儿设置一定的主题背景的方式,引发幼儿的游戏兴趣,比如,教师提出建议,沙水游戏可以修建"沙池里的水渠和桥梁",所有幼儿都可以选择自己喜欢的工具,以自己喜欢的方式修建自己设计的"水渠和桥梁"。再如,有的幼儿直接在沙地上挖水渠、有的用PVC管修水渠、有的用梯子造一座木头桥、有的用拼插滚筒搭一座拱形桥……这样既让沙水游戏有了一定的主题,又给幼儿留下了自主创意与游戏的空间。

(5) *幼儿在游戏过程中的探究意识与创造性*

教师还应关注幼儿在沙水泥巴游戏中是否有探究意识和创造性的表现。比如,幼儿在游戏中是简单、随意、机械地重复,还是有发现、有探究、有推进;幼儿在游戏中是如何探索和发现的;幼儿在游戏中的创造性体现在哪里。

教师可以通过投放低结构、富有探究性的玩具材料,来激发幼儿的探究兴趣与探究意识。比如,在沙水区投放一些粗细不同、软硬不同、材质不同的管子,可以引发幼儿对沙水在不同管子中流动状态的探索;在玩沙工具中增加一些网眼大小不同的筛子,可以引发幼儿探索网眼密度与所筛出的沙粒大小之间的关系;在玩水游戏中投放一些打有不同高度的洞眼的饮料瓶,可以引发幼儿探索洞眼的高低与水注喷射的远近之间的关系;在沙水区投放一些容积相同、粗细不同的容器,可以引发幼儿探索容积守恒的问题等。

教师可以通过游戏中适时地介入与指导,引发幼儿的探究行为。比如,在玩水游戏中,幼儿正把各种玩水玩具、树叶、石子往水池里投,看到有的沉底、有的浮起,非常开心,教师可以适时地提出问题:"你们看看什么样的东西沉下去了?什么样的东西是浮在水面上的?""你们猜一猜这些东西会沉下去,还是会浮起来?一起试验一下吧。"还可以进一步提出:"你能让沉在水底的东西浮起来吗?你能让浮在水面的东西沉下去吗?"从而引发幼儿进一步的探究行为。再如,幼儿在泥巴池里玩塑形的游戏,但泥巴和得太稀了,总也捏不成型,教师可以在旁

边的泥巴中加入适量的干土,请幼儿再来试一试,这样的示范与指导可以引发幼儿去发现、感知水和土的不同比例与泥巴稀稠软硬之间的关系。

教师还可以通过分享交流环节,展示幼儿富有创造性的游戏内容和行为,激发幼儿的探究意识与兴趣,从而引发更多的探究与创造性行为。比如,在游戏结束后的交流分享环节,鼓励幼儿介绍自己在游戏中的新发现,一起讨论解决游戏中遇到的新问题;教师通过照片、视频等来展示、肯定和鼓励幼儿在游戏过程中富有创造性的表现及探究性行为等。

(6)*幼儿在游戏中的规则意识、合作能力及习惯养成*

在沙水泥巴游戏中,幼儿的社会性发展也是教师应该关注的内容。游戏中教师应关注幼儿是否能够遵守基本的游戏规则,比如,是否知道在玩沙游戏中不可以将沙子高高扬起,不可以朝别人扬沙子,避免将沙子弄进眼睛;是否能够尊重他人的游戏,不破坏他人的游戏成果等。教师还应关注幼儿在材料选择与共同游戏中能否主动与同伴交流、共同协商,能否用简单的语言表达自己的想法,能否与同伴共同协商游戏主题和方案,并一起完成较有挑战性的游戏主题,是否能够主动沟通、协商解决游戏中的问题和纠纷等。此外,教师还应关注幼儿是否养成爱惜游戏材料和玩具,在游戏结束时迅速地、有条理地按类整理、物归原位的好习惯等。

对于幼儿合作能力方面的培养,教师可以通过榜样示范、语言引导与启发等方式进行。对于规则习惯方面的培养,教师可以通过请幼儿共同参与制定游戏规则、适度惩罚以及表扬鼓励等方式进行。教师还可以通过语言提醒、行为练习等方式对幼儿加以引导,帮助其尽快养成习惯。比如,游戏结束后的玩具整理,教师就可以与幼儿一起讨论为什么要整理,怎样做才能又快又好地整理、摆放好所有的玩具与材料。教师也可以设计一系列活动,通过游戏式、任务式、挑战式、比赛式等行为练习的方法,帮助幼儿巩固良好的习惯。

3. 常见问题与对策

问题1： 幼儿园的孩子们都很喜欢沙水泥巴游戏，他们常常三个一群五个一伙儿，玩得很开心，每次游戏结束后都恋恋不舍。但我发现孩子们每天在沙水区、泥巴池里玩的游戏内容都差不多，就是简单的挖沙子、打水仗、和泥巴，怎样做才能让游戏内容变得更丰富些呢？

首先，要重视游戏环境的创设。比如，将沙池、泥巴池建在戏水池旁边或者在沙池中引进水源，沙与水、泥巴与水的结合会为游戏带来更丰富的变化；在沙池中设置攀爬架、滑梯、小木屋、平台、大树桩、平衡凳、梅花桩、高架桥等设施，会让幼儿在沙池中动起来，引发各种大肌肉活动或者角色游戏、表演游戏等。在戏水区设置小池塘、水渠、水车等，也会让玩水游戏有更多的可能。

其次，发挥游戏材料的作用：第一，锅碗瓢盆等废旧用品可以引发角色游戏、塑形游戏；木板、竹筒、废旧管道等低结构探究性材料可以引发各种探究游戏；小铁锹、铲子、小推车等工具可以引发铲、挖、运沙等游戏；各种容器类材料可以引发幼儿对容积的探索等。第二，在玩水游戏中，木板、竹梯、小桶、竹子、塑料管等辅助材料可以引发搭桥、运水、取水等活动；各类容器可以引发幼儿对水的流动性及量的守恒的探索；不同材质的低结构物品可以引发幼儿对沉浮的探索等。第三，在泥巴游戏中，塑形玩具、泥工工具、各类低结构材料、容器等可以引发塑形游戏以及摔泥巴、踹泥巴、和泥巴、抹泥巴等游戏。第四，户外环境中的树枝、落叶、小草、石头等自然材料与沙、水、泥巴结合，也会引发非常有意思的游戏活动。

最后，游戏前的材料推介、内容推介以及游戏后的交流分享等活动，都可以引发幼儿更加丰富的游戏内容。

📖 **问题 2**：在沙水泥巴游戏中，有些孩子忙于自己的游戏，乐在其中，而与同伴交流互动的次数很少，参与多人一起合作游戏的机会就更少了，面对这种情况，教师该如何介入和指导呢？

面对这种情况，教师首先要明确不同年龄段的幼儿，在与同伴交往合作方面的确会有不同的表现。小班幼儿正处在独自游戏阶段，因此出现这样的情况是正常的，教师无须刻意指导。如果这样的情况发生在大班幼儿的游戏中，那么教师需要引起重视。

教师可以通过在游戏前请幼儿说说自己的游戏计划——想玩什么游戏、想跟谁一起玩、如何分工等，引导幼儿提前与同伴进行交流；教师还可以专门创造一些需要多人合作游戏的机会，比如，建议幼儿在沙池里修路、挖水渠，一起取水在泥巴池里和泥巴等，创造更多互动机会，引导幼儿去感受和体验与同伴合作游戏的快乐，积累合作的经验；教师还可以在交流分享环节，请合作游戏的幼儿来交流合作经验、分享合作游戏的快乐；在游戏中，对于特别不主动的幼儿，教师可以以玩伴的方式介入游戏，主动与其交流互动，或者带动其一起参与同伴的合作游戏，也可以请能力强的幼儿邀请其共同游戏，从而体验共同游戏的快乐，激发他们参与合作游戏的兴趣。

📖 **问题 3**：沙水泥巴游戏结束时是我最头疼的时候，各种各样的工具、材料需要清理，孩子们的手上、身上、衣服上、鞋子上的泥巴、沙子要清理，弄湿的衣服要更换，如何能够又快又好地帮助孩子做好游戏后的工具整理及个人卫生工作呢？

首先，发挥幼儿的自主性是关键。游戏后材料与玩具的归位、场地的整理、个人卫生等，这些都是幼儿应该自主完成的。这个过程也是激发幼儿自主意识、培养幼儿良好习惯、促进幼儿自主能力发展的好机

会,因此,教师首先应该充分发挥幼儿的自主性,鼓励幼儿主动、独立地去完成这些任务。

其次,学会方法、培养能力也很重要。在游戏后的收拾整理环节,教师应该有意识地指导和帮助幼儿学会收拾整理的方法,提高其自理能力。比如,从一开始进入游戏区域,教师就可以先带领小班幼儿熟悉游戏环境、认识游戏材料、了解游戏材料和玩具的摆放位置,还可以通过开展专门的物归原位的游戏,反复练习来加深印象;在每次游戏结束后,教师可以先请幼儿回忆每一类玩具材料的摆放位置,想清楚之后再往回放。再如,对于幼儿手上、身上、衣服上、鞋子上的泥巴、沙子的清理,教师可以请幼儿一起讨论清理的顺序和方法,并以游戏、比赛等方式共同练习。

再次,教师在这个过程中对幼儿不断地肯定、鼓励和提醒也是非常必要的,良好习惯的养成以及能力的提升都需要长期坚持。

最后,必要设施的安排也很重要。比如,材料架的设计与摆放位置是否合理;是否设置了方便幼儿换鞋的座位;是否在沙池、泥巴池附近设有洗手池;是否为幼儿备好胶靴或者替换的衣服等,都是做好游戏后的整理工作的必要保障。

问题4:沙水泥巴游戏中是否可以有教师预设的主题,如何在这样的活动中发挥幼儿的自主性,这类游戏如何与幼儿自发的游戏内容相结合?

幼儿园的沙水泥巴游戏,大多是以幼儿自发的、自选的游戏为主,当然也不排斥教师预设的活动主题。比如,针对低龄幼儿的沙池寻宝;中大班幼儿开展的架桥、铺路、修水渠等活动。那么,在预设的主题活动中应如何发挥幼儿的自主性?这类游戏又如何与幼儿自发的游戏内容相结合呢?

在以教师预设主题为主的游戏中，教师除了要以游戏的精神将所预设的主题自然地融入幼儿的游戏中，还应避免过多的要求和限制，要为幼儿留有充分的自主游戏空间。比如，在沙水区教师预设了在水渠上架桥的游戏主题，教师不妨以游戏的情境将幼儿代入——"今天森林里的小动物想到小河那边去玩，没有桥怎么办？我们一起来为小动物搭桥吧。"活动的目标和内容有了，至于幼儿选择什么材料搭建、要把桥建成什么样、怎样去搭建、是自己搭建还是与同伴合作搭建等，都完全由幼儿自己决定。这样的游戏既避免了幼儿游戏时的盲目与随意，让幼儿的游戏活动更有指向性和探究性，又为幼儿提供了足够的自主空间，满足了游戏中幼儿自主性的发展。

教师预设的活动与幼儿完全自主的游戏并不矛盾。在幼儿完全自主的游戏中，教师可以通过提问、启发的方式引导幼儿聚焦于某个游戏主题。例如，在幼儿自主的玩水游戏中，教师一句"我们来看看谁的自制水枪打得远"就可能引发幼儿围绕饮料瓶的大小、水量的多少、瓶盖上洞洞的大小与自制水枪喷水距离之间关系的主题探索活动。而在教师预设的游戏主题背景下，也要允许出现幼儿自发的游戏。比如，教师预设了搭桥的主题，幼儿却想用造船的方式帮小动物过河，教师不但不应制止，还应充分肯定和鼓励幼儿的创造性思维。因此，这两种类型的游戏应有机结合，教师的心中要始终装着创造性游戏的核心价值，即快乐、自主和发展，这一点非常关键。

4. 游戏观察案例

做 陷 阱

【观察时间】2017年6月

【观察地点】户外沙水区

【观察对象】小班幼儿

【游戏背景】

自从在沙池中央新建了一圈环形水池之后,大沙池便成了孩子们玩耍的天堂。一段时间以来,孩子们已经总结出了很多玩法,比如,捡小树枝来"种树",捡来树叶埋到沙地里"寻宝",用各种模具"做蛋糕",还可以挖出深深的洞,倒上水变成池塘,然后把挖出的沙子堆成小山或者建长城,每次孩子们都玩得特别开心。

【游戏描述】

和往常一样,今天的沙水区有两三组小朋友在齐心协力玩挖洞的游戏,洞挖得很深,有的已经挖透了厚厚的沙层,直接挖到了底层的地面。我轻轻地从他们身边走过,并没有打扰他们。当我走回来的时候,我发现其中一组孩子玩得不一样。这次,他们没有把洞变成池塘或者游泳池,而是几个人合作——有一个小朋友负责看着沙坑,其他小朋友在四处寻找干树枝和树叶(幼儿

图 2.46

园沙水区中间的假山上有一棵树,所以沙池中会有散落的树枝和树叶),然后把树枝和树叶小心翼翼地铺在洞口(见图 2.46)。

我站在旁边静静地看着,栋栋发现了我,高兴地说:"老师,我们在做陷阱!"果然是在做陷阱,可是孩子们是怎么知道陷阱的呢?我问孩子们,几个孩子七嘴八舌地说:"陷阱是在森林里捉猎物用的!""我们是在《熊出没》中看到的。"哦,原来是从动画片中迁移来的经验。

"好吧,那你们继续,希望你们做的陷阱能够成功。"听我这么一

说，他们更起劲了，明显加快了进度，也就两三分钟，便在洞口铺上了一层树枝和树叶。"接下来要做什么呢？"我问。想不到孩子们都知道流程，一起说："当然是再撒上一层沙子，不能让别人发现这个洞。"说完，孩子们有的用手抓，有的用小铲子铲，把沙子撒到了树枝上（见图2.47）。我看到沙子慢慢地顺着树枝之间的缝隙漏了下去，孩子们一边铺，沙子一边往下漏。一群人忙活了半天，好不容易把所有的树枝都盖了起来。"陷阱"看起来有点高，和旁边的沙地不太一样，于是他们又用小铲子拍了几下，哲哲还拿一根塑料管子擀了一下，这样，"陷阱"就和周围的沙地一样平了（见图2.48）。

图 2.47

图 2.48

他们做好后,我说:"陷阱做好了,让我们来试试吧!我先走一走,看看能不能掉到你们的陷阱里。"我这么一说,孩子们担心地说:"那你可要小心了!"我慢慢从陷阱上面走过去,然后又在两边分别走了一趟。"没事啊,我没掉下去。"我说。孩子们没说话,表情看起来有些惊奇。

我问孩子们:"你们在动画片中看到的陷阱是怎么做的,可以告诉我吗?"栋栋抢着说:"和我们做的一样,就是在地上挖个洞,然后把树枝放上,再铺上很厚的一层树叶。""动画片中是在森林里做陷阱。"我说,"可是我们是在沙池里做陷阱,你们看。"我边说边抓起一把沙子撒在旁边的一堆树枝上,沙子顺着树枝之间的缝隙漏了下去。

我说:"我们做陷阱的时候,铺在洞口的树枝和树叶中间有很多缝隙,沙子很重,从缝隙中漏了下去,所以我们得想办法解决这个问题。"孩子们七嘴八舌,大概的想法是把这些缝隙全部堵起来。

户外活动之后,我们仍然在讨论这个问题,能不能不用树枝,换一种别的东西盖住洞口呢?那找什么东西合适呢?纸太软,沙子一压就会塌下去;木工坊里的板子又太硬,陷阱有可能会失败。最后,大家终于找到了一件合适的东西——KT板(见图2.49),并决定明天再试一下。

第二天,孩子们又来到沙水区,昨天的几个小朋友立即取了工具开始动工。他

图2.49

们只用了一会儿工夫，陷阱就挖好了。孩子们都很兴奋，他们把板子放在洞口，然后轻轻地盖上一层沙子（见图 2.50）。这次孩子们做得很有条理，而且也不需要到处捡树枝，所以速度快了很多，大约用了十几分钟，一个陷阱便做好了。

图 2.50

看着孩子们期盼的眼神，我赶紧找来一个不知情的小朋友试一下，当她走到陷阱上面时，脚突然踩了下去（见图 2.51），把她吓了一跳，周围的孩子们大声欢呼起来。看到孩子们终于完成了"陷阱"，我真替他们感到开心。

图 2.51

【游戏解析】

小班下学期的孩子已经有了合作意识。在上述案例中,孩子们表现出的自发的合作和分工、对于一件事情的专注以及遇到困难解决问题的能力,都是老师事先没有料到的。

幼儿的模仿能力很强,通过观看动画片,"陷阱"这一在日常生活中不常见到的场景出现在了他们的游戏中。孩子们在模仿的过程中进行了经验的迁移,和老师一起讨论解决问题的方法,在探索中有了很大的成长与提高。

【观察指导】

1. 为幼儿的户外活动区域提供丰富的材料,使幼儿在尝试中找到需要的材料。幼儿在自主游戏中尝试"挖陷阱",可是现场并没有合适的材料提供给他们。在一般的认知中,我们都会觉得 KT 板这种材料不会出现在沙水区,孩子们在游戏中却正好用到了这种材料,所以,我们在投放材料时需要根据幼儿的需要，及时增加或者替换。

2. 教师是幼儿活动的支持者、引导者、合作者。在自主游戏中，幼儿可能会遇到一些困难，教师不能简单地帮助幼儿解决问题，而应该引导幼儿思考解决问题的办法，通过更换材料、丰富经验、多次尝试，鼓励他们自主解决问题。

（山东省利津县第一实验幼儿园　孙凯）

小推车上坡

【观察时间】2016年4月

【观察地点】户外沙水区

【观察对象】托班幼儿

【游戏背景】

幼儿园的沙池中有一座原木色的小亭子，可以从台阶登上小亭子，也可以从另一头的斜坡上去，经过回廊到达小亭子。斜坡是用一条一条的长木板横着拼起来的，两边各固定了几条绳子当作围栏，中间拴着两条可以用来攀爬的绳子。最近一段时间，我发现月月特别钟情于在斜坡上爬上来、滑下去。有时候还会用小桶将沙子运到小坡上，再把沙子倒出来，让沙子从斜坡上滑下来。

【游戏描述】

今天一进沙池，月月就从沙池边推了一辆塑料独轮车，把几个铁盒和塑料玩沙工具放进车斗，然后推着小车往斜坡上走。平时，托班的孩子们空手上斜坡都有点困难，往往要抓着斜坡中间或两边的绳子才行。今天月月要推着小车上去，这能行吗？我不禁为他捏了一把汗。

月月先试推了两次，都没有成功。第三次，他试着先把小车推到斜坡的中部，然后慢慢趴到斜坡上（见图2.52），等小车在斜坡的中部停稳后，他才小心地站起来，然后走到斜坡左侧，紧紧地抓住绳子往上爬（见图2.53）。可是，在快爬到坡顶的时候，月月一转身不小心碰到了小

图 2.52

图 2.53

车,原本停在中部的小车"哗"地一下滑下了斜坡。月月赶紧从坡顶滑下来,重新推起小车,像刚才一样把小车推到斜坡的中上部,小心地将小车停稳。这次,月月没有去抓斜坡边上的绳子,而是用手扒着长板的缝隙慢慢地爬上去(见图 2.54)。到了坡顶,月月转过身,满怀信心地探身去抓小车的轮子,可因为距离有点远,几次都没有抓住。他调整身体去抓车斗,但力气小仍然抓不住。最后,月月跟车子一起从斜坡上滑了下来,车里的玩具也都滚了出来。我当时想:月月肯定要放弃了吧!但是,月月平静地爬起来,把小车扶正,把玩具放回车里,然后继续推小车上坡。

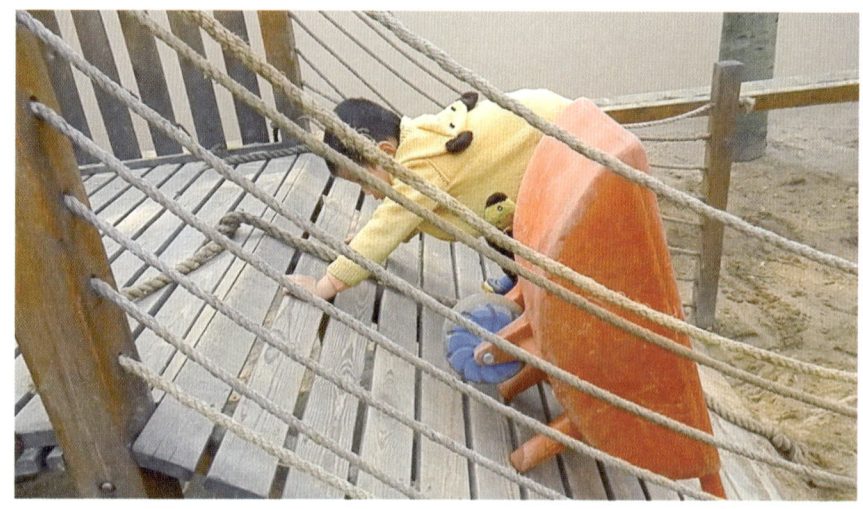

图 2.54

其中有几次眼看就要成功了，但有时是跟前几次一样因为小车离坡顶远，月月的胳膊够不到而失败了；有时是因为月月刚爬上坡顶，小车没放好，自己滑了下去；还有几次是因为其他小朋友不小心把小车碰了下去……但月月始终没有抱怨，也没有气馁，而是在不断地尝试。

他曾试着把小车里的铁盒拿出来，塞到车轮底下固定小车，也曾试着尽量把小车停得靠上一点……有好几次眼看就要成功了，但车子还是在将要到达坡顶的时候滑了下去，真让人揪心。月月反反复复推了十几次，有几次失败后，他朝我这边看了看，但没有向我求助，而是自己坚定地继续努力，我也狠下心来再等等看。

这次月月把小车推到半坡上后，慢慢地趴下，一点一点小心地将小车尽量再向上推一推，然后利用木板的缝隙将小车的两条"腿"固定住。看到小车稳稳地卡在斜坡上后，月月小心翼翼地爬起来，拉住斜坡中间的绳子，慢慢走到坡顶，又赶紧转身去抓小车（见图 2.55、图 2.56）。这次，月月将身体侧过来，努力向前倾，使劲儿伸长胳膊抓住小车。终于，月月成功地将小车拉上了斜坡。

图 2.55

图 2.56

月月小脸通红,兴奋地看着我不说话。我赶紧走过去,给了月月一个大大的拥抱,告诉他:"你真棒!"

【游戏解析】

游戏活动一开始,老师就被月月吸引了,因为老师清楚地知道推着独轮车上斜坡对一个托班的孩子来讲,确实非常有挑战性。老师觉得月月在做这件事时可能没去想它的难度,只是一心想着要把小车推上去。

整个过程中,月月尝试了十几次,也失败了十几次,但月月一点都不气馁,而是坚定地"再来一次"。有几次,其他小朋友把小车碰了下来,也没有向他道歉,但月月并不生气,没有抱怨,也没有找老师告状。从中可以看到月月的坚韧和抗挫折能力,同时也能感受到月月沉静

的内心以及他的宽容与大度。这个小男孩有非常强的目标性，他不会因为一些挫折而影响自己想要去做的事情。对一个托班的孩子来说，这真的很了不起。

月月在一次次尝试推小车上坡的过程中，也在不断地吸取教训、积累经验、探索新的方法。比如，几次失败后，他发现要将小车放稳后，自己才可以爬坡，否则还没等自己爬上去，小车就会滑下来。于是他尝试将铁盒塞到车轮下面固定小车，尝试将小车的"腿"卡在斜坡木板的缝隙里；他意识到小车要尽可能离坡顶近一些，这样他才能够得着，于是他小心翼翼地把小车一点一点地推向坡顶……在这个过程中，我看到了一个托班幼儿在遇到问题时的尝试和探索。

【观察指导】

1. 尊重和相信幼儿，学会放手，这是在自主游戏活动中教师应该具备的重要素质。在月月推着小车上坡的过程中，教师一直在观察，也一直为月月捏着一把汗。看到月月一次次失败后，教师没有冲上去"帮助"和"指导"月月，而是耐心地等待他自己发现问题，自己积累经验，最终获得成功。可想而知，如果没有教师的尊重与信任，没有教师的等待与放手，没有平时工作中教师为幼儿营造的宽松、自主的精神氛围，月月就不会有这次宝贵的探索与尝试的机会，也不会有最终获得成功后的兴奋与快乐。

2. 教师可以根据幼儿的情绪、表情的变化，来判断是否需要介入。比如，案例中虽然月月多次失败，但他并没有生气和抱怨，也没有想要放弃，这样教师就可以再等一等，给幼儿留出足够的空间。反之，教师就应该考虑介入。

3. 在幼儿尝试解决问题的过程中，教师应该用心观察幼儿的探索与尝试，以发现幼儿解决问题的方式与方法，必要时给予指导与肯定。

（山东省淄博市市直机关第三幼儿园　李文菊）

长长的水渠

【观察时间】2016年9月

【观察地点】户外沙水区

【幼儿年龄】大班幼儿

【游戏背景】

　　我们幼儿园的沙水区面积不算太大，但游戏材料不少。安放在沙池中的攀爬架、树桩、大水缸等，很受孩子们的喜欢。孩子们一进入沙水区就会忙碌起来，有的玩过家家，有的去藏宝、寻宝，有的会挖个大池塘灌满水在里面蹚水，有的会在攀爬架和大水缸上爬上爬下……

【游戏描述】

　　今天的沙水游戏一开始，孩子们很快就找到自己喜欢的材料和工具，这儿一伙儿那儿一伙儿，开始玩起来。

　　我注意到，沙池中间有十几个孩子拿着铲子、耙子、木板、棍子等，站在那里商量着什么。我靠近了仔细听，原来他们在商量着挖一条长长的水渠，让水管里的水流到这条水渠里，再顺着挖好的水渠流到沙池的各个角落。这个想法是煜城提出来的，大家都同意。煜城带着几个孩子先用铲子挖了起来。还有几个孩子各自找了地方开始挖。不一会儿，每个人身前都挖了一个比较深的坑。萱萱迫不及待地用水管放水，但问题出现了，水坑里的水满了之后开始往外溢，但并没有流动起来。煜城看到后说："这样不行，我们的水渠连接不起来，水也不会流动起来呀！"在一旁一直低着头挖水沟的有宁看到水溢出来，便沿着水溢出的方向挖起来。他快速挖着，水便沿着他挖的方向流动。就这样，有宁一直跟着水流的方向挖，还不时地站起来看看自己挖的水渠，水渠变得越来越长了（见图2.57）。

　　有宁的水渠吸引了其他孩子。大家都尝试用这种方法，沿着水流的方向挖，引水流动起来，这样就挖出了好几条水渠。小布丁和喆喆挖着挖着就挖不动了，原来他们挖到了沙池的边沿。小布丁说："已经没有路了,我们要拐弯。"两个人一起合作挖了一个弯道,水流沿着他们的水渠拐弯了,两个人非常兴奋,挖得更起劲儿了(见图2.58)。

图 2.57

图 2.58

看到大家的小水渠都挖得越来越长,煜城招呼大家说:"现在可以把我们的水渠连起来了!"孩子们停下自己的工程,站起来环视四周,发现沙池里已经有好几条大大小小的水渠。大家都听从煜城的指挥,不再信马由缰地挖自己的水渠,而是齐心协力专注于如何将自己的水渠与其他水渠连通。很快,一条条小水渠相互连接成了在沙池里蜿蜒的庞大水系（见图2.59）：有的水渠窄一些，有的会在某个部分形成一个"小湖"，有的地方像个海湾，有的地方却成了被水包围的小岛……看着水在水渠里流动起来，看着自己的"辉煌战果"，孩子们兴奋不已……

图 2.59

【游戏解析】

挖水渠的活动在沙水区里经常出现，但今天孩子们挖的水渠太令人震撼了。游戏中他们有分工，有合作，有关键人物的指挥，也有每个参与者的努力。这项大型的"工程"涉及许多人的合作，对于刚进入大班的孩子们来说是很有挑战的。

挖水渠的游戏进行了将近一个小时，孩子们一直非常投入，这也让我们看到沙水游戏对孩子们的吸引力。游戏过程中，有宁的方法让水流动了起来，大家都积极学习，让自己的水渠变长，让水流动起来。在意识到每个人都没有方向地随意挖，无法形成一条大水渠之后，煜城让大家尽快将水渠连通起来，很快就实现了他们最初的想法。孩子们专注投入的学习品质以及解决问题的能力，也就在这样的游戏活动中得到了提升。

【观察指导】

1. 自主游戏中的观察，除了"用心看"，倾听也非常关键。通过倾听，我们能够了解幼儿的目的、情绪、思考以及他们交流、沟通、合作的能力。案例中，教师通过"靠近""仔细听"了解到孩子们想挖一条"长长的水渠，让水管里的水流到这个水渠里，再顺着挖好的水渠流到沙池的各个角落"；了解到他们在哪里遇到了问题；了解到他们用什么样的方法，让小水渠最终连成了一条长长的水渠……

2. 从案例中可以看出，幼儿一开始并没有明确的计划，而是三三两两地分头行动，各自为政。在游戏后的交流分享环节，教师可以引导幼儿意识到如果要做一件"大事情"，那么事先有一个计划可能会更好。比如，事先在沙地上画出水渠的流向，大家分段开挖等，从而启发幼儿产生初步的做计划的意识。

（山东省淄博市市直机关第三幼儿园　朱美玲）

沙池里的大蛋糕

【观察时间】2017 年 6 月

【观察地点】户外沙池

【幼儿年龄】中班幼儿

【游戏背景】

我们班的孩子特别喜欢沙池游戏，他们在沙池里玩起来从来不会厌倦，每次游戏结束都不愿离开。但我发现孩子们在沙池区一般都是各玩各的，相互交流的不是很多，每天玩的内容也变化不大。对于中班下学期的孩子来说，这样的状态需要改变。

【游戏描述】

又到了自主游戏活动时间，班里的孩子们直奔玩沙区。刚开始时，我观察到他们基本上都是各玩各的：有的用小铲子挖洞，有的用挖掘机建造沙子城堡，有的在用天平秤称沙，有的拿着小铲子"炒菜"……还有几个孩子围在一起玩，但他们之间几乎没有什么交流。

这样玩了一会儿后，云迪拿着一块圆板走了过来。她走到正在用小铲子挖洞的逢源旁边，把他挖出来的沙子放在圆板上。他们交流了几句，逢源开始把自己挖出的沙子直接放到云迪的圆板上（见图2.60）。我悄悄地走过去，小声地问道："你们这是在做什么呢？"云迪有些腼腆地说："我们在做蛋糕呀。"逢源接过话茬说："老师，你要吃蛋糕吗？"我笑着回答："好啊，等你们做好了叫我啊！"他俩高兴地答应着，开始分头行动，云迪继续往圆板上堆沙子，逢源找来了小石子、树叶、花瓣等装饰品来装扮他们的蛋糕（见图2.61）。我用赞许的目光看着他们，为他们竖起了大拇指，他们的脸上露出了甜甜的微笑。

图 2.60

图 2.61

过了一会儿，逢源大喊道："老师，蛋糕做好了，你快来吃吧！""好漂亮的蛋糕啊！这么好吃的大蛋糕，咱们请大家一起来分享好不好？"他俩高兴地拍手欢迎。于是，我们一起去邀请其他玩沙的小朋友过来"吃蛋糕"。看见"蛋糕"后，孩子们七嘴八舌地议论开了："老师，我也会做生日蛋糕。""我还会做饼干。""我会做月饼。""我跟妈妈学着做面包了。"……我鼓励他们说："你们真棒！这个大蛋糕是云迪和逢源一起做的。吃完了他们做的蛋糕，你们也去跟好朋友一起做你们喜欢的美食好不好？"

我细心观察孩子们的表现，大家在假装"吃蛋糕"时，就已经两个一伙三个一群地开始商量了，脸上满是兴奋的表情。很快孩子们就忙活起来了！梓瑜那一组显得特别热闹，我凑过去一看，他们也在做生日蛋糕呢！梓瑜正在神气地分配工作，有的捡来石子当"水果"，有的捡来小棒当"生日蜡烛"，看样子，他们配合得还挺默契，想出来的点子也不少。也有几个幼儿从始至终都是一个人玩，但他们也不时看着其他一起玩的孩子，投去羡慕的眼神。我走过去邀请他们和我一起玩，他们都欣然接受了。他们告诉我，他们也想一起做个大蛋糕。于是，我请他们想一想，做蛋糕都需要准备些什么材料、要先怎么做、再怎么做……这几个孩子也快乐地分工合作，做起蛋糕来。

【游戏解析】

从一开始的活动情况来看，孩子们的游戏内容确实有些单调，交流比较少，也没有分工合作的现象。云迪算是比较主动的，她与逢源的交流让他们很快就合作起来。老师有意识地邀请其他孩子一起分享他俩做的"蛋糕"，提醒孩子们可以跟好朋友一起玩儿。这样的建议收到了比较好的效果，后来，梓瑜一组的分工合作表现得很棒。对于一直一个人玩的孩子，老师想他们也是喜欢跟别人合作的，只是没有勇气主动去交流。老师的参与将孩子们组合到了一起，也让他们感受到了合作游戏的快乐。在以后的游戏中，他们也会慢慢地变得主动起来。

【观察指导】

中班下学期的幼儿在游戏中交往与合作的情况，是需要教师关注的。显然，案例中的幼儿这方面的能力还比较弱，但在游戏后半段有了比较大的变化。其中，教师及时的发现与指导起了重要的推动作用。其实，幼儿在游戏中的表现与平时在生活中的表现肯定有密切的联系。因此，教师也可以在生活中多关注本班幼儿社会性发展的水平，积极为幼儿提供交流合作的机会，引导幼儿主动与同伴交往，体验共同做事的快乐，相信幼儿在游戏中的合作行为会越来越多。

（山东省利津县第二实验幼儿园　张莎莎）

5. 游戏设计案例

挖水渠（大班）

【游戏目标】

1. 尝试用多种工具挖水渠，体验不同工具挖水渠的差异。

2. 能与同伴合作设计挖水渠的路线，学会分工与合作。

3. 体验玩沙的乐趣，遵守玩沙规则，不扬沙、扔沙。

【游戏准备】

各种挖沙、玩沙工具，粗细和长短不同的PVC管，长短不同的塑料布。

【游戏玩法】

一、自由挖水渠

1. 谈话讨论：为什么喜欢在沙池挖水渠（这样远处也可以有水、玩娃娃家的时候可以随时取到水、可以给远处的树木浇水、沙池里的果树喝了水就能长果子）？哪些玩沙工具可以挖水渠？怎样才能挖一条长长的水渠？

2. 请幼儿任意选择一件挖沙工具，试试哪种工具适合挖水渠并且挖得快。

二、小组合作挖水渠

1. 设计路线：大家一起讨论水渠要从哪里挖到哪里、可以经过哪些地方，共同设计路线并在沙地上画出路线。

2. 合作挖水渠：根据设计好的路线，将水渠分成几段，幼儿可以自然分组，每个小组自主找工具，一起挖水渠。

3. 引导幼儿探索简单的水渠与铺上管道或塑料布的水渠有何不同，然后采取自己喜欢的方式减少水的渗漏，让水在水渠中流得更远。

三、搭小桥

选择水渠较宽的位置，请幼儿自主选择材料，想办法在水渠上用各种方式搭桥。

四、为水渠引水

水渠挖得太远了，无法引水怎么办？请幼儿自己想办法为水渠引水。

【游戏规则】

1. 要尽可能按照事先规划好的路线来挖水渠。

2. 遵守玩沙规则，不扬沙，不往同伴身上扔沙。

3. 活动结束后，所有玩沙工具要物归原位，分类摆好。

（山东省淄博市市直机关第三幼儿园　陈芳）

CS水战（大班）

【游戏目标】

1. 在对战中提高躲闪能力和身体灵活性。

2. 体验CS水战的乐趣与激情，感受团队合作的力量。

【游戏准备】

1. 场地布置：用半圆爬坡、轮胎、油桶、拱形山洞等在场地中间搭建出插有红旗的高地。在场地两侧搭建掩体，用迷彩布营造氛围。

2. 材料准备：红色和绿色坎肩、水枪、装满水的小号气球若干；哨子 1 个、布娃娃 4～6 个、透明雨伞 1 把、盛有充足温水的水桶若干。

【游戏玩法】

游戏 1：夺旗大战

1. 幼儿自由组队（选择自己喜欢的颜色的坎肩来区分），商定战队名称。

2. 教师介绍游戏玩法与规则：

（1）两队人数相等，分别穿上坎肩，拿好水枪。

（2）哨声一响，两队开始互相进攻，第二次哨声吹响，方可夺旗（场地中间高地上的红旗）。

（3）最先抢到红旗的一组，可以站在制高点，对着天空欢呼并用水枪射水 1 分钟。

游戏 2：解救人质

1. 各队事先做好分工：有人负责掩护，有人负责攻击，有人负责解救。

2. 教师介绍游戏玩法与规则：

（1）人质（布娃娃）、雨伞均放在双方阵地中间的位置，用防水塑料箱盖好。

（2）解救人质时可借助雨伞等保护"人质"不被射中，将"人质"安全（不被淋湿）护送到自己阵地中，方为获胜。

（3）第一次哨声响起，两队才可以开始解救"人质"。

（4）每次只能解救一名"人质"。

（5）第二次哨声响起，游戏结束，安全解救"人质"数量多者为胜。

【游戏规则】

1. 两队人数必须相等，并以坎肩颜色进行区分。

2. 各队队员必须听哨声行动。

3. 对战时，不允许故意朝对方脸部射击。

4. 两队水桶数量及存水量必须相同，双方开战时不能到对方的水桶里装水，如果桶内没有水，要寻找躲避物进行防御。

5. 离开区域时，要把自己用过的材料物归原位。

6. 游戏结束后，提醒幼儿用浴巾包裹自己并自觉回教室换干爽的衣物。

（山东省淄博市市直机关第三幼儿园　李莎莎）

五、涂鸦游戏活动指导

在很多幼儿园的户外涂鸦游戏活动中，都能看到孩子们随意地在树上、墙上、石头上、木头上甚至废旧的汽车上，用刷子、毛笔蘸上颜料涂涂抹抹。户外涂鸦游戏是孩子们非常喜欢的活动，这样自由自在的涂鸦活动满足了孩子们喜欢涂涂画画的需求。但让我感到困惑的是，孩子们只是在涂鸦区随意地涂鸦吗？应该如何引导幼儿在涂鸦区的游戏呢？

案例中教师的困惑来自对涂鸦区活动内容和指导的反思，除此之外，我们还可以从以下几点进行思考：

- 涂鸦游戏对于幼儿发展有什么价值？
- 不同年龄段的幼儿在涂鸦区的游戏活动内容和关键经验应该有哪些不同？
- 什么样的材料会引发更丰富的涂鸦活动？
- 教师在涂鸦活动中应如何起到支持和引领的作用？

涂鸦游戏是指幼儿在适宜的环境中，通过与丰富多样的涂鸦活动材料的直接接触与互动，充分地感知、操作、体验、表达，享受尽情涂鸦所带来的自信与愉悦的游戏活动。它是深受幼儿喜欢的游戏活动，也是能够充分满足幼儿成长需求，释放幼儿天性，促进其身心和谐发展的游戏活动。

户外涂鸦游戏为幼儿提供了一个无拘无束、天马行空、释放天性的机会。几乎每个幼儿都要经历对涂鸦痴迷的阶段,他们有一种抑制不住的欲望,想去涂、去画。涂鸦游戏恰恰满足了幼儿这种强烈的需求,尤其是户外涂鸦游戏,他们可以在树木、墙壁、木头、石头等他们能想到的任何地方,用自己喜欢的方式去涂鸦。这种需求的满足与对天性的尊重,是对幼儿想象力与创造力的激发,也是对幼儿强烈的艺术表达愿望的珍视与尊重。涂鸦游戏能够激发幼儿的绘画潜能,促进幼儿感知觉、手部精细动作的发展,培养幼儿初步的注意力、观察力、想象力、审美能力、色彩感知能力和艺术创作能力等。

1. 活动内容与关键经验

幼儿的户外涂鸦游戏分为用毛笔、刷子、报纸、海绵、布团等材料进行的大面积的玩色涂鸦活动,以及用粉笔、毛笔、水彩笔、棉签等进行的线条涂鸦活动。这些活动可以根据幼儿的发展特点和能力在不同的年龄段开展。

户外涂鸦游戏的关键经验见表2.5。

表2.5 户外涂鸦游戏的关键经验

关键经验	小班	中班	大班
游戏兴趣	喜欢户外涂鸦游戏,对玩色活动感兴趣,愿意尝试用毛笔、刷子等工具在多种材料上进行涂色,能体验尽情涂鸦的快乐。	愿意尝试涂鸦区的各种活动,主动选择各种材料进行游戏,能投入地参与游戏,享受游戏的乐趣。	能主动选择自己喜欢的游戏内容与材料,专注、投入、持续地进行游戏,愿意尝试更有创意的游戏内容与玩法,体验探索与发现的乐趣。

续表

关键经验	小班	中班	大班
游戏能力与水平	初步了解游戏材料的特性，会使用基本的材料和工具；对色彩有初步的感知能力，能初步掌握涂鸦游戏的基本方法；能根据自己的兴趣进行涂鸦。	熟悉涂鸦区的各种工具材料，乐于使用较丰富的色彩进行创作，能在教师的指导下初步学习调色；能根据工具材料的特点进行创作；在教师的引导下能围绕一定的主题进行创作；在创作中对色彩的运用、作品的布局等有自己的选择与思考。	能熟练使用各种游戏材料和工具，能大胆使用色彩，能自主调配更加丰富的色彩；能自主选择材料和工具、确定创作主题，投入地进行创作；能巧妙地利用游戏材料和工具创造性地进行表现、表达；作品中的色彩、构图、表现手法等初步有自己的个性；能用多种形式和材料表达同一主题。
交往与合作	游戏中喜欢与同伴交流，能运用简单的语言向同伴介绍自己的作品；愿意与同伴共同游戏。	在选择与使用材料的过程中，能主动与同伴沟通；能用简单的语言表达自己的想法；愿意欣赏同伴的作品、倾听同伴的想法。	能与同伴共同协商游戏主题和方案，有分工、有合作；能主动与同伴交流自己的想法，介绍自己的作品，并乐于欣赏和倾听；能主动沟通、协商，解决游戏中因材料选择与使用等引发的问题和纠纷。
规则与习惯	能在教师的提醒下遵守简单的规则，爱惜材料和工具；初步学习清洗和整理创作材料、工具；知道物归原位。	有一定的规则意识；爱惜材料和工具，懂得节约；游戏后能够主动清洗、整理各类材料和工具，能有序地收纳各类颜料，按类摆放整齐；活动中知道注意保护自己及别人的作品。	能在教师的指导下，与同伴共同建立涂鸦游戏中的特殊规则，建立关于各类材料、工具使用以及场地整理、合作游戏的相关规则，并主动遵守；懂得各类材料和工具的清洗及收纳方法，能分工协作、动作迅速地分类摆放整齐。

2. 观察与指导要点

在户外涂鸦游戏活动中，教师观察与指导的要点主要体现在幼儿在涂鸦游戏中的状态、幼儿对涂鸦工具和材料的选择与使用、幼儿在涂鸦游戏中的活动内容及作品、幼儿在涂鸦区所展现出来的美术创作及表达能力等方面，具体内容如下。

(1) *幼儿在涂鸦游戏中的状态*

大多数幼儿对涂鸦游戏有着浓厚的兴趣，但他们在游戏中的状态则千差万别：有的幼儿非常投入，能够长时间专注于一种活动，乐此不疲；有的幼儿对各种游戏材料和工具都很好奇，一会儿摸摸这个，一会儿动动那个，很难专注地进行一种形式的活动；有的幼儿执着于玩色，有的幼儿专心于线条；有的幼儿喜欢在墙面、地面等大空间里尽情挥毫泼墨，有的幼儿喜欢在石头、木片等方寸之间精雕细琢；有的幼儿喜欢积极探索不同工具材料的创意使用，有的幼儿痴迷于用一种材料创作出不同的作品；有的幼儿乐于与更多人共同创作，有的幼儿却更喜欢一个人静心涂抹……

在涂鸦活动中，教师应该静下心来关注幼儿的种种状态与表现，根据涂鸦活动的特点，结合幼儿的年龄特点及幼儿自身的情况进行分析与解读，然后有针对性地给予支持与引导。比如，对于总是游走于同伴之间，无法专注于一种活动的幼儿，教师可以通过观察，了解其兴趣点，亲自邀请他一起参与活动，也可以请好朋友带领他一起活动；对于不太习惯尝试新活动的幼儿，教师可以通过欣赏其他幼儿的作品，以及分享他们的游戏经验的方式，激发幼儿去尝试。

(2) *幼儿对涂鸦工具和材料的选择与使用*

在涂鸦活动中，教师需要关注幼儿对工具和材料的使用情况。教师应通过观察了解不同年龄段的幼儿对工具和材料的选择有何差异；幼儿对工具和材料的特性是否了解，能否利用其特点创造性地进行美术创作活动；幼儿是否掌握了各种工具和材料的使用方法；涂鸦区的各种工具和材料是否能够满足幼儿游戏的需要、激发幼儿游戏的兴趣等。

教师了解幼儿的兴趣和需要之后，应及时调整、完善涂鸦区的材料,并有针对性地对幼儿进行指导。比如,小班幼儿更喜欢随性地涂鸦玩色,因此要为他们准备各种数量充足但色彩不必过多的、粗一点的笔;较大的纸或涂鸦墙(板)、调制好的颜料以及涂色面积较大的涂鸦工具,如刷子、笤帚、报纸团、喷壶等。中大班幼儿在此基础上可以增加一些更精细的工具和材料,如毛笔、粉笔、水彩笔等各种笔,以及更多种类的颜料和手工材料。教师可以通过示范讲解的方式,引导幼儿学会一些涂鸦材料及工具的使用方法,也可以提供机会让幼儿去探索、尝试各种涂鸦材料和工具的使用方法,从而激发幼儿的创新思维。

(3)*幼儿在涂鸦游戏中的活动内容及作品*

幼儿在涂鸦活动中做什么、他们的作品最后呈现的是什么,这都是涂鸦游戏中教师需要关注的重点。不同年龄、不同性格特点、不同兴趣、不同经验的幼儿在涂鸦游戏中的活动内容以及最终完成的作品都会有所不同,甚至会有较大的差异。比如,小班上学期的幼儿大都已经从圆形涂鸦阶段过渡到命名涂鸦阶段,处于涂鸦后期。他们更喜欢在涂鸦区用各种笔和颜料,进行没有明确目的的涂鸦、玩色活动,他们的作品在成人看来往往更像是毫无主题的乱涂乱画。他们一般不会先想好主题再画,而是画完后根据像什么再进行命名;而小班下学期的幼儿和中班幼儿已经进入绘画的象征期,他们会有目的地描绘物体的粗略形象,会使用一些图形符号来代表想要表现的物体;大班幼儿大都已进入图式期,能够对自己周围的环境进行观察、临摹,因此,他们会在作品中再现自己的观察和想法。

一般来说,性格积极主动、喜欢探索、美术创作经验比较丰富的幼儿,会主动尝试涂鸦区各种形式的活动。有的幼儿在某个阶段会沉迷于一种类型的活动,有的幼儿在一次活动中会频繁地更换活动内容;有的幼儿创作的作品色彩绚丽、鲜艳,有的幼儿更喜欢用单一的色彩;有的幼儿创作的作品天马行空,极富想象和创意,有的幼儿创作的作品则更注重写实;有的幼儿创作的作品非常完整,有的幼儿总是无法最终完成一幅作品……

教师首先要了解幼儿在不同阶段的美术活动特点，为幼儿提供适宜的活动内容，还要为幼儿提供多元的材料和工具，引导幼儿尝试更多形式的涂鸦活动。教师要通过关注幼儿的作品，深入地了解幼儿，有针对性地进行指导。比如，有些幼儿的作品总是画得很局促、很小，教师可以通过与幼儿沟通，了解其心理状态，并通过鼓励、引导、示范等方式，启发幼儿打开心扉，大胆涂画。

（4）*幼儿在涂鸦区所展现出来的美术创作及表达能力*

教师还应关注幼儿在涂鸦活动中的美术创作及表达能力，因为涂鸦游戏除了满足幼儿自由涂鸦与创作的需求之外，同时也能够通过丰富多彩的活动，激发幼儿对美术活动的兴趣、培养幼儿的审美能力、提升幼儿的美术创作及表达能力。

教师可以通过观察幼儿在涂鸦活动中的状态、基本的技能、最终作品，以及通过倾听幼儿对作品的描述、创作的想法等来了解幼儿的能力。比如，幼儿使用工具和材料的水平如何，能否熟练地运用，有没有创造性使用的情况；幼儿是否具备与年龄相符的基本能力（可参考学前儿童绘画的几个阶段），对色彩的感知能力如何，能否根据自己的感觉和作品的需要去选择颜料；幼儿是否学会观察，观察的细致程度如何；幼儿是否能有始有终地完成作品，作品中体现出来的基本技能如何，线条是否大胆流畅，作品中色彩使用、构图、表现手法等是否有自己的个性；作品中是否有创造性的表现；幼儿的想象力如何等。

当然，对幼儿美术创作能力的关注，不代表忽视幼儿的兴趣与需求，仅关注技能。再者，对幼儿在涂鸦区的各种能力的关注与指导，特别需要教师根据幼儿的年龄特点来把握，避免对幼儿造成误读或者揠苗助长。

3. 常见问题与对策

📖 问题1：小班幼儿在涂鸦区的墙面上涂涂画画，忙得不亦乐乎，但我观察了半天也没看出他们画的是什么，我不知道该如何看待这样的情况，也不知道在活动结束后的交流分享环节，我该和孩子们说些什么？

小班幼儿还处在涂鸦后期，涂鸦活动对他们来说是一种本能的冲动，是一种纯自然的表达方式，没有明确的创作意图。在涂鸦过程中，幼儿满足于肌肉的运动感、律动感，对这种动作的熟练掌握，使他获得了动作的快感和满足，画出的线条使他感到惊奇和欣喜。所以，小班幼儿的涂鸦作品看上去一般都线条凌乱、色彩混乱、不知所云。在这一时期，成人不必多做干预，因为这个阶段的幼儿是在体会作品，而不是在创作作品。

命名涂鸦期的幼儿在作画时往往没有主题，但他们常常在涂鸦结束后，根据自己画出的线条、色块和形状来命名自己的作品。因此，在游戏活动结束后，教师可以请幼儿一起欣赏他们和同伴的作品，讲讲他们使用的材料和作品，为他们的作品起个名字。教师要对幼儿的作品给予充分的肯定与鼓励。在这一环节，教师不仅要激发幼儿进一步涂鸦的兴趣，而且应有针对性地对幼儿进行引导。比如，"你画的大象真好，有胖胖的身体，长长的鼻子，你再看看图片上大象的耳朵是怎样的，如果把耳朵也画出来，那就更棒了！""你画的是大雨啊！你画了这么多长长的线，真的像一场大雨呢！""这片绿绿的草地画得好美啊，我们一起来看看草地上有没有小花，它们是什么颜色的？你想把它们也画上去吗？"……通过这样的方式，引导幼儿细致地观察周围事物，抓住其典型特征，有意识地提升幼儿对线条、色彩的感知能力，为以后的美术创作活动做好准备。

问题2：在很多幼儿园的涂鸦游戏活动中都能看到孩子们随意地在树上、墙上、石头上、木头上，甚至废旧的汽车上，用刷子、毛笔蘸上颜料涂涂抹抹。我知道，这样自由自在的涂鸦活动满足了孩子们喜欢涂涂画画的需求，但让我感到困惑的是，只是这样让幼儿在涂鸦区随意地涂吗？应该如何引导幼儿在涂鸦区更丰富的游戏内容呢？

涂鸦游戏首先应该满足幼儿喜欢随心所欲、天马行空、随意涂鸦的强烈的心理需求，这是对幼儿天性的尊重，也是对幼儿想象力和创造力的保护与激发。同时，在充分满足幼儿随意涂鸦的基础上，教师也可以有目的地引导幼儿开展有主题的涂鸦活动，比如，请幼儿在涂鸦前先想好自己要表现的主题，或者由教师与幼儿共同商定绘画的主题等。小班幼儿可以自由自主地随意涂鸦，中大班幼儿可以进行有一定主题背景的涂鸦活动。户外涂鸦区的场地更宽敞、创作空间更大、材料更丰富、可观察与创造的素材更多，比室内的美工区有更大的优势，幼儿可以更加无拘无束、自由自在地尽情创作。教师应充分发挥户外涂鸦区的优势，引领幼儿探索更加丰富多彩的活动内容。

提供更丰富的材料与工具，让涂鸦游戏变得更加丰富多彩。教师可以为幼儿提供粉笔、毛笔、水彩笔、油画棒、棉签等，引导幼儿进行各种线条涂鸦活动；投放毛笔、刷子、报纸、海绵、布团、蔬菜、喷壶等材料，引导幼儿进行各种大面积的玩色涂鸦活动。涂鸦的背景可以是纸、木头、石头、地面，也可以是用磁砖、玻璃、PVC板、黑板等做的涂鸦墙（还可以增加一些立体的透明材质的涂鸦板，让两边幼儿能够互相看到对方），在旧桌椅、自行车、鞋子、书包、帽子等废旧生活用品上涂鸦，也会激发幼儿的游戏兴趣。

通过作品欣赏、相互学习，丰富幼儿的涂鸦游戏。在涂鸦区可以适当保留幼儿的作品，供大家欣赏，也可以在游戏结束后组织专门的作品欣赏交流活动,引导幼儿发现同伴新颖的观察视角、表现主题以及与众不同的涂鸦方式,通过相互学习交流,实现丰富涂鸦游戏内容的目的。

对于中大班的幼儿,教师还可以准备画板、画纸、涂鸦墙以及各种笔、工具、颜料,引导幼儿开展多种绘画及写生活动。幼儿可以自由选择绘画主题及工具材料,也可以进行有一定主题的创作活动;幼儿可以自己决定写生对象,也可以多人对同一个主题进行写生,以展现多种观察角度以及对事物不同的理解。

问题3: 在小班、中班幼儿的涂鸦游戏中,个别幼儿经常会这里涂一点,那里画几笔,没有创作一幅完整的作品的意识。遇到这样的幼儿,教师该如何介入和指导呢?

中小班幼儿的涂鸦活动有很强的随意性,经常画到哪儿算哪儿,往往缺少"作品"的概念。遇到这样的情况,教师一方面要尊重和理解幼儿,因为这是该阶段幼儿绘画活动的特点;另一方面,教师可以通过与幼儿沟通,了解幼儿的想法,或者引导幼儿细致观察,通过语言提示、作品展示等方法进行介入和指导。比如,"这个像长方形的是什么?是汽车啊,你的汽车是几个轮子的?把轮子画上,别人一眼就会看出来了。""小朋友们画得好认真啊,一会儿请大家来看看你的作品吧,想一想你准备怎样讲给大家听。"帮助幼儿建立起"作品意识",不断完善自己的作品。

需要注意的是,越是年龄小的幼儿,越不应该进行过多的干预,因为处在此阶段的幼儿,他的兴趣在于自由涂抹,而保护幼儿的兴趣,满足幼儿尽情涂鸦的需求更重要。

问题4: 有时候我发现幼儿在涂鸦活动中的作品缺少美感,但我介入指导后,孩子却开始缩手缩脚,不敢画了。如何既能提升幼儿的美术创作能力，又不影响幼儿的创作兴趣呢？

教师首先应该明确，幼儿艺术作品的美体现在哪里，我们应该用什么样的标准去衡量和评价幼儿的作品。稚拙淳朴是美、生动形象是美、独特的视角是美、天马行空的想象是美、纯洁美好的童心世界是美……学会欣赏幼儿的艺术表现是一个教师重要的专业素养。

教师可以通过与幼儿一起欣赏大自然和经典艺术作品中的美，借助线条的美感、色彩的美感、构图的美感、创意想象的美感等对幼儿进行陶冶和熏染，提升幼儿的审美能力。其实，如果幼儿经常参与涂鸦活动，那么他的手肘关节、小肌肉会得到锻炼，对各种工具材料的操作能力也会提高，对线条、色彩及形状的把握能力也会提升。如果教师为幼儿提供更多的操作与创作机会，以及丰富多彩的活动内容，那么幼儿的技能自然会提高。

当然教师的指导也是必需的。教师可以有意识地启发幼儿学习观察，比如，"你画的菊花好漂亮啊！我们仔细观察一下，这朵菊花的花瓣儿一样大吗？花瓣垂下来的样子像什么？花心是什么样子的？在它旁边再画一朵吧。"帮助幼儿提升表现技能，画出多姿多彩的菊花；通过一些好玩的游戏，如画梳子、画格子床单等，锻炼幼儿的握笔及线条的流畅性、控制性等。

在涂鸦游戏中提升幼儿的审美素养、创作技能是必需的，但教师应该把握的一个首要原则是：保护幼儿的兴趣、满足需要，确保幼儿创作过程中的主动性、创造性、想象力不被压抑和扼杀。因为，幼儿对涂鸦的兴趣不是因为美，而是因为需要，这是一种成长的需要；为了所谓的"老师眼中的美"而压抑了幼儿的主动性、创造性、想象力，这样做违背了幼儿艺术教育的宗旨，得不偿失。

问题5：在户外涂鸦游戏中，我们一般都强调要让孩子**自由自**

主地创作，那么教师是否可以在涂鸦区开展一些带有主题性质的活动呢？这样的活动又如何发挥幼儿的自主性呢？

在涂鸦游戏中，幼儿自由自主的状态是幼儿对各种艺术创作活动保持兴趣的基础，也是幼儿想象力、创造力得以保护与发挥的保障，因此，在户外涂鸦区应更多地以幼儿自由、自主的活动为主，但这不妨碍教师将一些带有主题性质的活动引入涂鸦区。

举例来说，教师可以将涂鸦区的活动分为几个小组，有的在涂鸦墙上随意涂鸦，有的在黑板墙上尝试粉笔涂鸦，有的进行石头涂鸦，有的在地面上玩洒水作画……幼儿可以根据自己的兴趣自由选择；还有一种形式，即大家共同确定一个主题，然后选择不同材料和形式来完成，比如，以"会跳舞的人"为主题，幼儿可以用排笔刷，可以用粉笔画，可以用油画棒涂，可以用报纸球蘸颜料涂，可以请同伴躺在地上进行描摹……只要教师心中装着对幼儿个性的尊重，各种活动都能够发挥幼儿的自主性。

4. 游戏观察案例

两个女孩儿的童话世界

【观察时间】2016 年 10 月

【观察地点】户外涂鸦区

【观察对象】大班幼儿

【游戏背景】

最近，在户外涂鸦区，孩子们对粉笔画产生了很大的兴趣，每天都会有几个孩子站在黑板前，用粉笔涂涂画画。于是，我又投放了颜色更丰富、数量更充足的粉笔。

【游戏描述】

今天，小洁和辰辰来到涂鸦区，她俩最先发现了新的粉笔，高兴地挑选了好几种自己喜欢的颜色来到黑板前，开始了今天的涂鸦活动。

一开始，她们两个没有任何交流，各画各的。小洁忙着画一个美丽的公主——细细的腰身，长长的裙子。辰辰呢，在旁边画了一朵又一朵的花。我也拿了一支粉笔，模仿上学的时候几何老师教的画圆的方法，在她们的旁边画了几个圆。辰辰一边画一边往右边挪，很快她就画到我这边来了。我退到一边，继续观察。只见辰辰在我画的几个圆的上方和下方添加了几笔，一座造型怪异的房子（见图 2.62）出现了！

图 2.62

我赶紧上前问道："这是谁的房子啊？"辰辰说："这是一座巫婆住房子。"我仔细一看，确实有点意思。我指着房子的左半部分问："那这边又是什么呢？"辰辰说："是一个花园。"小洁听到我们的对话也凑过来说："对，这是公主的花园，你看公主在跳舞呢！"小洁的话把两个人的作品联系到了一起，这下两人的兴趣更高了。她们一起商量着在哪里再添些花儿、在哪里再加一棵树，亲亲热热，非常开心。小洁在房子旁边画了一个骑着笤帚的巫婆，长长的头发随风飘在脑后（见图2.63）。辰辰为公主画了一座城堡（见图2.64）……两个人一边画一边创编故事。她们编了一个类似《睡美人》的故事，还不时互相欣赏新画出来的画面，相互鼓励。她们的故事越来越完整，画面也越来越丰富了。

图2.63

图2.64

【游戏解析】

1. 绘画材料的丰富能够大大激发孩子们涂鸦的兴趣，案例中粉笔色彩的增加激发了小洁和辰辰的创作欲望。她们一开始并没有共同商量绘画主题，也没有"画故事"的想法，是那个"巫婆"的房子和"公主的花园"引发了两人这次与众不同的涂鸦。

2. 小洁的绘画思路放得开，而且很有想象力，能够抓住人物的突出特征进行表现，这一点从她画的"公主"和"巫婆"中能看出来。辰辰属于中规中矩的孩子，因此画的花也都是比较常见的，有点模式化，没有太大的突破。但是今天，她把老师画的重叠在一起的三个圆，添画成了一座怪异的房子，这种借形想象的能力还是非常强的。

3. 孩子们在涂鸦区的活动，尤其是在黑板上的线条涂鸦，一起合作玩的情况是比较少的。小洁和辰辰两个人最开始的绘画也没有交集，但后来她们能够一起编故事，一起画画，还能根据个人的优势进行分工，并相互欣赏和鼓励，真是非常难得。

【观察指导】

1. 更多彩色粉笔的投放，引发了两个女孩涂鸦的兴趣。教师的一句追问让两个女孩在涂鸦活动中有了互动与交流，有了想象与创造，大大增强了活动的游戏性。其实，在幼儿的游戏中，有时教师不需要做很多，投放适宜的材料、提出一个关键问题就能推动游戏的发展，涂鸦游戏也是如此。

2. 虽然涂鸦活动是自由自主的游戏活动，但教师对幼儿绘画能力的观察也是必要的。案例中，教师对两人绘画能力的观察非常到位。如果能够抓住这一点，在游戏结束后，与她们一起欣赏作品，有针对性地对她们的作品进行点评与肯定，引发她们互相学习、互相欣赏，那么对两名幼儿绘画水平的提高都有积极的作用。

3. 两名幼儿在活动中一起合作编故事、画画的案例值得分享，教师可以请她们在现场介绍自己的作品，讲解画面的内容以及两人的分工，这样做一定能够激发更多幼儿的涂鸦热情与兴趣。

（山东省淄博市市直机关第三幼儿园　丁晓）

画个孬的吧

【观察时间】2016 年 6 月

【观察地点】户外涂鸦区

【观察对象】小班幼儿

【游戏背景】

户外涂鸦区很受孩子们欢迎，他们可以在墙上、地上、树上、石头上以及一些废旧材料上随意涂鸦。最近，我们又投放了一些黑色的废旧装饰板，很多孩子喜欢把它们当成画纸，用颜料在上面涂涂画画……

冠志是我们班年龄最小的孩子，平时不太喜欢画画。每到上美术课，还没开始画，他就跟老师说："老师，我不会；老师，我画不好。"户外游戏时间，冠志最喜欢在沙水区玩，这几天他被涂鸦区孩子们在黑色装饰板上的涂鸦活动吸引，总会跑过来看看。

【游戏描述】

今天游戏活动一开始，冠志就在美工区旁边转来转去，远远地欣赏小朋友们前几天的作品，然后笑嘻嘻地围着大桌子跑来跑去。看到我在这里，还故意碰我一下。我看出了冠志的心思，笑着对他说："冠志，过来画画吧！"他笑着跑开了。

可没过一会儿，他又跑回来了，还是远远地笑嘻嘻地看着其他小朋友们在装饰板上画画。我再次邀请他："冠志，来吧！再不来，画板就要用完了！"他慢慢靠近大桌子，把一块装饰板拉到自己身边，又抬起头看着我说："老师，我给你画个孬的吧！"我没听清他说的话，就问他："冠志，你要画什么？"他不好意思地笑着说："我给你画个孬的吧！"我一下明白了，冠志对自己能否画好没有信心，可能觉得画不了好的，就画个不太好（孬）的。哈哈，冠志这句话把我逗乐了。我蹲下来回应他说："没问题的，冠志，你就画个孬的吧！"

冠志先选了一支毛笔，又从桌子上拿了一瓶蓝色的水粉颜料，看看我，我假装不看他，走到了桌子的另一边。冠志用毛笔蘸上蓝色颜料，在黑色的板子上涂了起来，一开始只是一些线条，我也看不出他想画什么。很快，冠志把整个板子都涂成了蓝色。冠志停了一会儿，看了看其他小朋友，又换了一支笔，蘸了一些红色的颜料，在蓝色背景上涂了几笔，接下来是紫色、黄色、白色……从我的角度看过去，整幅画面很漂亮，就像好多鱼儿在游。

冠志觉得画得差不多了，于是放下笔，开始看身边的小朋友画（见图2.65）。看了一会儿，冠志又拿起自己的画看看，发现我正在看他，于是他把画向我这边转过来说："老师，你看！"我用惊喜的语气对他说："冠志，你画得真好看！"冠志有些兴奋，还有些害羞。我问他："冠志，你画的是什么呀？"冠志笑笑说："我也不知道。"我蹲下来指着蓝色背景上的一条条彩色的短线条说："我觉得它们好像小鱼啊！就像好多小鱼在游泳呢!"冠志高兴地冲我笑笑,转过身把自己的画摆到了作品展示区,又围着大桌子跑了几圈,然后跑到沙池里去了。

【游戏解析】

冠志平时不喜欢画画,还总爱说"我不会画"。但这几天教师看到他总在涂鸦区转悠,知道他很想参与其中。

图 2.65

冠志的涂鸦活动从一开始用蓝色涂满整块画板,到用不同颜色涂上几笔线条,其实他可能没有明确的目的和主题,直到最后教师问他画的是什么时,他也说不出来。但他无意识的用色却有一种明亮、欢快的感觉,再加上稚嫩的短线条,让整个画面看起来很灵动,很有美感。

冠志一开始告诉老师要画一个"孬的",让老师觉得冠志在画画方面真的很不自信,总觉得自己画不出"好的"来,先告诉老师要画个"孬的",好让老师有所准备。猜想冠志在画画方面肯定受过打击,或者有人说过他画得不好。事实证明,冠志画得很棒,他应该更自信一些。

【观察指导】

1. "每一个孩子都会画画,每一个孩子都喜欢涂鸦",我们应该创造机会让幼儿尽情地、毫无顾虑地去画、去涂鸦。因此,在涂鸦活动中鼓励幼儿大胆地去"画",是教师的任务之一。案例中的教师通过观察,发现了冠志涂鸦的欲望,并及时邀请他、鼓励他,让他终于有了一次尽情的"创作"。

2. 对于小班幼儿的涂鸦活动,教师不必关注幼儿画的是什么。因为小班幼儿还处在涂鸦后期,涂鸦活动对他们来说是一种本能的冲动,是一种纯自然的表达方式,没有明确的创作意图,所以,他们的涂鸦往往没有主题。幼儿画完后，教师可以与他们一起欣赏作品，看看画得像什么，再给画起个名字，从而引导幼儿慢慢地建立起绘画的主题意识。

3. 针对冠志对画画特别不自信的情况，教师还应该与家长和班里其他教师沟通，了解他不自信的原因，并达成共识，家园携手，多鼓励、多肯定、多为他提供自由涂鸦的机会，帮助他建立自信，并进一步激发他对涂鸦游戏的兴趣。

（山东省淄博市市直机关第三幼儿园　宋艳）

5. 游戏设计案例

画画你和我（中大班）

【游戏目标】

1. 能与同伴相互合作画出身体的轮廓，并通过想象进行创意添画。
2. 体验在户外自由创作美术作品的乐趣，养成整理工具和材料的习惯。

【游戏准备】

1. 黑板墙、地面、涂鸦墙、比较粗的大树等。
2. 粉笔、水粉笔、水粉、颜料盘、小桶、水、小毛巾等工具材料。

【游戏玩法】

1. 幼儿两人一组，一人躺或趴在地上做自己喜欢的动作，另一人用粉笔沿其身体画出身体的轮廓，然后两人交换。在画之前两人可以讨论如何做出更有动感和创意的动作，也可以在画的过程中边画边调整动作。
2. 对所画轮廓进行创意添画，如五官、发型、服装、内脏、骨骼等，也可用不同的图案和颜色对轮廓进行创意装饰。
3. 使用同样的方法在黑板墙、涂鸦墙、大树干等适宜的空间进行创意游戏。

注意：在地面进行创意画前，要彻底清理地面，并将准备的小毛巾垫在幼儿的头下。

【游戏规则】

1. 要根据绘画场地的不同，选择适宜的作画工具和材料。在黑板墙上只能用粉笔涂鸦，而在大树上、地面上则可以用粉笔、水粉或两者结合涂鸦。

2. 要将轮廓画完整。

3. 独立取放、整理、清洁工具材料。

【游戏延伸】

1. 幼儿可多人一组，共同商定动作主题，画出一群人在跳舞或运动的画面。

2. 人物轮廓可以是独立的，也可以相互之间有交叉、有重叠。

3. 在墙面涂鸦时，可以利用椅子、长凳等辅助材料增加幼儿的高度，画出不同高度的人物轮廓。

（山东省淄博市市直机关第三幼儿园　臧冬玲）

第三章

幼儿园户外运动类活动指导

一、自主性运动游戏活动指导
二、规则性运动游戏活动指导
三、体能锻炼活动指导
四、体育课活动指导

运动是幼儿在户外最主要的活动内容,《幼儿园工作规程》强调幼儿每天户外体育锻炼的时间不少于1小时,因此,强调幼儿在户外的自主游戏并不否认运动的价值,而是强调运动的内容和形式是多种多样的。教师需要了解幼儿户外运动的内容以及各个年龄段幼儿发展的关键经验,掌握观察指导的要点,采用适当的方法观察和指导幼儿的户外运动,让幼儿在户外的运动中获得健康、全面、有效的发展。

一、自主性运动游戏活动指导

又到了孩子们最爱的玩滑梯时间,我站在滑梯旁观察,看到诺诺和琪琪两个小朋友扶着滑梯倒着爬,可是刚爬到一半,脚底一滑,两人同时滑了下去。一次、两次……他们没有成功爬上去,于是琪琪选择从旁边一个楼梯口爬上去,然后趴在滑梯上伸出手拉倒着上滑梯的诺诺,可是琪琪个子比较小,力气也不大,没能把诺诺拉上来。

我来到滑梯另一侧的旋转滑筒处,看到——、妍妍等几个小朋友在离滑筒约四五米处做助跑的动作,原来他们准备通过助跑的力量,倒着爬上旋转滑筒,可是总是和从上面滑下来的孩子撞在一起,然后一块儿滑下来。有时候互相撞疼了,两个小朋友还会为此打架,跑到老师跟前告状。面对孩子们在玩滑梯时的多种创新玩法,比如,趴着下、倒着上……教师应该制止还是鼓励呢?

案例中的教师遇到的问题是,不知道该制止还是鼓励幼儿在玩滑梯中出现的创新行为。实际上,在户外自主性运动游戏活动中,教师还需要考虑以下几个问题:

- 如何在鼓励幼儿探索玩具、材料的多种玩法的基础上,保障幼儿的运动安全?

- 自主性运动游戏活动包含哪些内容？这些内容对幼儿发展的价值何在？
- 在体现幼儿自主运动的基础上，如何兼顾基本动作、身体素质以及规则意识的培养？
- 如何支持幼儿在活动中提升社会性交往以及与同伴互动的水平？

幼儿园自主性运动游戏活动是幼儿在户外场地或区域内自主选择活动材料开展的非正规性、低结构的身体锻炼活动。自主性运动游戏活动在时间安排上相对固定，在活动内容上较为丰富，在活动形式上体现了灵活、多样的特点。自主性运动游戏活动强调幼儿的自由、自主和自选，在运动器械的使用、锻炼方式的选择和同伴交往等方面赋予幼儿更大的自主权，能够在相对宽松的氛围中，为每个幼儿提供符合其发展基础和最近发展区的锻炼目标，有效促进幼儿基本运动能力和身体素质的发展。

1. 活动内容与关键经验

幼儿园自主性运动游戏活动包括开放性运动区域活动和生态野趣活动。

（1）开放性运动区域活动

开放性运动区域活动是指根据幼儿园户外场地、器械等特点，将幼儿园户外环境创设成各种有趣的体育活动区域并对全体幼儿开放，每个区域有专门的教师负责看护并指导，幼儿自由选择运动区进行运动。还有一种是指幼儿在户外运动场地自由、自主选择活动器械和活动内容开展的身体锻炼活动。

幼儿园可以根据户外环境条件，尽可能多地设置运动区域，一般包括钻爬区、跳跃区、平衡区、投掷区、推滚区、自选材料区等。开放性运动区域活动可通过投放不同层次、不同功能的材料，激发幼儿的自主

探究兴趣，促进幼儿自主运动，提高其身体素质，增强其自信心。

（2）生态野趣活动

生态野趣活动是指利用和挖掘园内自然环境中可以用来锻炼身体的因素，进行挑战自我、回归自然的身体锻炼活动[①]。在幼儿园的自然环境中，可以锻炼身体的因素有很多，比如，宽阔的大草坪、疏密不同的树林、形状各异的小桥，以及高低不同的山坡、沙地、泥地等。幼儿可以爬上高矮不同的树木、从山坡上跑上跑下、在山洞里钻进钻出、在草坪上翻来滚去等。生态野趣活动环境多样，材料简便丰富，对幼儿具有一定的挑战性，且活动方式和活动空间既富有趣味性又富有开放性。幼儿在大自然中沐浴新鲜的空气和充足的阳光，用自己喜欢的方式尽情玩耍，这样不仅可以强健体魄，陶冶情操，而且能够亲近大自然，感受与自然和谐相处的快乐。

自主性运动游戏活动的关键经验见表3.1。

表3.1 自主性运动游戏活动的关键经验

关键经验	小班	中班	大班
活动兴趣与活动的自主性	愿意尝试各种运动游戏活动；在教师的引领下，乐意选择不同的运动区域和器械锻炼身体。	喜欢参与自主性运动游戏活动；能独立地、有目的地选择不同的运动区域和器械开展运动游戏活动。	对自主性运动游戏区的各类活动有浓厚的兴趣；喜欢尝试不同的活动区域和器械，能有目的地、自主地参与游戏活动；喜欢与教师一起参与环境调整与材料更新。

[①] 郑艺. 运动 快乐 健康：幼儿快乐运动教学探究[M]. 上海：上海教育出版社，2010：101.

续表

关键经验	小班	中班	大班
材料的选择与使用	能独立选择材料，根据基本的操作要求使用材料，初步尝试探索材料的多种玩法。	能有目的地选择并正确使用材料，探索材料的多种玩法；愿意尝试两种以上材料的组合玩法。	能主动选择富有挑战性的材料，在探索过程中有自己独特的想法和创意；善于利用多种材料进行组合，不断尝试更多新的玩法。
运动能力与意志品质	初步掌握走、跑、跳、投掷、钻爬、攀登等基本动作，动作较协调；遇到困难能主动寻求帮助。	能熟练掌握各种基本动作，尝试各种游戏活动，身体协调灵活；能尝试解决活动中遇到的困难，并能够善始善终。	能灵活运用各种基本动作技能进行游戏，具有较强的协调性、灵活性、平衡性以及良好的力量和耐力；喜欢挑战，不怕困难，并能感受其中的乐趣。
规则与习惯	懂得不同的区域、器械有不同的规则；轻拿轻放材料并物归原位；具有初步的自我保护意识，能清晰地表达自己的需要。	能遵守区域规则，在自我保护的同时能照顾到同伴；能有条理地收纳、整理材料；根据需要能主动饮水、擦汗，初步养成科学的运动习惯。	能自觉遵守并主动维护区域及游戏规则，体现较强的规则意识；有良好的自我保护意识和能力；能养成主动收纳、整理材料的习惯；能根据季节和天气变化增减衣物，逐渐养成良好的运动习惯。
交流与合作	愿意和同伴一起玩；在游戏中与同伴有简单的交流。	喜欢与同伴共同游戏；能主动与同伴分享交流游戏中的感受。	乐意与同伴交流，喜欢玩合作性游戏，合作中能听取同伴的意见；能自主协商游戏主题，并解决合作中的问题与纠纷。

2. 观察与指导要点

在户外自主性运动游戏活动中，教师观察与指导的要点主要体现在幼儿对户外自主性运动游戏的兴趣、幼儿的基本动作和身体素质发展、幼儿在活动中的社会性交往以及与同伴的互动水平、幼儿在活动中的自

我保护以及自我照顾能力等方面，具体内容如下。

(1) *幼儿对户外自主性运动游戏的兴趣*

幼儿热爱游戏，尤其对户外大肌肉运动游戏有着本能的喜好。幼儿的兴趣表现在愿意尝试各种运动区域与游戏材料，喜欢挑战不同区域、材料的多种玩法等。教师可以通过观察幼儿在活动中的态度和行为表现，分享交流环节中幼儿表达的做法以及对各类运动材料、运动方式的喜好等，了解不同年龄、不同个性的幼儿的活动兴趣与探索过程。

教师可以通过增添新的、富有趣味性和挑战性的活动材料，激发幼儿的游戏兴趣；也可以通过活动结束时的分享环节，引导幼儿交流喜欢的区域、材料、自己想出的有趣玩法以及对同一材料的不同玩法、不同材料的组合玩法等同伴间相互学习借鉴的方式，激发幼儿进一步探索区域、材料、玩法的兴趣和欲望。

(2) *幼儿的基本动作和身体素质发展*

尽管自主性运动游戏活动是幼儿自由、自主和自选的活动，但教师依然要关注幼儿的基本动作和身体素质发展。运动区域及运动材料探索活动包含走、跑、跳、钻爬、平衡、投掷、攀登等基本动作，并借由基本动作的练习，提高幼儿的平衡能力、力量和耐力，促进其身体协调、灵活发展。

教师可以在幼儿自由选择活动区域与材料时，认真观察和记录幼儿的基本动作发展水平，分析幼儿身体素质发展的优势和空间，为下一步创设环境和投放材料奠定基础。

在户外自主性运动游戏活动中，教师对于幼儿基本动作的指导可通过环境、材料的隐性支持和同伴的交流互动来进行。教师可以在户外运动区域中创设和投放激发幼儿探索、尝试新动作的环境和材料，引发幼儿自主尝试和探究，并通过活动分享环节同伴的相互交流来激发幼儿运用多种运动材料和运动方式，提高其基本动作能力，促进其身体素质的发展。

（3）幼儿在活动中的社会性交往以及与同伴的互动水平

户外自主性运动游戏活动形式宽松、自由，打破了班级、年龄的界限，为幼儿提供了一个广阔的人际交往空间。在此空间中，幼儿需要与不同年龄的、熟悉的或者陌生的幼儿打交道，这可以促使幼儿的语言表达能力、同伴间的互动水平、人际交往与合作能力在潜移默化中不断发展和提高。

- 利用材料增加同伴间的互动机会。例如，在平衡区因地制宜，把围在草坪边上的轮胎（大半个轮胎埋在地里）当作"独木桥"，供幼儿练习平衡。轮胎踩上去有弹性，而且露在外面的部分高矮不一，这对原来会走平衡木的幼儿也是不小的挑战。在此环境中，幼儿自发开始两人合作：一人在轮胎上走，另一人当"拐杖"辅助同伴，两人轮流进行。除此之外，教师还可以投放小轿子、箩筐、长跳绳等材料。在使用这些材料时，要求幼儿必须与他人合作。幼儿为了玩这些材料，会主动去寻找和邀请伙伴、协商玩法、制定规则……久而久之，幼儿与同伴交流、合作的水平也就提高了。

- 开展混龄活动，提高幼儿的社会性交往水平。在户外自主性运动游戏活动中，经常会有不同年龄的幼儿共同游戏。在游戏过程中，年龄大的幼儿与年龄小的幼儿自然会发生交往行为。例如，中班的弟弟妹妹遇到问题会求助大班的哥哥姐姐，大班的哥哥姐姐也会自然而然地产生自豪感，乐意为弟弟妹妹解决问题。不同年龄的幼儿充分互动交流，也弥补了部分独生子女家庭的幼儿没有兄弟姐妹，缺乏交往情境的不足。

（4）幼儿在活动中的自我保护以及自我照顾能力

由于自主性户外运动游戏活动是低结构活动，因此，需要教师特别关注幼儿在活动时的安全以及自我保护和自我照顾能力。当然，教师需要在活动前首先检查好各类器械、场地,确保没有安全隐患,检查幼儿的着装和鞋子是否适合运动,同时还要提供擦汗毛巾、垫背毛巾、饮水壶、盛放衣物的篮子等材料,供幼儿在需要时取用。

在自我保护能力方面,教师不仅要观察幼儿在选择和使用器械时是否考虑到玩法的安全性,以及在出现一些难以控制的身体动作时的表现;同时还要关注幼儿在游戏过程中是否考虑到自己的行为对同伴的影响,当出现危险的、会碰撞到其他幼儿的行为时,是否会及时进行调整。在自我照顾能力方面,教师可以观察幼儿在需要时是否能主动擦汗和饮水,在运动过程中是否能主动增减衣物等。

在开展自主性运动游戏活动前,首先应合理安排指导教师的站位,确保教师的视线能关照到所有幼儿。教师在指导前还应把握好度,既不要因为害怕出现事故而过于控制幼儿的探索性行为,又要及时制止幼儿危及自身和同伴安全的不适宜行为。具体来说,教师在指导过程中可以采用以下几种方式:

- 个别指导和同伴影响相结合。幼儿的身体素质和运动能力各不相同,针对身体素质和运动能力较弱的幼儿,教师要加强个别指导,因为他们对危险性强的项目缺乏自我保护能力。随着幼儿能力的提升,教师便可逐渐放手。在活动中,有时同伴的影响也是很有效的,看到别人遇到困难或危险,幼儿便会从中吸取教训,反复琢磨,从而增强自我保护意识。幼儿学会自我保护,就等于在生存中向前迈进了一大步。我们不鼓励幼儿随意冒险,但在一些活动中让幼儿掌握自我保护的方法、提升自我保护能力则是十分必要的。

- 表扬和引导相结合。在户外自主性运动游戏活动中,幼儿一些很好的自我保护方法往往是教师没有想到的。教师可以在活动结束时的分享交流环节对这种行为及时给予表扬,使更多的幼儿了解到哪些行为是应该注意的、哪些行为是安全的,并学习同伴的自

我保护方法；同时，对于活动中幼儿的危险动作和行为，教师也应及时制止并予以引导，避免在以后的活动中发生类似行为。

3. 常见问题与对策

问题1：铭铭是中班一名新转来的小朋友，对于户外自主性运动游戏还很陌生，总是觉得什么新鲜就玩什么，而且玩了一会儿就跑了。她一会儿跑到跷跷板区，一会儿跑到滑梯区，在草坪上跑了一半就停下来，导致后面的小朋友差一点撞倒她。她的眼神一直很茫然，好像不知道该做些什么。老师走过去问她："铭铭，你想玩什么呀？"她回答："不知道。"请问针对这种玩什么都深入不下去的幼儿，教师应如何指导？

铭铭的表现反映出她的前期经验和发展现状。也许原来的幼儿园并没有给她自由、自主、自选的户外运动游戏活动的机会，因此，来到新环境，她觉得什么都很新鲜、好奇，这样的反应是很正常的。如果幼儿习惯了在教师的控制下活动，那么一旦离开教师的指导、控制和要求，就会变得不知所措。因此，教师首先要在心理上理解铭铭的行为表现，允许她先观察、熟悉和适应新的环境和活动要求，让铭铭在观察同伴行为的基础上学习如何融入新环境，再根据她的兴趣点，鼓励她选择喜欢的区域进行尝试和探索。

幼儿能够对游戏材料产生持续探究的欲望和坚持探究的兴趣，源于她对这类材料有一定的经验基础。皮亚杰的认知发展理论告诉我们，幼儿在探索中遇到的新经验是通过同化或顺应的方式，在原有经验的基础上建构起来的，因此，要使铭铭有持续探索的兴趣，就需要帮助她建构一定的经验。在活动初期，教师的指导可以多一些。随着铭铭自身能力的提高，教师可以逐渐放手。同时，可以借助活动结束时的分享环节，

让铭铭向全班幼儿分享她探究的新玩法，帮助她建立自信心，并在自信心的驱动下更深入、持久地进行游戏，从而使她形成良性的发展动力。

问题2：每天在户外自主性运动游戏区总能看到几个孩子玩了没一会儿，就找个阴凉地休息，我提供的较有难度的材料，他们总是不选。面对这种情况，我有些犹豫不决。如果不进行干预，那如何保证每天孩子在户外运动游戏区中的运动量？如果干预，那又如何保障幼儿的自由、自主性？

虽然自主性运动游戏区强调幼儿自由、自主、自选，但既然是运动游戏区，也必须关注幼儿的运动量。当然，关注和调控运动量的方式要由教师直接调控变为利用环境、材料进行间接调控。

①针对运动量不足的调控。幼儿运动量不足可能与以下因素有关系：区域材料缺乏趣味性，较难吸引幼儿持续运动；材料的玩法单一，无法推动幼儿持续运动；材料的挑战性过低或过高，导致幼儿缺乏游戏动力；路线设计较短、练习的距离不够等。因此，可以从以下四个方面来解决这一问题：

一是增强材料的趣味性，比如，在投准目标的游戏情境中，教师可以将圆圈的外围装饰成动物的嘴巴，吸引幼儿为嘴巴大小不同的动物投掷更多的食物，从而引导幼儿持续不断地练习投掷动作并有意识地进行投准练习。

二是在提供丰富的运动材料的基础上，增加多样的辅助材料，让幼儿通过选择不同的材料进行玩法组合，不断形成持久探究的欲望和动机，引导幼儿持续锻炼，从而达到应有的运动量。

三是合理确定材料蕴含的运动目标，难易适当，让幼儿"跳一跳就能够得着"，始终保持运动兴趣。

四是科学设计运动路线，增加幼儿锻炼的有效距离。比如，在骑小车活动中，教师可以围绕幼儿园户外场地的外围，设计一条首尾相接的车道。如果幼儿不停止，则可以一直沿车道骑行，就像日本著名的藤幼儿园将屋顶设计成环状一样，幼儿在环形的跑道上可以不断地奔跑，不知不觉就增加了运动量。当然，如果幼儿身体非常瘦弱或缺乏运动习惯，则需要根据幼儿个体情况进行有针对性的指导。

②针对运动量过大的调控。教师可以通过设置休息区和提升幼儿自我调整活动量的能力等方式，来解决运动量过大的调控问题。教师可以在运动场地的一角设立休息区，提供遮阳伞、小椅子、擦汗毛巾、水杯等，引导幼儿在过于疲劳和出汗量较多时来这里休息。另外，也可以在分享交流环节，引导幼儿交流身体出现怎样的状况时，就需要休息和调整。幼儿之间通过分享交流，学习合理调控运动量的方法，提升对活动量的自我调整能力，进而养成健康运动、自我管理的良好习惯。当然，如果教师发现幼儿在活动过程中有过大的运动负荷和运动量，那么要及时予以关注和适当进行引导。

对于运动量的关注是必要的，但教师还要注意指导的适当和适度，避免由于教师高控而导致剥夺幼儿活动自主性的情况出现。

问题3：又到了孩子们最爱的玩滑梯时间，我站在滑梯旁观察，看到诺诺和琪琪两个小朋友扶着滑梯倒着爬，可是刚爬到一半，脚底一滑，两人同时滑了下去。一次、两次……他们没有成功爬上去，于是琪琪选择从旁边一个楼梯口爬上去，然后趴在滑梯上伸出手拉倒着上滑梯的诺诺，可是琪琪个子比较小，力气也不大，没能把诺诺拉上来。

我来到滑梯另一侧的旋转滑筒处，看到一一、妍妍等几个小朋友在离滑筒约四五米处做助跑的动作，原来他们准备通过助跑的力量，倒着爬上旋转滑筒，可是总是和从上面滑下来的孩子撞在一起，然后一块儿滑下来。有时候互相撞疼了，两个小朋友还会为此打架，跑到老师跟前告状。面对孩子们在玩滑梯时的多种创新玩法，比如，趴着下、倒着

上……教师应该制止还是鼓励呢？

这个案例是本节开头呈现的案例，如果出现此类行为的是年龄小的幼儿，那么教师应该让其知道在不同的运动区域及与同伴合作游戏时，应该遵守的游戏规则和要求，帮助幼儿明确自己行为的界限。如果出现此类行为的是中班下学期或大班的幼儿，则可能是由于幼儿对目前从上往下滑的方式不满足，想进一步挑战高难度的运动技能导致的。如果是第二种原因，那么教师应该引导幼儿与玩滑梯的其他幼儿协商，询问大家是否愿意用富有创意的方法玩滑梯。如果大家都同意，则教师可以在确保幼儿安全的基础上，鼓励大家挑战新的玩法。如果大多数同伴不同意新玩法，则该幼儿需要在不影响同伴游戏的基础上，选择相对较少人滑的滑梯和时段，尝试自己的新动作。

当然，户外自主性运动游戏活动在给幼儿更多自由的同时，由于户外场地活动范围较广，幼儿四处分散活动，教师的视线无法顾及每个幼儿，因此也容易产生安全问题。这就要求教师在活动前预设可能出现的不安全因素，及时予以调整，同时，教师要向幼儿提前交代活动的规则和安全注意事项，检查幼儿的穿着是否适合运动。在活动过程中教师还要四处巡回走动，及时纠正幼儿的危险动作，聆听幼儿的交谈、评价，注意调节幼儿的运动负荷，发现问题及时进行必要的安全指导和安全教育。另外，如果幼儿园户外活动时，30多名幼儿只配备两名教师，没有专人站在滑梯旁边看护，那么一定要制止幼儿的危险行为，以免发生安全事故。

不过，教师也不可因噎废食，怕出现安全问题而阻止幼儿的探索性行为，因为幼儿是极具创造性的，他们有着成人无法理解的思维和想象力，在游戏中更是如此。教师应根据幼儿的身心特点和发展水平，允许并鼓励幼儿适当的冒险性游戏行为。对于中大班的幼儿来说，游戏只有具备一定的挑战性和冒险性才能满足他们身体运动和心理发展的需求。

当然，前提是让幼儿了解行为的安全边界。此外，在日常生活中，教师也应向幼儿渗透安全教育，培养幼儿自我保护的意识和能力。

问题4：在室内的区域活动中，教师需要在幼儿进区活动时进行观察，了解幼儿怎么使用材料、怎么操作探索、遇到困难如何解决以及与小朋友发生矛盾时如何处理。对于户外的自主性运动游戏，教师是否需要对幼儿做观察记录？观察记录应关注哪些方面呢？

《幼儿园教育指导纲要（试行）》指出："教师是幼儿活动的支持者、合作者和引导者。"与规则性运动游戏、体能锻炼、体育课相比，户外自主性运动游戏是低结构的活动形式。在低结构的活动中，教师要想发挥支持者、合作者、引导者的作用，必须基于对活动中幼儿的观察。在此基础上，教师才能有效地调整场地、材料，灵活采用多种方法支持幼儿的发展。

在户外自主性运动游戏活动中，教师的观察内容包括幼儿选择哪些不同的区域及在该区域停留玩耍的时间、幼儿对材料的使用及创造性表现、幼儿运动量的大小、幼儿与同伴的合作游戏情况、幼儿遵守规则的意识、幼儿在活动后收纳和整理材料的习惯等。针对观察到的问题，教师应及时分析原因，找到解决策略。如果教师发现幼儿有导致活动无法进行下去的矛盾冲突，以及危及自身及同伴安全的行为，要对幼儿及时予以干预和指导。同时，教师可以根据观察到的具体情况，适时调整活动强度和活动进度；在幼儿遇到困难和挫折时要及时给予帮助和鼓励。教师要了解、掌握幼儿的游戏兴趣、动作发展水平、材料探索方式，从而为下一步调整环境和材料、改变指导方式提供依据。

问题5：与其他活动相比，户外自主性运动游戏活动场地较大且能吸引孩子注意力的因素较多，使得活动相对而言较为"混乱"。而

且，由于活动是自由自主的，教师也不能像体育课那样随时提出活动规则和要求，那么，户外自主性运动游戏活动是否需要强调游戏规则？教师应如何引导孩子遵守规则？

户外自主性运动游戏也有必须遵守的规则，比如，场地及材料正确、安全、轮流使用的规则；每一个区域内玩具使用的规则等。在自主性运动游戏活动中，对规则的指导可以采用以下方法：

- 环境提示法。教师可提前针对户外区域环境和材料使用中应遵守的规则，引发幼儿讨论并自主绘制规则示意图，张贴在相应的区域和玩具附近，以发挥规则的提示作用。
- 冲突学习法。对于事先没有制定规则但又出现矛盾冲突的地方，如果不影响幼儿的安全，教师可放手让幼儿自行解决矛盾冲突，借由真实的问题情境，引发幼儿思考应该怎样制定规则来避免出现矛盾。这样不仅推动了幼儿的游戏水平，而且提升了幼儿解决问题的能力。
- 结束讲评法。在每次活动结束时，教师可以引导幼儿交流本次活动出现的问题，共同商量解决办法。通过大家的讨论，让幼儿明确户外自主性运动游戏活动中应遵守的规则，学习解决问题的经验和做法，提高幼儿的规则意识。

4. 游戏观察案例

我们一起送"鸟蛋"吧

【观察时间】2016年11月—2017年1月

【观察地点】户外自主性运动游戏区

【观察对象】大班幼儿

【游戏背景】

对于孩子们来说,每天的户外自主游戏时间是最快乐的时光。我负责观察户外攀爬区送"鸟蛋"(小彩球)的游戏,也就是爬竹梯的游戏。送"鸟蛋"这个活动已经开展了两个多月,幼儿要从篮子里拿出"鸟蛋",然后通过爬竹梯,把"鸟蛋"送到树上高处的"鸟窝"(篮子)里。很多孩子每天都不厌其烦地玩这个游戏,有的孩子已经玩过好几次了,可是也有一部分孩子从来没有参与过这个游戏,思琪就是其中之一。

【游戏描述】

一天,我刚把竹梯斜靠在旁边的木棉树上,茵茵、思琪就跑了过来:"老师,把竹梯放好,我们来送'鸟蛋'啦。"话音刚落,茵茵就手拿"鸟蛋"噌噌噌地爬到了竹梯的最高处(见图3.1),把"鸟蛋"放进了竹篮里。铭铭、琳琳站在树下欢呼雀跃,激动不已。

茵茵说:"思琪,上来投鸟蛋吧。"站在树下的思琪说:"我可不敢,我恐高。"虽然思琪嘴里说着不敢,但是看着茵茵玩得那么高兴,不由得有点心动,忍不住也行动起来。他小心翼翼地握着竹梯的两边,慢慢地往上爬,但当他爬到一半的时候,看到离地很高,不由得一阵紧张,于是他停了下来。这时,茵茵提议说:"思琪,我们一起放鸟蛋吧!你在竹梯中间把鸟蛋传给我,我把鸟蛋放进篮子里。"铭铭听到茵茵的话,也加入了这个游戏。铭铭站在竹梯下面,思琪站在竹梯中间。游戏开始了,铭铭在地上捡起"鸟蛋"传给思琪,思琪再把"鸟蛋"交给站在竹梯最高处的茵茵,茵茵把"鸟蛋"投进"鸟窝"里(见图3.2)。他们配合得非常默契,很快就把地上的"鸟蛋"都投进了树上的"鸟窝"。

在我认为游戏已经告一段落时,三个孩子又聚在一起商量着什么。不一会儿,他们又重新开始了游戏。哦,原来孩子们的站位发生了变化:在茵茵的鼓励下,思琪克服了恐惧,勇敢地爬上了竹梯的最高处,负责把"鸟蛋"放进"鸟窝"里。思琪真棒!铭铭站在竹梯的中间传接

图 3.1　　　　　　　　　图 3.2

"鸟蛋",茵茵站在地上捡起"鸟蛋"递给铭铭,三个人就这样默契地投入这个游戏,玩儿得不亦乐乎。

【游戏解析】

从案例中可以看出,大班幼儿在运动能力方面的突出特点是:身体耐受力增强,腰腹肌肉和腿部肌肉快速发展,能够迅速完成攀登、爬高等动作。游戏"送鸟蛋"就是基于幼儿的这一身体发展特点而开展的。户外自主性运动游戏除了要促进大班幼儿身体素质的发展,还要创设挑战其心理素质的环境和材料,鼓励幼儿不怕困难,敢于迎接挑战。

当然,不同的幼儿,其发展水平也是不一样的。案例中的思琪就是一个有恐高心理的孩子。在第一次"送鸟蛋"游戏中,他爬到一半就不敢继续挑战了,这时,同伴间的互助支持了思琪。茵茵的设计和鼓励——让思琪在第一次游戏中承担在竹梯中间传递"鸟蛋"的任务,既为思琪挑战恐高的心理压力提供了缓冲,又借助同伴的力量,帮助思琪克服了心理障碍,成功完成了爬到竹梯顶端送"鸟蛋"的任务。

【观察指导】

非常庆幸，案例中的教师没有前去干预孩子的行为。针对今天的游戏，教师可以在以下几个方面做好观察和适时的指导：

1. 准确评估每一个幼儿在活动中的安全情况，活动前在竹梯下摆好地垫，时刻观察幼儿的活动情况，避免发生事故。如果确实存在安全隐患，教师必须及时跟进指导和保护幼儿。

2. 观察幼儿在活动中遇到的问题及解决问题的方法。在幼儿活动时，教师要为幼儿留有足够的探索时间、空间，让幼儿尝试不同的探索方式与交往方式。在此过程中，了解每个幼儿的发展水平和最近发展区，适时、适当地给幼儿以支持。同时，不要过早干预，以免破坏幼儿主动发展的意识，为其最大限度地提供主动发展的机会。

3. 了解环境和材料是如何支持幼儿的探索和运动的，尝试更好的支持策略。在本案例中，教师可以通过茵茵和思琪的行为，反思自己的环境、材料创设和投放策略。在设置"鸟窝"的高度时，应该兼顾不同幼儿的发展水平，设置高矮不同的"鸟窝"，为不同幼儿创设"跳一跳就能够得着"的发展目标，帮助每个幼儿体验成功的喜悦。

相信有了细致的观察和及时的反思，教师一定会智慧地推动和高质量地引领幼儿有效发展。

（广东省广州市番禺区东城幼儿园　余光平）

如此这般"跷跷板"

【观察时间】2017年6月

【观察地点】户外自主性运动游戏区

【观察对象】大班幼儿

【游戏背景】

户外自主性运动游戏活动时间到了，孩子们就像欢快的鸟儿，各自奔向自己喜欢的区域。他们或是玩惊险刺激的高空滑索，或是玩简单快乐的骑小车游戏，或是聚精会神地攀爬平衡器械，或是像下面叙述的小主人公一样，由自娱自乐玩简单的"鳄鱼"摇船，逐步演变成两个、多个小伙伴的合作游戏。

【游戏描述】

户外自主性运动游戏活动时，我发现腾骏正在一个类似独木桥的、有点儿弧度的塑料"鳄鱼"摇船上机械地蹦上蹦下。当发现我正在看他时，他突然由原来的简单蹦上蹦下变成了在"鳄鱼"摇船上不停地跳跃（见图3.3），这时"鳄鱼"摇船剧烈晃动起来，他几次都差点掉下来，却又巧妙地化险为夷。

很快，在旁边玩耍的宝海被吸引过来。看到我对腾骏露

图3.3

出的赞许眼神，宝海拉着我的手急切地说："老师，我也可以。"说着就想跳上"鳄鱼"摇船做给我看，而正在兴头上的腾骏不肯让开！看着局面有点僵持不下，我打了个圆场说："你们俩要不要尝试一下一起站在上面，看谁先掉下来呢？"两个孩子愉快地答应了。两个人互相配合，都站好后就开始了"鳄鱼"摇船上的比赛。刚跳上摇船还没站稳脚跟的宝海在腾骏几下猛跳后，很快就失去平衡从上面掉了下来。腾骏发出了成功后喜悦的欢呼声。宝海没有死心，又一次站了上去。这一次，结果如出一辙。这时，宝海对着"鳄鱼"摇船左瞧瞧右看看，突然恍然大悟地说："韩老师，我知道自己为什么掉下来了。因为他太胖，我太瘦！"说完宝海急匆匆跑了，边跑还边回头对我们说："等等我！"

图 3.4

不一会儿,宝海拉来了班上的静文,还和静文一阵耳语,然后得意地说:"他俩差不多胖,这样才公平嘛!"被委以重任的静文踏上了"鳄鱼"摇船(见图3.4),腾骏想用刚才的招数逼走静文,因此使劲一跳,"鳄鱼"摇船一阵猛烈晃动,静文前后一晃差点从上面掉下来,宝海赶紧支招:"你也使劲儿跳才能把他弄下来啊!"或许是"东道主"腾骏经验更丰富吧,作为"助阵嘉宾"的静文几个回合下来还是以失败告终。宝海说:"看来光一样胖也不行,得有方法才行!"战胜两人的腾骏说:"我是不可战胜的,你还打算找谁啊?"他的眼神中流露出满满的挑衅和不屑。

就在我想着这场游戏是不是走到了尽头时,机灵鬼宝海话锋一转,略带讨好地对腾骏说:"咱俩一起玩吧,你轻轻跳一下,我也轻轻跳一下好吗?你要是答应我,我就和你交朋友,怎么样?"吃软不吃硬的腾骏挠挠头说:"好吧!"可能是出于满足宝海提出"交朋友"的条件,这次腾骏都小心翼翼地起跳,两个人还为了保证都不掉下去,几度牵手玩"鳄鱼"摇船(见图3.5)。就在两人

图 3.5

的欢声笑语中，"鳄鱼"摇船变成了有趣的"跷跷板"。

【游戏解析】

　　游戏之初，腾骏只是想通过简单的蹦跳来满足自己快乐的需要，而老师的关注激发了他进一步表现自我的欲望。他开始尝试更有难度的跳跃方式，即站在面积较小、本就稳定性较差的塑料玩具上跳跃，可见这是他对自己平衡能力的挑战和展示。

　　而另一名伙伴的强行加入，打破了这种带有成就感的自我陶醉，这名新伙伴遭到了拒绝。作为这场"表演"的唯一"观众"，教师自然而然地提供了自己的建议：可不可以两个人一起玩。接下来就是两两对决，而在游戏对决中失败的宝海则积极寻找原因，针对发现的问题自己寻找解决的办法。尽管屡试屡败，但宝海并没有改变游戏的决心。最后，宝海用自己的智慧，由对决独辟蹊径合作玩起了"跷跷板"！

【观察指导】

　　1. 活动结束后，让孩子讲一讲自己在游戏过程中的感受，肯定孩子尝试的多种玩法，激发孩子游戏的兴趣。

　　2. 和孩子一起讨论还可以在"鳄鱼"摇船上玩出什么新花样。

　　3. 提供更丰富的材料，让孩子有继续发挥想象、进行游戏的空间。

（山东省利津县第二实验幼儿园　韩吉花）

平板车变形记

【观察时间】2016 年 11 月

【观察地点】户外自主性运动游戏区

【观察对象】托班和大班幼儿

【游戏背景】

　　自主游戏带给孩子的不仅是自由与快乐，而且为他们提供了打破班级界限进行交往与合作的机会。这一点在以下游戏活动中充分显示出来。

【游戏描述】

自主游戏一开始,小小班的浩浩边兴奋地高喊着"哥哥,哥哥",边冲向他喜欢的大一班哥哥轩轩。轩轩带着浩浩来到平板车上,搂着浩浩坐好。这时,茜茜骑着一辆三轮车过来了,轩轩喊住茜茜:"能用你的三轮车拉我们走吗?""好吧。"茜茜爽快地答应后,下车把拴在平板车上的拉绳系到了三轮车尾部的横梁上,然后骑上三轮车拉着他们走。走到大滚筒附近,轩轩突然喊:"停车。"他下车后径直走向大滚筒,将四个大滚筒一一滚到平板车旁,并请浩浩帮忙将四个大滚筒两个一摆摆在了平板车上,然后对浩浩说:"我们的大房车造好了,我们上车吧。"浩浩看了看说:"太高了,我上不去。"轩轩向四周看了看,对浩浩说:"跟我来。"两个人从墙边的器械橱上搬来好几块大塑料块,挨着大滚筒的外壁放好。浩浩高兴地说:"这下我可以爬上来了。"

可是问题又出现了,由于增加了四个大滚筒和大塑料块,茜茜的三轮车拉不动了,看到这种情况,在附近玩的宁宁和明明主动过来帮忙。就这样一个人在前面用三轮车拉,两人在后面合力推,大房车艰难地开动了(见图3.6)。

图 3.6

有没有更省劲一点的方法呢？正在玩滑板车的栋栋把滑板车推过来，顶在大房车的尾部（见图3.7），说："要不用滑板车试试吧。"另一个小姑娘也走过来，站在房车上用力推前面的三轮车（见图3.8），可还是不行。这时，宁宁走到车后说："让我看看是不是有东西挡住了。唉！没有东西呀。"他又跑到三轮车前，拉住三轮车把用力试了试，还是不行。这时，轩轩说："可能四个滚筒太重了，去掉一个吧。"说着便下车将房车前部的滚筒去掉一个，于是房车变成了"小货车"（见图3.9）。

这时，宁宁抬头看了看，然后跑开了，不一会儿手里拿着一根绳子，骑着一辆三轮车过来了。他把绳子的一端系在了自己的车尾，另一个小伙伴则把绳子的另一端系在了茜茜的车把上（见图3.10）。宁

图3.7

图3.8

图3.9

图3.10

宁边系边嘟囔:"再在前面加一辆三轮车,这回总可以了吧!"上车一骑还是太费劲。他又把系在茜茜车把上的绳子解开,然后把绳子直接系在了平板车的前端(见图3.11),两辆三轮车一起拴在平板车上拉应该更省力,试试看吧。

图 3.11

这时,壮观的小货车吸引了更多小伙伴:有人骑,有人推,有人当乘客(见图3.12)。两辆三轮车一起上,哈哈,这下车开得快多了。呀!不好!车子开得太快,上面一层滚筒要翻,里面的乘客有危险!轩轩发现这一情况后,果断地将上面一层滚筒推下车,这下安全多了,小货车变成了小轿车(见图3.13)。大家轮流推,轮流坐,玩得真开心。

图 3.12

【游戏解析】

从上面的案例我们可以看出,孩子们正是在反复的观察、尝试、探索、调整中学会了独立思考,提升了发

图 3.13

现问题、解决问题的能力。他们在交往中学习交往，在合作中学会合作。而这种自发的交往合作也为孩子们提供了相互学习与借鉴的榜样和范例，这种榜样和范例是最适合他们的、是他们最需要的、是符合他们的最近发展区的。

【观察指导】

1. 教师可以将以上照片以课件的形式呈现，让参与活动的幼儿和大家分享他们的游戏过程，交流遇到的问题、解决问题的方法以及游戏中的感受，为幼儿提供表达的机会，从而提升幼儿的语言表达能力，帮助他们体验自豪感。

2. 引导大家一起讨论游戏中存在的问题，让每个幼儿想想，如果自己参与这个游戏，会有哪些玩法，从而拓展幼儿的游戏思路，提升幼儿的游戏水平，提高幼儿的安全意识与安全预见的能力。

3. 教师可以抛出问题供幼儿进行讨论，比如："如果你是大班的哥哥姐姐，那么该怎样照顾游戏中的弟弟妹妹？""作为弟弟妹妹，该怎样参与到哥哥姐姐的游戏中？"这样可以增强幼儿的合作意识，提升幼儿的交往能力。

（山东省淄博市市直机关第三幼儿园　王燕）

我心爱的小摇马

【观察时间】2017 年 11 月

【观察地点】户外自主性运动游戏区

【观察对象】小班幼儿

【游戏背景】

每天上午九点至十点是幼儿户外自主游戏时间，我园小班幼儿从一入园就参与户外自主游戏活动。这周，小二班在小运动区自主游戏。准准是小二班的一个男孩，入园三个月。

【游戏描述】

户外自主游戏开始了，准准选择了蓝色的小摇马玩具。他"抢"到小摇马后，坐在摇马上原地摇了大约5分钟，然后坐在摇马上"愣神"（见图3.14）。不一会儿，他骑着小摇马来到组合滑梯旁，停下来看了看滑梯上玩耍的小朋友。他开始骑着小摇马沿着组合滑梯的斜坡往上骑，试了两下后因为上不去而停了下来。退下来后，他又骑着小摇马沿着滑梯的斜坡往上骑，骑了两下又因上不去而停了下来。于是，他下来使劲拉拽着小摇马，沿着斜坡滑道由下往上拖上了滑梯（见图3.15），此时的他脸上露出了欣喜的表情。接着，他又扶着小摇马走遍了组合滑梯旁边所有平平的"道路"。

图 3.14

图 3.15

过了一会儿，准准扶着小摇马沿着一条下坡的滑坡滑了下来（见图3.16）。这次他更高兴了，骑上小摇马，沿着滑梯转了一圈。接着，他又骑着小摇马来到组合滑梯的斜坡处，将小摇马沿着斜坡滑道拖上了滑梯。他扶着小摇马又一次走遍了组合滑梯旁边所有平平的"道路"，然后让他的小摇马沿着另一条下坡的滑道滑了下来。小摇马又美美地滑了一次滑梯，准准便又开心地骑着小摇马，沿着组合滑梯转了一圈。第三

图 3.16

图 3.17

次,他更加娴熟地拖着小摇马上斜坡,拉着小摇马"走遍"组合平衡台的道路,扶着小摇马滑下第三个滑坡,开心地骑着小摇马转一圈。

看到小朋友们在地上堆大沙包玩,准准骑着他的小摇马想通过大沙包路段,但只骑了两步,他和小摇马就深陷在沙包堆中了。他从小摇马上下来,使劲拖拽着他的小摇马穿过了沙包堆,开心地笑了笑,又骑着小摇马开心地转了一圈。他去了一趟洗手间,回到场地时发现他的小摇马被班里另一个男孩骑走了,他飞速跑到那个男孩跟前大声说:"这个小摇马是我的!"那个男孩将蓝色小摇马还给了准准,自己又飞速骑上一个黄色小摇马,两个人之间并没有太多交流。两人发现小摇马动时影子也会动,于是便开心地摇动着自己的小摇马(见图 3.17)。

准准骑着小摇马又来到一个开放性的小木屋。小木屋的地板离地面大约有 40 厘米高,南北两个方向都可以随意出入。准准先是看了看小木屋顶上爬上爬下的小伙伴,接着将他的小摇马从南面的入口搬进小木屋，自己很快爬上小木屋，又快速爬下小木屋，从北面的出口将小摇马搬了下来（见图3.18）。

搬下小摇马的瞬间，他的嘴角直往上翘，看上去心里乐开了花。他又开心地骑着小摇马来到小木屋的南侧入口，搬着小摇马上上下下重复了三次上面的动作，让小摇马三次穿过了小木屋。准准又开心地骑着心爱的小摇马转圈了，这次他和骑黄色小摇马的男孩一起玩，特别开心。

图3.18

收器械的音乐响起，准准将心爱的小摇马送回家，并摆放好场地上的四个小摇马，最后又亲了一口心爱的蓝色小摇马，才恋恋不舍地走进了小朋友的队伍中。

【游戏解析】

准准自己喜欢滑滑梯，于是就想让心爱的小摇马也来滑滑梯，所以他乐此不疲地一次次尝试，让小摇马滑遍了所有的滑道，才满足地带着小摇马走向下一站。爱和探究也许就这么简单，小班孩子在努力发展自己的思维，并践行自己的理论：小摇马还能进这么高的小木屋。对于小班孩子来说，这的确是一件很有挑战性的事情。而准准一次又一次的尝试成功了。以上游戏过程让我们再次看到了孩子无穷的智慧和永不放弃的探索精神。一个小班的孩子能安全地将小摇马搬上搬下，搬进搬出，而且搬得那么有目的，搬得那么有爱、那么有意义，体验到十分的满足感……这一定是一次快乐的成长体验。

【观察指导】

1. 教师要管住手、管住嘴，给幼儿留下尝试与探索的空间，以及获得成功的机会。在准准多次尝试的过程中，教师没有给予他过多的提示和指导，更没有因为他搬着小摇马上组合滑梯、上小木屋不安全而制止他（否则准准的探究很可能会因为老师过多的关注而放弃），而是一直在旁边关注着，仔细观察和思考。正是这种"不打扰"，才让准准可以一次次地去尝试和探究，才让他有了那么多深入学习的机会，才让他有了那么多将小摇马搬来搬去的理由，才有了那么多开心地骑着小摇马转圈来表达他挑战成功的快乐体验。因此，留给幼儿自己尝试与探索的空间，对于教师来说非常重要。教师要相信孩子，学会适当放手。孩子们一定能快乐而安全地投入其中，在探究中积累经验。

2. 请准准分享他的游戏故事。游戏中的准准表现出的专注、坚持、思维活跃、动作灵活、有力量、有主见、有爱等优秀品质，对于小班幼儿来说非常难得。一方面，教师要充分肯定这些优秀品质，为幼儿的自主探究活动提供必要的心理支持；另一方面，教师也要有意识地关注准准的沟通能力、语言表达能力等。在40多分钟的游戏中，他只在向同伴要回小摇马时说了一句话，其他过程很少有跟同伴的交流沟通。教师在分享环节请准准说说自己的游戏过程，除了让小伙伴了解他的游戏故事，同时也能帮助他锻炼语言表达能力，并提升他在同伴中的威信，增强其自信心。

（山东省淄博市市直机关第三幼儿园　周英）

挑战一棵大树的故事

【观察时间】2016年3月

【观察地点】幼儿园户外西树林攀爬区

【观察对象】大班幼儿

【游戏背景】

户外的树林是男孩们酷爱的区域,因为他们可以在这里大胆地挑战各种有难度的攀爬、平衡等运动。大树下吊了一根长长的绳子,可以用来爬树,这成了博亚近几天挑战的对象,其中发生了很多有趣的故事。

【游戏描述】

今天是孩子们到树林游戏的第四天,大家像往常一样走"钢丝"、走平衡桥、爬梯子、爬小木屋等。博亚依旧来到大树下,继续利用绳子攀爬这棵大树。在前几天的攀爬中,博亚刚爬两步便掉了下来,反反复复没有停歇。他在攀爬中总结经验,今天依然用同样的方法,只是利用小腿外侧往上爬,每往上爬一点,便往上抓一点绳子。可是快要爬到走平衡用的长绳子时,由于脚底够不着绳子,脚下又没有支撑点,于是他又从上面掉了下来。

旁边的小朋友看到勇敢执着的博亚,时不时为他呐喊助威。在同伴的鼓励下,博亚回头眯眯一笑,往上攀爬的劲头更足啦。这时,他挠挠脑袋,仿佛又想出了一个办法。只见他每往上爬一步,就用绳子缠一次胳膊,果然这个办法有效且省劲儿。爬到一半时,他把胳膊挎过了绳子,用一只手拉住绳子,用另一只手抱紧大树往上爬(见图3.19)。在他的努力和坚持下,在小朋友的呐喊助威下,他最终成功地站在了走平衡用的绳子上。

同伴们都用崇拜的眼神看着博亚,羡慕地对他说:"哇!博亚好棒啊。"博亚站在上面很自豪,对着大家笑开了花。我朝博亚竖起大拇指,博亚也还我一个微笑。博亚转过身继续抓着绳子往上爬,幸好树上拴着两根绳

图3.19

子，博亚一只手抓一根，用双腿夹住树，两只手慢慢地往上拉绳子，一点一点地挪动着。下面的小朋友全部注视着"高高在上"的博亚。差一点就到树顶了，下面的孩子们小声地说："博亚，加油，胜利在望，坚持就是胜利。"此时此刻，大家都屏住呼吸，目不转睛地盯着博亚，一直看着他爬到了树顶上。

博亚在树顶上扶稳后，回头一笑，小观众们的掌声响了起来。博亚紧抱着树干，欣赏着幼儿园外小区的景色……

【游戏解析】

在这几天的游戏中，博亚反复做着同样一件事情，他没有因为失败而放弃，没有因为辛苦而放弃。在老师和同伴的鼓励下，博亚最终如愿以偿，挑战成功，爬到了这棵大树的树顶。老师的一个微笑、孩子们的一声"加油"都成了博亚挑战自我的动力，然而，没有毅力和臂力的孩子是很难做到的。此外，博亚那种坚持不懈、永不放弃的精神也值得同伴们学习。

【观察指导】

1. 幼儿在探索和挑战活动中会遇到失败、困难、危险和恐惧。教师要充分认识到幼儿的体验与感受的宝贵，尽可能为幼儿提供进行尝试和探索的空间，不要过多干预幼儿，避免剥夺幼儿自主发展的机会。当然，如果幼儿遇到自己无法解决的困难和安全问题，那么教师也应及时跟进，鼓励和帮助幼儿战胜困难。

2. 教师要善于发现幼儿闪光的行为和品质，适时给予其展示的机会和平台，给予幼儿肯定和鼓励，同时也促进了同伴间的交流与学习。

3. 教师要通过观察，了解每个幼儿的发展基础及最近发展区，适当地予以支持和引导，助推幼儿持续发展。

(山东省淄博市市直机关第三幼儿园　国艳婷)

二、规则性运动游戏活动指导

在户外规则性运动游戏活动中，我在组织幼儿玩传统游戏"跳格子"时，首先会和他们讲好规则：遇到单个格子时单脚跳，遇到两个格子时一只脚分别站在一个格子里跳。刚开始幼儿对于规则游戏的热情还很高，能够遵守规则，一起做游戏，但是玩着玩着，就会两只脚同时跳进一个格子，遇到两个格子时也会先跳左边再跳右边。幼儿开始逐渐改变规则……这时，我应该指导幼儿改正跳法，还是顺应幼儿，让他们创造新的游戏规则呢？

案例中的教师遇到的问题是在规则性运动游戏活动中，不知道该坚持让幼儿遵守原有的游戏规则，还是顺应幼儿自己制定的新的游戏规则。实际上，教师还需要考虑以下几个问题：

- 如何选择和设计适合幼儿年龄特点的规则性运动游戏？
- 怎样才能提高幼儿对规则性运动游戏的兴趣？
- 如何把握好规则性运动游戏的运动量？
- 如何在规则性运动游戏中增加幼儿自主参与的成分？

规则性运动游戏是指教师根据幼儿的动作发展水平、运动能力、社会性发展水平及规则意识发展水平等，设计的富有规则性的运动游戏。规则性运动游戏寓体育锻炼于游戏之中，在愉快、有趣的游戏中提高幼儿的基本动作技能，提升他们的身体素质，能很好地增强幼儿的体质，发展幼儿遵守规则、与人合作等方面的能力。

1. 活动内容与关键经验

规则性运动游戏按照发展的动作技能的不同，可以分为单一动作技能练习的游戏（如走的游戏、跑的游戏、跳的游戏、钻爬的游戏、平衡的游戏、投掷的游戏、攀登的游戏等）和综合技能练习的游戏；按照游戏的年代，可以分为传统（民间）运动游戏和当代（现代）运动游戏；按照游戏是否使用器械，可以分为徒手类游戏和器械类游戏。

规则性运动游戏的关键经验见表3.2。

表3.2 规则性运动游戏的关键经验

关键经验	小班	中班	大班
游戏兴趣	乐意参与规则性运动游戏，在教师的引导下能愉快地参与游戏。	喜欢玩规则性运动游戏，能积极投入地并与同伴共同游戏。	对规则性运动游戏有较高的兴趣，能积极主动地参与活动，与同伴共同游戏，并乐意创编新游戏。
运动能力与意志品质	能尝试运用基本动作技能进行游戏，逐步提高运动能力，活动中遇到困难能主动寻求帮助。	能熟练运用基本动作技能，尝试各种规则性游戏活动，具有一定的运动能力和身体素质，能尝试解决活动中遇到的困难并能够善始善终。	能灵活运用各种基本动作技能开展游戏，运动能力强，具有良好的身体素质，在活动中不怕困难，勇于面对挑战，乐于坚持。
规则意识	能听从教师的指令，遵守简单的游戏规则。	对指令有敏锐的反应能力，能主动遵守游戏规则。	有快速反应能力，在遵守游戏规则的基础上尝试与同伴协商设立新规则。
行为习惯	能正确取放游戏材料，不乱丢材料，用完后能在教师的指导下将游戏材料放回原处。	能爱惜和合理使用材料，能有序整理游戏材料，将物品物归原位。	能主动收拾、整理游戏材料和场地，保持活动场所整洁有序。

2. 观察与指导要点

在规则性运动游戏活动中，教师观察与指导的要点主要体现在幼儿的兴趣与参与积极性；游戏的玩法、要求与幼儿年龄特点的匹配度；幼儿的运动量及基本动作、运动能力的发展水平；幼儿在游戏中的社会性行为表现及遵守规则的意识与能力等，具体内容如下。

(1) *幼儿在规则性运动游戏中的兴趣与参与积极性*

规则性运动游戏既强调规则性，又强调游戏性，教师应充分发挥规则性运动游戏简单、好玩、有趣的特点，引导幼儿积极参与游戏活动，从而实现身体锻炼、认知发展、心理品质塑造、社会性交往水平提升等多维目标。

幼儿在规则性运动游戏中的兴趣主要表现在参与游戏的积极性、对规则的理解和遵守程度、对规则的调整和创造愿望等方面。教师在规则性运动游戏指导的过程中，可以根据幼儿的表现及时调整游戏难度和规则要求，不断吸引幼儿参与规则游戏。针对中班下学期的幼儿和大班幼儿，教师还可以放手让幼儿尝试调整、创造部分规则和游戏玩法，从而激发幼儿的主体意识，让幼儿更乐意参与游戏，激发幼儿主动参与的积极性。

(2) *规则性运动游戏的玩法、要求与幼儿年龄特点的匹配度*

规则性运动游戏的玩法中蕴含着活动的难易程度、基本动作的练习要求、运动量的大小，可以说，规则性运动游戏的玩法及要求设计得是否合理，决定了幼儿在规则性运动游戏中的发展价值是否能够得到保证。因此，教师可以通过幼儿在规则性运动游戏中的兴趣表现、基本动作的难易程度、运动量的大小、游戏规则的复杂程度等来观察游戏是否适合本班幼儿。在指导过程中，教师可以通过玩法和规则的调整来调控整个游戏，使之更适合幼儿的动作发展水平，更好地推动幼儿的综合发展。

(3) *规则性运动游戏中幼儿的运动量及基本动作、运动能力的发展水平*

在规则性运动游戏活动中，运动量受以下几个方面的影响：第一，游戏的重复次数。游戏重复次数越多，运动量就越大；第二，游戏的递进，主要包括两个维度：一是游戏难度的递进，其中包括动作技能变化的难度和游戏规则挑战的心理难度。游戏越难，运动量反而可能降低，因为幼儿会更谨慎、更小心地参与游戏。在这种情况下，游戏的运动量会自然下降；二是游戏节奏的加快。游戏节奏越快，运动量越大；游戏节奏越慢，运动量越小；第三，游戏规则的多少。如果游戏规则限制较多（必须排队、一个跟着一个进行），那么运动量会降低；如果游戏规则限制较少，那么游戏的流畅度就高，运动量自然也会提升。

因此，教师要善于观察幼儿在游戏中的认知挑战、自我约束要求的挑战、基本动作难易程度的挑战等，并根据幼儿在活动中的兴趣持久程度、规则遵守情况、动作完成效果等方面，适时调整规则、要求、动作难度，最终使幼儿在规则性运动游戏活动中有适宜的运动量和练习密度、有适度的对规则的紧张程度、有一定的动作发展，从而有效促进幼儿运动能力和身体素质的发展。

（4）规则性运动游戏中幼儿的社会性行为表现及遵守规则的意识与能力

规则性运动游戏是促进幼儿社会性行为发展、推进幼儿规则意识形成的良好载体，借助有趣的游戏情境和富有竞争力的规则设计，可以将幼儿引入一个虚拟的但引人入胜的情境，在情境中自然而然地引发幼儿与同伴间分享、交流、合作、互助，树立良好的规则意识，促进幼儿社会性发展和自控力的形成。

在规则性运动游戏活动中，教师可以观察幼儿在游戏中能否主动发起与同伴的交流、合作；遇到问题能否主动与同伴协商解决；在游戏中是否能遵守游戏规则；在游戏中是否能主动调节自己的行为，以适应规则要求等。

教师在规则性运动游戏中的指导可以通过树立榜样、转换游戏角色和分享游戏经验的方法来进行：

- 树立榜样。榜样示范法是幼儿社会性学习的重要方法之一。在规则性运动游戏活动中树立榜样，体现在教师在游戏中发现并引导幼儿学习做得好的同伴行为，必要时教师也可亲自示范，为幼儿树立良好的榜样，激励幼儿学习榜样，不断调控自己的行为以适应规则的要求。
- 转换游戏角色。转换游戏角色是指教师可以在游戏中将自己作为指导教师的角色转换为幼儿游戏的同伴，通过与幼儿共同游戏，带动幼儿参与游戏活动，提升幼儿的规则意识和社会性发展水平。
- 分享游戏经验。分享游戏经验的方法可以在一个阶段的游戏小结及整个游戏结束的环节进行。教师通过引导全体幼儿分享游戏经验，总结、反思问题，不断提升幼儿的游戏能力、遵守规则意识和社会性发展水平，使幼儿在游戏中不仅动作得到发展，心理获得愉悦，而且勇敢、协作、遵守规则的意识和学习品质等也能得到较好的发展。

3. 常见问题与对策

问题1：我在带小班幼儿开展规则性运动游戏活动中，常常发现幼儿听完我的要求后，会出现以下几种状态：一是幼儿在听完我讲的规则后反应不过来，不知该如何做；二是幼儿的玩法与规则提示的玩法不一致，导致活动乱了套；三是一个规则游戏还没玩几遍，幼儿就不感兴趣了。那么到底该如何选择和设计适合幼儿年龄特点的规则性运动游戏呢？

教师在选择和设计规则性运动游戏时，一方面可以根据教育目标、任务和要求，选择和设计不同类型的规则游戏，如训练各种基本动作的游戏、训练快速反应能力及团队合作能力的游戏等；另一方面可以根据幼儿的实际发展水平，选择和设计能激发幼儿兴趣，促进幼儿思维能力、运动能力和身体素质的游戏，给予幼儿成功的体验，发挥游戏真正的价值和意义。在游戏规则和玩法的设计上，应根据不同年龄幼儿的思维特点和反应能力，编制游戏规则和玩法，既不要过于简单，让幼儿玩几次就失去兴趣，也不要过于复杂，影响幼儿的游戏体验。

选择和设计好游戏后，教师必须熟悉游戏的玩法和规则，思考游戏的重点和组织游戏的方法，并试玩几次，以验证游戏的玩法和规则是否科学、合理，是否适合本班幼儿，为指导幼儿游戏打下基础。

另外，小班幼儿由于年龄较小，听辨和理解游戏规则的能力还有待提高，因此，教师要尽可能用幼儿能听懂的语言、较简短的句子、较慢的语速向幼儿介绍规则，必要时还应让幼儿复述规则，以确保幼儿真正听懂、理解并能按照规则做游戏。

问题2：在一次规则性体育游戏活动中，辰辰、含含和飞飞三个小朋友总是不按照我发出的指令进行活动，要么抢跑，要么跑错跑道，不遵守规则甚至无视游戏指令，请问如何进行正确的引导，帮助幼儿树立遵守规则的意识？

教师是否要引导幼儿遵守游戏规则，这个答案是肯定的，因为既然是规则性运动游戏，那么规则就是运动目标的重要体现，而且遵守规则的意识和能力是此类活动的培养目标之一。当幼儿出现违反规则的情况时，教师还要从多方面考虑：到底是个别幼儿违反规则，还是大多数幼儿都无法遵守规则。如果是前者，则可能是个体差异，即个别幼儿因运动能力、自控力、对规则的理解力较差而出现了违反规则的情况。面对这种情况，教师需要进行个别关注和指导；如果是后者，教师则要考虑游戏规则是否设计得过于复杂，对幼儿身体、心理的控制和挑战超出了本班幼儿的普遍水平，从而导致大部分幼儿都无法遵守规则。面对这种情况，教师需要调整规则的难易程度，使其符合本班幼儿的认知能力及行为控制能力。

在上述情况都予以考虑的基础上，针对违反规则的幼儿，教师需要坚持遵守规则的要求，从而让幼儿形成良好的规则意识。对于违反规则的幼儿，教师可以在与幼儿提前约定的情况下予以适当的反馈，帮助幼儿学会遵守规则，逐步形成规则意识。

在中班下学期和大班，教师可以给幼儿调整和创造规则的机会，让幼儿参与游戏规则的制定，从而激发幼儿的主体意识，并且通过制定规则来提升幼儿的思维水平，推动幼儿多方面能力的发展。

问题3：今天的规则性运动游戏活动时间，老师带领孩子们玩起了"小马运粮"的游戏。老师不仅给孩子们创设了情境，还增加了游戏活动的难度，即需要通过不同的障碍物：第一个障碍是要双脚跳过小土堆，第二个障碍是要穿过一片森林，第三个也是最难的障碍是要助跑跨跳过一条小河。游戏开始了，孩子们有秩序地进行着。轮到月月了，她很想快速地把"粮食"运到同伴的手里，可是一心急就做不好事情。她犯规了，没有双脚跳过小土堆，必须返回重新开始。由于耽误了时间，他们队自然也没有得到冠军。她眼眶有些湿润，情绪十分低落。对于在竞争性游戏中落败的孩子，老师应该如何引导？

月月是一个有集体荣誉感和要强的孩子，在有趣的游戏情境中，她完全投入游戏，想用自己的力量为团队争得荣誉，这种心情是可以理解的。但是，在规则游戏中，既然事先约定好了游戏规则，就一定要遵守。因为比输赢更重要的是对规则的理解和遵守，这也是公平比赛的基础。

当然，针对幼儿在游戏过程中出现的违反规则的问题，教师不能简单地归于对规则的遵守上，还要深入分析整个游戏环节对全体幼儿的难度挑战是否适宜，具体应思考以下几个方面：游戏中涉及的基本动作的

难度是否适宜？如果对大部分幼儿适宜，那么对像月月这样的幼儿，难度是否适宜？如果幼儿的能力差别较大，那么教师就应该将游戏设计为难度较高和难度较低两种类型，避免用一把尺子衡量所有幼儿，导致能力强的"吃不饱"，能力弱的"吃不了"。同时，教师在设计游戏规则时应考虑全班所有幼儿的情况，分层次、分步骤地逐步提高难度，让所有幼儿都能有成功的体验。

当然，即便上述所有情况都有所考虑，在竞争性游戏中也必定会有落败的一方。不过，教师的评价方式可以导向多种维度，除了完成任务速度快的幼儿值得表扬，坚持遵守规则的幼儿也应该得到鼓励。因此，教师可以通过多角度的评价方式，引导幼儿从不同的方面获得成长所需的激励，从而让竞争性规则游戏更好地推动每一个幼儿的发展。另外，在竞争性运动游戏中，落败的幼儿情绪低落属于正常情况，也是所有幼儿都要经历的成长过程。

问题4：在户外规则性运动游戏活动中，我在组织幼儿玩传统游戏"跳格子"时，首先会和他们讲好规则：遇到单个格子时单脚跳，遇到两个格子时一只脚分别站在一个格子里跳。刚开始幼儿对于规则游戏的热情还很高，能够遵守规则，一起做游戏，但是玩着玩着，就会两只脚同时跳进一个格子，遇到两个格子时也会先跳左边再跳右边。幼儿开始逐渐改变规则……这时，我应该指导幼儿改正跳法，还是顺应幼儿，让他们创造新的游戏规则呢？

幼儿改变游戏规则基于两种可能：一种是规则所带来的游戏方式难易程度的变化，导致幼儿无法遵守规则。如果规则所带来的游戏方式过于困难，幼儿无法达到规则的要求，那么幼儿就会违反规则，因此产生了改变规则以降低难度的行为。如果规则所带来的游戏方式过于简单，导致幼儿感觉缺乏挑战，丧失了活动兴趣，那么幼儿也会想改变规则以提高游戏兴趣；另一种是幼儿在不断游戏的过程中产生了新的经验和想法——想通过改变游戏规则，实现自己的新经验和新想法。不管基于上述哪种理由，教师都应该支持幼儿改变游戏规则的想法和做法，为幼儿大胆创编新规则提供心理支持和言语行为支持，让幼儿能够自主地根据活动进程和自身的感受随机调整活动，只有这样，才能促进儿童的发展。当然，前提是每一次调整的游戏规则经过全体幼儿认同后，大家必须都要遵守。

4. 游戏设计案例

萌娃拼拼乐（小班）

【游戏目标】

1. 能根据图示找到相应颜色的积木，完成立体大拼图。

2. 在找一找、搬一搬、拼一拼中感受游戏的快乐，锻炼大肌肉动作，形成耐心细致的品质。

【游戏准备】

1. 自制立体大拼图 6 组：每组 40 厘米见方的纸箱拼图 6 个，每个纸箱拼图在一面贴有喷绘好的拼图画面，6 个纸箱拼图可构成一幅完整的画面（画面内容包括孩子们喜欢的《不一样的卡梅拉》《小猪佩奇》《猪猪侠》《黑猫警长》《海绵宝宝》等图画书或动画片中的形象），其余 5 面贴有即时贴图案（每组一种颜色，分别是红色、橙色、黄色、绿色、蓝色、紫色）。

2.《萌娃拼拼乐任务卡》6 张，活动海报 1 张。

3. 将纸箱拼图打乱，分散放置在幼儿园大型玩具下面（见图3.20），在大型玩具一侧用大地垫布置6个纸箱拼图场地。

【游戏玩法】

1. 幼儿在教师的指导下观看游戏海报，领取任务卡，了解游戏的玩法及规则。

图3.20

2. 根据任务卡的提示，幼儿在大型玩具下面寻找纸箱拼图，并能用双臂抱起纸箱拼图，将其搬运到拼图场地（见图3.21）。

3. 幼儿根据任务卡的提示，在其他大型玩具下面继续寻找剩余的5块纸箱拼图，并依次将其搬运到拼图场地上（见图3.22）。

图 3.21　　　　　　　　　　图 3.22

4. 在规定时间内，幼儿根据任务卡的提示，在大地垫上完成立体拼图（见图3.23）。

图 3.23

5. 幼儿拼好后，向教师和同伴说一说自己拼出的画面上有什么、它们在做什么，并和拼好的立体拼图拍照留念，然后，再将拼图拆开，逐个搬运回原来的地方藏起来，为后面参加游戏的小朋友做好准备。

【游戏规则】

1. 幼儿要先观察任务卡的提示，然后再开始行动。

2. 幼儿要在规定时间内完成任务。教师可以根据幼儿的能力逐步缩短完成拼图的时间，提高挑战难度。

（山东省淄博市实验幼儿园　王冰）

网小鱼（中班）

【游戏目标】

1. 感受音乐节拍，学习在最后一个音符结束时，预知"渔网"落下，并快速反应，进行躲避。

2. 提高动作的灵敏性和反应能力，体验与同伴合作游戏的快乐。

【游戏准备】

1. 知识准备：提前观看小鱼游泳的视频。

2. 物质准备：小鱼头饰若干，渔网头饰2个，呼啦圈2～3个（放在地上做小桶），口哨1个，《小鱼游游游》音乐1首。

【游戏玩法】

1. 教师将幼儿带到户外活动场地，幼儿学小鱼游泳的样子做简单的热身动作：下蹲游、起立游、慢跑游、扭腰游等（见图3.24），一边做一边复习歌曲《小鱼游游游》："河里小鱼游游游，摇摇尾巴点点头，一会儿上一会儿下，都是快乐的好朋友。"

2. 全班幼儿自由结伴分成两组，推选两名幼儿做"渔网"，其余的幼儿做成群结队的"小鱼"。

3. 扮作"渔网"的两名幼儿双手相握，举过头顶，然后分开成渔网状。扮作"小鱼"的幼儿排成一队，等待穿过（见图3.25）。

图 3.24

图 3.25

4. 游戏开始,教师播放音乐《小鱼游游游》。幼儿跟随音乐哼唱——"河里小鱼游游游,摇摇尾巴点点头,一会儿上一会儿下,都是快乐的好朋友",扮作"小鱼"的幼儿排成队,依次低头弯腰,从"渔网"下面快速通过(见图 3.26),扮作"渔网"的两名幼儿听到音乐停止后,赶紧把"渔网"放下,捉住还没来得及通过的幼儿,把"小鱼"网住,放到"水桶"里(见图 3.27)。没有被捉到的"鱼儿"继续参加游戏。一轮游戏结束,让被捉到的"小鱼们"集体表演一个节目。

图 3.26

图 3.27

5. 重新更换扮"渔网"的幼儿，再次进行游戏。

【游戏规则】

1. 扮作"小鱼"的幼儿需鱼贯进入"渔网"。

2. 被"渔网"网住的"小鱼"必须停止游戏，进入"水桶"，待表演节目后方可重新游戏。

（山东省潍坊市奎文区实验幼儿园　纪敬东）

欢乐打地鼠（中班）

【游戏目标】

1. 锻炼手膝着地和手脚着地爬，增强下肢力量。
2. 提高躲闪和快速反应能力，感受游戏的乐趣。

【游戏准备】

在一块5米见方的布上，每间隔50厘米左右挖一个能容幼儿头部钻出的洞，布的四个角用绳子拴在离地面50厘米的固定物上；与幼儿人数相等的地鼠头饰；与一半幼儿人数相等的充气锤、猫头饰；蘑菇图片若干，地垫4块，欢快的背景音乐1首。

【游戏玩法】

1. "小地鼠采蘑菇"游戏。

幼儿分成人数相等的两队，扮演"小地鼠"，选择自己喜欢的方式爬行，从布的一端穿过到布的另一端一人采一个蘑菇，放回自己队伍的篮子里，拍拍下一只"小地鼠"的手，然后站到队伍的后面。第二只"小地鼠"再出发，游戏依次进行，先采完蘑菇的一队获胜，获胜的一队将先获得参加"打地鼠"游戏的资格。

2. "打地鼠"游戏。

（1）在"小地鼠采蘑菇"游戏中失败的一组站在布的四周，每人拿一支充气锤扮演"老猫"，获胜的一组"小地鼠"在布的下面爬行，找到空的洞并从洞中露出头来"挑战"老猫的充气锤。当"小地鼠"发现充气锤快打到自己的头时，要快速躲闪，缩回布下，不要被"老猫"的充气锤打到头。被打到头的"小地鼠"要退出游戏，蹲下变成木头人，在规定时间内没有被打到头的"小地鼠"获胜。

（2）游戏时，教师播放欢快的背景音乐，用音乐控制游戏时间，在规定时间内全部打完"小地鼠"，则"老猫"获胜，否则"小地鼠"获胜。

（3）一轮游戏结束后，两组幼儿交换角色，继续进行游戏。

【游戏规则】

1. "小地鼠采蘑菇"游戏时，幼儿可以自由选择自己喜欢的方式，手膝着地或手脚着地爬行；第一只"小地鼠"返回后，一定要拍拍本队第二只"小地鼠"的手，然后第二只"小地鼠"才可以出发；每次一人只能采一个蘑菇。

2. 在"打地鼠"游戏中，"小地鼠"在布的下面爬行时，注意不要碰撞到别人，"老猫"用充气锤敲打时动作要轻，不要用力过大，同时避免击打"小地鼠"的面部。

（山东省潍坊市奎文区直机关幼儿园　张静静）

快乐的小乌龟（中班）

【游戏目标】

1. 探索大纸箱的多种玩法，体验角色扮演的乐趣。

2. 练习蹲走、爬、侧身翻滚等动作，培养快速反应能力及合作意识。

【游戏准备】

长方形大纸箱若干（可进行涂、画、装饰），狐狸头饰4个，渔网4个，欢快的背景音乐1首。

【游戏玩法】

1. 扮演"小乌龟"，探索纸箱的玩法。

教师引导幼儿把纸箱变成"龟壳"，鼓励"小乌龟"背着"龟壳"

开展多种游戏。

（1）把纸箱竖立，"小乌龟"蹲在里面前行。

（2）把纸箱横放，"小乌龟"缩进去跪在里面，手、膝着地爬着前进。

（3）把纸箱横放，"小乌龟"躺在里面，头和脚露在外面，侧身滚动，用身体带动纸箱前进。

2. 接力游戏。

（1）教师介绍游戏玩法：幼儿扮演"小乌龟"，分成人数相等的四组，站在起跑线后做准备。游戏开始，教师发出指令——"小乌龟运动比赛开始"，各队第一只"小乌龟"出发，选择自己喜欢的方式前行，到达终点后返回。第二只"小乌龟"出发，游戏依次进行，先完成的队获胜。

（2）播放欢快的背景音乐，鼓励幼儿采用不同的方式前进。

（3）也可采用同一种方式进行比赛。

3. "狐狸与乌龟"。

（1）游戏玩法：四名幼儿扮演"狐狸"，手持"渔网"扣"小乌龟"，其他幼儿扮演"小乌龟"，每人一个竖立着的纸箱。"小乌龟"缩在纸箱中，不断将头露出纸箱观察情况，扮演"狐狸"的幼儿手持"渔网"，边观察边试图网住露出头的"小乌龟"，"小乌龟"则需要快速反应，将头缩到纸箱内进行躲闪，被"渔网"扣到的"小乌龟"要将纸箱横放趴在里面，坚持到最后的"小乌龟"获胜。

（2）在规定时间内全部网住"小乌龟"，则"狐狸"获胜，否则"小乌龟"获胜。

（3）幼儿熟习游戏后，可交换角色继续游戏。

【游戏规则】

1. 接力游戏比赛时，各队可规定按照同一动作方式前进，也可由幼儿自由选择自己喜欢的方式；第一只"小乌龟"返回后，第二只"小乌龟"才可出发；各队按照自己的路线前行，不能阻碍其他队伍前进。

2. 打乌龟游戏时，"小乌龟"不得长时间躲在纸箱内不动；敲打者敲打"小乌龟"时用力不能过重。

（山东省潍坊市奎文区樱园幼儿园　王秀霞）

好玩的轮胎墙（大班）

【游戏目标】

1. 能以手脚并用的方式攀爬轮胎墙，增强身体的协调性与灵活性。

2. 能在轮胎墙上攀爬行进一定的距离，提高平衡能力，锻炼上肢和下肢的力量。

3. 大胆尝试，比较不同的动作方式，积累运动经验。

4. 培养坚持不懈、勇于挑战的意志品质。

【游戏准备】

轮胎墙、小筐（挂在轮胎墙上方）、大筐、小旗、乒乓球或其他小物件（装于筐内）。

【游戏玩法】

1. 自由攀爬。

幼儿在轮胎墙上自由攀爬，尝试各种攀爬方式，如上下攀爬、左右攀爬、对角线攀爬、"之"字形攀爬、"回"字形攀爬、不规则攀爬等。

2. 纵向攀爬取物（上上下下）（见图3.28）。

图 3.28

（1）定时取物：幼儿站在轮胎墙下，每人对准一个筐（筐内有足够多的乒乓球），限定时间5分钟。幼儿从下面纵向攀爬到上方，从筐内取出一个乒乓球，纵向攀爬下来，将球放好。每人每次爬上去只取一个乒乓球，5分钟内谁取的乒乓球最多谁就为胜。

（2）定量取物：幼儿站在轮胎墙下，每人对准一个筐（每个筐内装10个乒乓球）。游戏开始，幼儿从下面纵向攀爬到上方，从筐内取出一个乒乓球，纵向攀爬下来，将球放好。依次继续进行，每人每次攀爬上去只取一个乒乓球，先取完10个乒乓球的为胜。

（3）合作取物：幼儿分成多个小组，每个小组的人数相等，以小组接力的形式攀爬到上面取乒乓球，在相同的时间内取的乒乓球多的一组为胜；或者最先取完乒乓球的一组为胜。

3. 横向攀爬取物（螃蟹爬爬爬）（见图3.29）。

图 3.29

从轮胎墙上方的最左端开始攀爬，经过每个筐时依次从里面取一个乒乓球，自己想办法将球保管好，一直攀爬到最右端，将所有取到的球放到右边的大筐里。采用同样的方法，一边攀爬一边将小筐里所有的球都取完放进大筐里，游戏结束。下一轮游戏时可以从右边开始，边向左攀爬边将大筐里的球依次放回小筐中，直到放完为止。

4. 对角线攀爬（攻占阵地）。

从轮胎墙的左下方开始，采用自己认为最合适（最快）的方法，攀爬到轮胎墙的右上方，以拿到右上方的小旗为目标，看谁用时最短。

【游戏规则】

1. 游戏时间的长短和取球数量的多少要与幼儿的运动能力及身体素质相匹配，如每人 5 分钟或 10 分钟；每次取 10 个、15 个或更多。

2. 为增加趣味性，可以让幼儿扮演蜘蛛侠或其他幼儿感兴趣的形象，在情境中进行游戏。

3. 挂筐、将乒乓球放进筐内等可由幼儿来完成，操作本身也是一种游戏。

4. 最好在轮胎墙下方及周边铺上较软的垫子，保证幼儿安全。

5. 每次可选择 2～3 种游戏活动，不宜过多。

（山东省淄博市市直机关第三幼儿园　胡芹）

拉雪橇（大班）

【游戏目标】

锻炼身体的灵活性和上下肢力量。

【游戏准备】

1. 平滑安全的场地；场地上布置好起点线和终点线。

2. 用来做"雪橇"的布条（长 100 厘米、宽 50 厘米）若干；小椅子或户外游戏障碍物若干。

【游戏玩法】

1. 请幼儿两人一组，每组取一个"雪橇"。游戏开始时，其中一名幼儿双腿盘坐在"雪橇"上，双手拉住"雪橇"的两边，另一名幼儿双手拉住"雪橇"的两角，用力将"雪橇"从起点线拉到终点线，到达终点线后两名幼儿迅速互换位置，用同样的方法再将"雪橇"从终点线拉回起点线，最先到达的一组获胜。

2. 请幼儿两人一组，每组取一个"雪橇"，其中一名幼儿双腿盘坐在"雪橇"上，双手拉住"雪橇"的两边，另一名幼儿拉"雪橇"。游戏开始时，拉"雪橇"的幼儿从起点线出发，绕过场地中间的障碍物，将"雪橇"拉至终点线，两人迅速交换位置，另一名幼儿用同样的方法将"雪橇"从终点线拉回起点线，最先到达的一组获胜。

【游戏规则】

1. 幼儿要双腿盘坐在"雪橇"上，不要将腿伸出"雪橇"外。

2. 拉"雪橇"的幼儿双手抓紧布的两角，用力向前拉"雪橇"。

3. 在第二种玩法中，拉"雪橇"的幼儿双手抓紧布的一端，拉着"雪橇"呈S形绕过场地上的障碍物，并用力向前拉"雪橇"到达终点线或起点线。

4. 在活动中，尽量引导体重差异不大的幼儿作为一组进行游戏。

（山东省潍坊市奎文区樱园幼儿园　丁秀梅）

三、体能锻炼活动指导

在体能锻炼活动中，我和孩子们正在进行跳绳练习，有的孩子还没学会怎样跳，正仔细琢磨跳绳的方法；有的孩子刚学会一点，正反复地练习；有的孩子似乎对跳绳已经很熟悉，开始一个一个地去寻找挑战对手……可是慢慢地我发现，孩子们陆陆续续散开，有的去别的器械区选择材料玩，有的则选择坐在旁边的台阶上，双手托着下巴静静地发呆……此时，练习跳绳的孩子越来越少，到最后几乎寥寥无几。说实话，在体能锻炼活动中，这样的现象时有发生，孩子是真的累了？还是我的组织方法有问题？为什么在体能锻炼活动中会出现孩子兴趣不高的现象？我该怎么引导孩子？

上述案例中教师遇到的问题是幼儿在体能锻炼活动中缺乏锻炼兴趣，教师苦于没有好的方法和策略，无法引导幼儿持续锻炼。实际上，在体能锻炼活动中教师还需要考虑以下几个问题：

- 如何选择和编排幼儿园体能锻炼活动的内容？如何合理分配不同年龄段幼儿的体能锻炼时间？
- 如何利用幼儿园户外环境进行体能锻炼？如何为幼儿选择和投放适宜的锻炼器械？
- 如何关注活动中幼儿的个体差异？特殊体质的幼儿应如何开展体能锻炼？
- 如何在体能锻炼活动中做好幼儿的保育工作？

体能锻炼活动是指开展走、跑、跳、钻爬、投掷、平衡、攀登等基本动作练习，并充分利用幼儿园环境资源和各项锻炼器械，全面发展幼儿的力量、耐力、速度、灵敏性、协调性、柔韧性等身体素质，提高各个器官的机能，使幼儿身体得到均衡发展的运动活动。体能锻炼活动可以使幼儿的运动系统、呼吸系统、神经系统、内分泌系统、免疫系统和消化系统正常发育，提高幼儿调节身体各部位动作和灵活控制身体的能力，增进幼儿身体机能的协调发展。

1. 活动内容与关键经验

体能锻炼活动包括基本体操、基本动作练习、器械锻炼等内容。

（1）*基本体操*

基本体操是指锻炼幼儿身体，促进幼儿机体协调发展的一种形式简便、易于普及的动作练习。基本体操主要表现在身体由上至下各关节的运动，包括头颈部、上肢、胸部、腰部、下肢各关节的动作，对应的运动可以分为头部运动、上肢运动、伸展运动、扩胸运动、腰部运动、下肢运动、全身运动、跳跃运动和整理运动等。基本体操可以促进幼儿身体均衡发展，培养良好的身体姿势，增强肌肉、骨骼、韧带及内脏器官的功能。通过基本体操，幼儿可以学习不同方位、速度和节奏的动作，可以提高空间方位感、速度感及韵律感，统一的信号和统一的动作还有助于培养幼儿的组织纪律性，提高集体意识。

基本体操由体操动作练习和队列队形练习两部分组成：

- 体操动作练习主要包括徒手操和器械操两种，其中徒手操包括一般性徒手操、模仿操、武术操等。器械操包括轻器械操和辅助器械操两种，其中轻器械操包括哑铃操、球操、棍棒操、手铃操等，主要分常规器械和自制器械两种；辅助器械操包括椅子操、皮筋操、踏板操、竹竿操等。
- 队列队形练习是指全体幼儿按照统一的口令，站成一定的队形，做相对协同一致的队列动作。进行队列队形的练习能培养幼儿的团队意识和集体观念，以及迅速、整齐、统一行事的良好习惯，同时促进幼儿形成正确的身体姿势，发展幼儿的空间知觉。队列队形练习中的口令，一般由预令和动令组成，如在"向前看——齐"的口令中，"向前看"是预令，"齐"是动令，但有的口令没有预令，如"立正""稍息"等。幼儿基本的队列动作包括：立正、稍息、向前看齐、手放下、原地踏步走、齐步走、跑步走、向左（右、后）转、立定等。幼儿基本的队形变换有：走成一路纵队、走成圆圈队形、分队走、并队走等。

（2）基本动作练习

《学前儿童健康教育》一书提出，"基本动作，即人体的基本活动能力，是指人们在日常生活和社会实践活动中所必须的、最基本的身体运动技能。基本动作练习是幼儿园体育活动的主要内容之一，包括走、跑、跳、钻爬、投掷、平衡和攀登等。根据动作组成的基本结构和特点，可以将基本动作分为两种类型：一种是周期型动作，另一种是非周期型动作。周期型动作的特点是不断循环、不断重复某些基本的动作，如走步、跑步、爬行等，这类动作的结构较为简单，幼儿较容易学会和掌握，也比较容易形成自动化。非周期型动作的特点是由几个相互衔接的动作环节连接，形成一个完整的、独立的动作。这类动作的结构较为复杂，幼儿较难掌握，如跳跃、投掷、侧面钻等"[①]。

（3）器械锻炼

器械锻炼是指运用具有不同功能的运动器械，锻炼身体的不同部位，提高走、跑、跳、钻爬、投掷、平衡、攀登等基本动作技能，发展运动能力，提升身体素质的活动。器械锻炼能借助大、中、小型器械，提高幼儿的锻炼兴趣，提升锻炼效果。运动器械一般可分为固定型器械和移动型器械两类，其中固定型器械包括滑梯、跷跷板、攀登架、大型组合式运动器械等；移动型器械包括小型运动器械（如羊角球、呼啦圈、平衡木、小跳箱等）、废旧物品制作的小型运动器械（如易拉罐、纸盒、纸棒、布袋等）。幼儿可以利用不同种类的运动器械开展锻炼活动，练习身体的不同动作，提升运动能力和身体素质。

体能锻炼活动的关键经验见表3.3。

表3.3　体能锻炼活动的关键经验

关键经验	小班	中班	大班
锻炼兴趣和习惯	知道体能锻炼对身体有益，乐意参与体能锻炼活动，在教师的引导下，能基本坚持锻炼活动。	喜欢不同类型的体能锻炼活动，能积极投入并能坚持锻炼。	对体能锻炼活动有较高的兴趣，能积极主动地参与活动，基本养成锻炼习惯。
基本运动能力和身体素质	尝试运用走、跑、跳、钻爬、投掷、平衡、攀登等基本动作技能进行锻炼，逐步提高运动能力和身体素质。	能熟练运用基本动作技能尝试各种锻炼活动，具有一定的运动能力和身体素质。	能灵活运用各种基本动作技能进行体能锻炼活动；运动能力强，具有良好的身体素质。

[①] 庞建萍，柳倩，主编. 学前儿童健康教育［M］. 上海：华东师范大学出版社，2008：92—97.

续表

关键经验	小班	中班	大班
器械的使用和整理	乐意选择运动器械，根据基本的操作要求使用器械，知道不同的器械有不同的使用方法；用完后能在教师的引导下放回原处。	能有目的地选择并正确使用器械，乐意用不同的器械锻炼身体；爱护运动器械并能有条理地收拾整理器械。	能主动选择富有挑战性的器械，大胆尝试不同的器械锻炼身体，提高运动能力；能形成主动收纳器械的意识和习惯。
安全意识和自护能力	在教师的提醒下有关注自身安全和同伴安全的意识，学习掌握初步的自我保护方法。	形成初步的安全意识，不对同伴做危险的事，具备初步的自我保护能力。	能在活动中主动避让危险，尝试关注同伴安全，具有一定的安全意识和自我保护能力。

2. 观察与指导要点

在户外体能锻炼活动中，教师观察与指导的要点主要体现在幼儿的游戏兴趣和坚持性、幼儿对运动器械的选择和使用、幼儿的卫生保健习惯、体能锻炼活动中幼儿的意志品质等方面，具体内容如下。

（1）幼儿对体能锻炼活动的兴趣和坚持性

对于促进幼儿运动能力、提升幼儿身体素质的体能锻炼活动，幼儿的兴趣非常重要，它直接关系到幼儿的锻炼效果，能够帮助幼儿养成良好的锻炼习惯。幼儿在体能锻炼活动中的兴趣可以从幼儿在活动中的投入情况、对一种锻炼活动的持久度、在遇到困难需要克服时的表现状况等方面来观察。

教师可以从物质材料提供、组织方式创新、言语激励评价等方面，激发幼儿参与体能锻炼活动的兴趣。比如，在物质材料方面，教师应尽可能提供丰富有趣的运动器械，提升幼儿的锻炼兴趣和探索欲望；同时提供丰富的、可供选择的辅助材料，引发幼儿探索器械的多种组合玩法，增加幼儿的锻炼兴趣；在组织方式上，教师可创设生动有趣的情境、设计好玩的游戏，将相对枯燥的体能锻炼活动变得活泼有趣，与幼儿好玩、好奇、好动的身心特点相符；在组织活动的言语方面，教师可以创设富有激励性的言语环境，及时对幼儿的创造性锻炼方式给予鼓励和表扬，或者请其做小老师，分享有趣的玩法，从而在激发其锻炼兴趣和自信心的同时，促进幼儿间相互学习，共同成长。

(2) *幼儿对运动器械的选择和使用*

在体能锻炼活动中，丰富的运动器械为幼儿开展多种锻炼活动提供了可能性，是幼儿主要的学习资源。运动器械的丰富有两层含义：一是数量充足，避免幼儿因争抢器械而发生冲突；二是种类多样，多样的器械才能激发幼儿的锻炼兴趣。除了大型组合运动器械以外，幼儿园还应为幼儿准备丰富的小型多功能器械。所谓的小型多功能器械是指可以由幼儿根据自己的想法和愿望来加以操作、组合和改造的器械。将大型器械与小型多功能器械结合，不仅能提高幼儿的锻炼兴趣，增强活动的挑战性，而且能促进幼儿各项运动能力的有效发展。

在幼儿选择和使用运动器械方面，教师可以观察以下几点：幼儿对不同运动器械的兴趣及选择频率；对运动器械的探索方式以及所锻炼的身体部位和运用的基本动作；对运动器械的组合玩法、创新玩法以及与同伴的合作玩法；针对运动器械不够时的处理办法等。

为确保幼儿有兴趣选择和使用运动器械，教师指导时应考虑以下几个方面：

- 投放的运动器械应符合幼儿的年龄特点。教师应根据幼儿的年龄特点和身心发展水平投放运动器械。如小班幼儿以自我为中心，教师可以投放种类少但数量多的器械，避免幼儿争抢；中班幼儿的运动器械应体现一定的层次性和差异性，以满足不同发展水平幼儿的需求；对于大班幼儿，教师可以尝试投放一些有挑战性、变化性的器械，激发幼儿的冒险精神和创造性。

- 增强器械的趣味性并让幼儿参与器械的制作。有趣的运动器械自然会吸引幼儿选择器械进行锻炼，从而激发幼儿的锻炼兴趣，增加幼儿选择器械的频率。比如，在投准活动中，可以将"靶子"——一个个大小不等的呼啦圈，装饰成动物的嘴巴，创设"喂动物吃东西"的游戏情境，激发幼儿的锻炼兴趣。又如，在投放增强幼儿手部力量和促进幼儿上下肢动作灵活协调的飞盘器械时，教师可以引导幼儿制作材质不同、做法多样、形状各异的飞盘：一种可以利用幼儿从家中带来的奶粉桶盖，在相向对称的地方打两个孔，绑上绸带装饰而成；一种可以用卡纸折成五角星，在上面用五彩的即时贴装饰，边角粘上透明胶，确保飞盘牢固美观；还有一种可以将纸杯沿着杯口向下剪到纸杯的3/4处，打开压平后就像花瓣，然后将两个纸杯的花瓣相对，用双面胶粘牢，边角用透明胶加固，制作成飞盘。经过幼儿亲自动手制作的、各式各样的飞盘，能激发幼儿选择器械的兴趣，提高幼儿锻炼的积极性。

- 注意投放器械的目的性。不同种类的器械有其独特的发展价值，能锻炼幼儿不同的基本动作，教师在投放时应关注器械的不同功能，从而促进幼儿不同动作的发展。例如，为锻炼幼儿的手臂肌肉，可以准备增强幼儿力量的小哑铃；为锻炼幼儿的手部控制能力和手指小肌肉，可以准备篮球；为发展幼儿的奔跑和平衡能力，可以准备滑板等。让幼儿运用各类锻炼器械，均衡发展各项运动技能。

- 考虑器械的可变性。教师在投放器械时，要考虑一物多玩，器械能重复利用，这样既能避免不必要的浪费，也能确保幼儿在活动中积极参与并激发其在探索过程中的创造性。例如，教师在投放易拉罐做的器械时，可以考虑幼儿不但能用易拉罐做梅花桩，还可以用来打保龄球、踩高跷等。教师只有充分考虑到投放器械的上述因素，才能更好地推动幼儿选择和使用器械，发挥其锻炼价值。

（3）体能锻炼活动中幼儿的卫生保健习惯

在体能锻炼活动中，幼儿除了运动能力和身体素质的发展，在运动中良好的卫生保健习惯——如主动且适量饮水、及时擦汗并根据需要在衣服中垫吸汗毛巾、根据出汗情况及时增减衣物等，应该作为教师关注和观察幼儿的重点。教师除了可以在活动中对幼儿上述行为表现进行观察外，还可以通过活动结束时的分享交流，引导幼儿分享自己的心得、做法，从而了解幼儿在卫生保健方面的意识和行为。

教师可以在环境中设立休息区，在休息区支一把大大的太阳伞，伞下面放供幼儿使用的小椅子、饮水杯、擦汗毛巾、垫背毛巾、盛放衣物的大筐等，并通过幼儿自己绘制的休息区温馨提示，引导幼儿在疲劳以及需要饮水、擦汗、穿脱衣服时来休息区调整放松。同时，教师还可以在活动结束的分享环节，引导幼儿交流为什么来休息区、什么时候需要来休息区、在休息区休息时怎样使用这些物品并及时整理好物品，帮助幼儿形成重视卫生保健的意识和养成良好的卫生保健习惯。

（4）体能锻炼活动中幼儿的意志品质

体能锻炼活动在发展幼儿基本运动能力、提高幼儿身体机能的基础上，还能帮助幼儿养成锻炼的习惯。在此过程中，幼儿良好的意志品质的培养是关键要素。在体能锻炼活动中，幼儿的意志品质可以从以下几方面观察：一是锻炼的自觉性，二是锻炼的坚持性，三是遇到困难和障碍时的自控力以及乐观、勇敢、坚强、不怕困难的品质等。

在体能锻炼活动中，教师可以通过引导幼儿记录锻炼日记、分享锻炼心得、激励坚持锻炼的行为等方法，帮助幼儿克服身体和心理上的挑战，逐步形成自觉开展体能锻炼、坚持做好体能锻炼、遇到困难不退缩和逃避、遇到挫折不灰心和气馁、面对胜利和成功不骄傲自满等良好的意志品质、心理品质。

3. 常见问题与对策

问题1：每学期制订体能锻炼计划时，我和老师们都在纠结：一是体能锻炼活动的内容应该如何选择和编排；二是我们幼儿园的场地较小，每次进行体能锻炼的班级有限，怎样合理分配不同年龄段幼儿的体能锻炼时间？

在体能锻炼内容的选择上，教师应遵循以下原则：

- 全面发展、丰富多样原则，即安排全面多样的活动内容，不仅促进幼儿的身体健康，还应促进幼儿的心理健康；不仅增强幼儿的体质，还应促进幼儿认知、能力、情感的发展。要尽量让幼儿身体的各个部位、身体机能、身体素质和基本活动能力都能得到全面协调的发展。为此，教师选择的锻炼内容应包括基本体操、基本动作练习、器械锻炼等。
- 针对个体、灵活调整原则，即教师在安排体能锻炼的内容时，一方面要面向全体，关注班级多数幼儿的发展水平，另一方面应尊重幼儿个体发展存在的差异，考虑部分运动能力较强或较弱、身体过于肥胖或过于瘦弱的幼儿，为他们设计难易程度不同的内容，使每个幼儿都能得到成功的体验，享受活动带来的乐趣，促进每个幼儿身心健康发展。

在一天的体能锻炼内容编排方面，应遵循运动量大的活动和运动量小的活动相结合，上肢锻炼内容和下肢锻炼内容相结合，基本动作练习、器械锻炼和基本体操相结合的原则；在一个月的体能锻炼内容编排方面，应尽可能包含不同基本动作的练习。

受场地和材料的限制，很多幼儿园无法保证所有幼儿同时开展体能锻炼活动，这就需要根据各园场地的大小、材料的数量和分布情况，合理安排小、中、大班幼儿的锻炼时间，轮流进行体能锻炼。在安排体能锻炼的时间方面，可以将各级部的体育课、区域性户外体育活动等运动时间交叉分配，保证每一个班级的幼儿都能享有高质量的1小时户外运动时间，为提高幼儿的运动能力和身体素质提供时间、空间和材料的保障。

问题2：在体能锻炼活动中，我和孩子们正在进行跳绳练习，有的孩子还没学会怎样跳，正仔细琢磨跳绳的方法；有的孩子刚学会一点，正反复地练习；有的孩子似乎对跳绳已经很熟悉，开始一个一个地去寻找挑战对手……可是慢慢地我发现，孩子们陆陆续续散开，有的去别的器械区选择材料玩，有的则选择坐在旁边的台阶上，双手托着下巴静静地发呆……此时，练习跳绳的孩子越来越少，到最后几乎寥寥无几。说实话，在体能锻炼活动中，这样的现象时有发生，孩子是真的累了？还是我的组织方法有问题？为什么在体能锻炼活动中会出现孩子兴趣不高的现象？我该怎么引导孩子？

在这个案例中，教师苦恼于幼儿对跳绳活动缺乏兴趣、不能坚持，这也是在诸多器械锻炼活动中教师普遍遇到的难题，可以从以下三个方面入手，尝试解决这一难题：

- 设置多种激发幼儿挑战欲望的活动形式。大班幼儿有一定的好胜心和竞争欲，普遍对竞争性活动感兴趣，教师可以在户外活动场地边上放置一块黑板，供幼儿记录自己的跳绳数量。通过鼓励幼儿挑战最高记录的方式，引导幼儿持续练习，不断激励幼儿刷新纪录。在设置挑战目标时，第一个层次可以挑战幼儿1分钟内的跳绳数量；第二个层次可以挑战幼儿连续不间断的跳绳数量；为了激励幼儿间互帮互助，避免跳得好的幼儿积极性消退，跳得不好的幼儿缺乏锻炼兴趣,教师还可以设计第三个层次,即激励幼儿做小老师,帮助其他更多幼儿学会跳绳。

- 设计富有情节和趣味性的游戏情境。幼儿的学习容易被情境引导、被游戏激发,教师可以创设一个富有趣味性或激励性的游戏情境,激励幼儿不断练习跳绳技能。例如,教师可以设计一个"寻宝"的游戏情境,要求幼儿在寻宝的过程中,首先运用跳绳的本领,跳到第一个关口取得"通关密令",再运用拍球的本领,到第二个关口取得它的"通关密令",通过所有关口后,方能取得"宝贝"。通过一系列好玩有趣的情境和游戏设计,引导和激励幼儿主动练习跳绳的本领。

- 组织家庭参与互动活动。好的锻炼习惯一定是在家园的配合下养成的。幼儿园可以通过组织"亲子跳绳活动月"等方式,引导家长和幼儿每天晚上开展亲子锻炼、共同提升跳绳本领、完成记录每日跳绳数量的任务卡、月底开展亲子跳绳擂台赛等。通过上述方法,引导家园之间密切配合,形成教育合力,共同促进幼儿坚持锻炼,养成运动的习惯。

问题3:户外时间到了,孩子们都很积极,因为增加了一种新的体育器械——脚踏车。这次利用脚踏车开展的体能锻炼游戏,目的主要是锻炼幼儿的双脚、双手的配合能力和把握前进方向的能力。每一个小朋友拿到脚踏车后,都迫不及待地想上去试一试,但我发现每当快轮到轩轩的时候,他总会悄悄跑到队尾躲起来,这样大约持续了两三次。我忍不住说:"轩轩过来,你试一试吧。"我拉着他来到队伍前面,这时有小朋友说:"老师,他说他不想玩,他害怕。"轩轩听了小朋友的话,用力挣开我的手,又跑到了队尾。我又一次过去牵着他的手说:"老师带你一起玩吧,我们试一试。"他还是不愿意,并且哭了起来。他确实十分抗拒这个新玩具。我知道强迫孩子没有用,于是让他站在旁边看别的小朋友玩，同时请玩得好的小朋友告诉他玩的感受。请问遇到这种不愿意尝试的孩子应该怎么办？

每一个幼儿接受新事物的态度和能力都是不一样的，教师应敏锐地观察幼儿的表现，分析其背后的原因，再根据原因因势利导。轩轩不敢尝试幼儿园户外活动中投放的新玩具，可能有多种原因，比如，幼儿的性格可能是谨慎和小心的；家庭教养环境可能是高控和不太鼓励幼儿探究的；幼儿的成长过程中可能出现过因探究而受到伤害的经历；幼儿可能对自身运动能力不自信等。

教师首先应该观察幼儿的表现，仔细探寻背后的原因，根据原因"对症下药"，方可有效支持轩轩大胆进行新器械的探索行为。在这个过程中，教师切忌不问缘由，强迫轩轩进行尝试，这样的行为可能会长时间影响幼儿探索新事物的勇气和自信心。同时，教师一定要坚信幼儿是自信的、有能力的学习者，只要环境、条件和自身的身心状态得以调整，幼儿是能够主动与环境互动、主动成长的。希望教师能像"手拿喷壶在和煦的阳光下浇灌花草的园丁"一样，尊重"每一株花草"的习性，在合适的时机施加适合的影响，然后耐心静待花开。

问题4：在组织体能锻炼活动"钻山洞"时，教师在地面上设置了两组"山洞"。山洞的宽度和高度是依照标准范围内幼儿体质发展的数据来设计的。在活动进行过程中，大部分幼儿分两组轻松钻过了障碍，可是两名超重幼儿却犯了难，没爬一会儿就气喘吁吁，直喊累。如何在体能锻炼活动中关注幼儿的个体差异？如何对特殊体质儿童开展体能锻炼呢？

幼儿在身体素质、运动能力、健康状况以及对刺激的反应等方面存在着较大差异，因此，如果用统一的标准做整齐划一的要求，往往使能力较强的幼儿感到"吃不饱",提不起兴趣;能力较弱的幼儿则"不敢吃",丧失了信心,结果影响了幼儿的健康发展,不能使每个幼儿体验到满足和成功,无法激发幼儿的锻炼兴趣,因此在体育活动中因材施教就显得尤为重要。

在上述案例中,教师在投放锻炼器械和设计运动负荷时没有考虑到不同身体素质幼儿的发展需要,出现了超重幼儿无法实现目标的现象。因此,教师在活动设计环节,应认真分析班内幼儿的身体情况和发展基础,分层制订锻炼目标,并据此投放适宜的运动器械和设计环节要求,让每一个幼儿都能在原有基础上"跳一跳"获得应有的发展。例如,在"钻山洞"活动中,教师可以设置宽窄、高矮不同的"山洞",让超重幼儿选择较宽、较高的山洞;在跨跳活动中,可以把小河设计得有宽有窄,能力强的幼儿可以在宽的地方一跃而过,能力弱的幼儿可以从窄的地方跨过,而不会踌躇不前。又如,进行投篮活动时,教师可有意识地安排不同高度、不同距离的球筐,便于幼儿根据自己的实际能力进行投掷。教师在敏锐地观察的基础上了解每个幼儿的实际水平,有目的、有针对性地进行指导,让身体素质、能力水平不同的幼儿各有选择,以达到促进每个幼儿发展的效果。

同时,针对体弱儿和肥胖儿还应制订特殊的饮食方案,并与其家庭密切沟通配合,通过改善饮食结构和进食量,增加适当的锻炼,逐步增强幼儿的运动能力,改善幼儿的身体素质。

4. 游戏设计案例

好玩的短绳(小班)

【游戏目标】

1. 练习快跑、躲闪、双脚行进跳等动作,提高动作的协调性、灵敏性及合作意识。

2. 探索短绳的多种玩法,体验角色扮演的乐趣。

【游戏准备】

直径 2 厘米、长度 1 米左右的短绳若干（至少人手 1 根），自制"害虫"图片若干，欢快的背景音乐 1 首。

【游戏玩法】

1. 小蝌蚪学本领（播放欢快的背景音乐）。

幼儿扮演"小蝌蚪"，尝试利用短绳开展多种游戏。

（1）将短绳摆成"小桥""蜗牛"等图案，沿绳子走一走、跑一跑。

（2）将短绳拉成有一定距离的平行线，"小蝌蚪"在线中间跳一跳，或将短绳连成一根长绳，"小蝌蚪"在绳子左右行进跳。

2. 小蝌蚪捉尾巴。

（1）幼儿两人一组，每个幼儿把短绳系在后腰上当"尾巴"，扮演"小蝌蚪"。游戏开始，幼儿四散跑开，每组"小蝌蚪"想办法捉住对方的"尾巴"，同时保护好自己的"尾巴"，捉到对方"尾巴"者为胜。

（2）可以多人互相捉"尾巴"，捉到"尾巴"数量多者为胜。

3. 小青蛙捉害虫。

（1）教师引导幼儿将短绳围成圆形的"荷叶"，并将"荷叶"间隔 20 厘米排列。

（2）幼儿扮演小蝌蚪变成的"小青蛙"，站在"池塘"边准备。游戏开始，"小青蛙"双脚并拢连续向前跳，一边跳一边说："小青蛙，捉害虫，跳——跳，呱——呱，跳——跳，呱——呱，跳跳跳，呱呱呱，捉害虫，护庄稼！"在规定时间内，捉害虫数量多者为胜。

（3）"小青蛙"可双脚分合向前跳捉害虫；也可以双脚并拢向左或向右跳捉害虫；还可以变换"荷叶"间的距离或"荷叶"的摆放造型进行比赛。

【游戏规则】

1. 在玩"小蝌蚪捉尾巴"游戏时，幼儿只能相互捉"尾巴"，不得推搡同伴；"尾巴"不能系得太紧，以免"小蝌蚪"被拉倒。

2. 在玩"小青蛙捉害虫"游戏时，幼儿每次必须跳到"荷叶"上，如果踩到"荷叶"边沿或跳到"荷叶"外，均需重新开始。

（山东省潍坊市奎文区樱园幼儿园　徐瑞莲）

好玩的脚印地垫（中班）

【游戏目标】

1. 能灵活地在画有脚印的地垫上跳跃，发展弹跳能力。
2. 能与同伴合作布置活动场地，通过自由组合地垫，练习不同的跳跃动作。

【游戏准备】

平整的场地、画有不同脚印的地垫、游戏音乐1首。

【游戏玩法】

1. 幼儿探索脚印地垫的玩法。

（1）抛一抛：幼儿将地垫向上抛，然后双手接住；幼儿将地垫向远处平抛，看谁抛得远。

（2）顶一顶：幼儿将地垫放在头上，向前走，注意保持平衡，不要让地垫从头上掉下来。

（3）跳一跳：幼儿与同伴合作将地垫间隔摆放，练习立定跳远。

（4）爬一爬：幼儿将地垫拼成一行后进行窄道移动和爬的练习。

2. 幼儿探索脚印地垫的跳跃方法。

（1）单脚跳：将画有单脚印的地垫拼成一行，幼儿轮流用左脚和右脚连续向前行进跳。

（2）双脚跳：将画有双脚印的地垫拼成一行，幼儿在上面双脚连续向前行进跳。

（3）单双脚交替跳：将画有单脚印和双脚印的地垫间隔拼成一行，幼儿按照脚印要求迅速向前行进跳。

（4）跨越"月亮山"游戏：将所有地垫两两拼成三角形的"月亮

山"，教师引导幼儿进行助跑跨跳练习。

【游戏规则】

1. 提醒幼儿注意自身和他人的安全，遵守规则轻轻跳，保护好脚踝防止脚踝扭伤，有秩序地排队进行游戏。

2. 需听清口令进行游戏，单脚跳中幼儿按照脚印要求，左脚踩左脚印，右脚踩右脚印，依次向前行进跳。

（山东省潍坊市奎文区直机关幼儿园　肖华）

小小足球运动员（大班）

【游戏目标】

1. 练习左右脚交替运球，提高身体协调能力。
2. 学习与同伴合作踢球，感受与同伴合作游戏的快乐。

【游戏准备】

1. 幼儿提前观看足球比赛视频，了解踢足球的基本动作和规则。
2. 红蓝拱形门各1个、小足球人手1个、60厘米长的格子跳绳2条、口哨1个，音乐《我是汽车小司机》和放松音乐各1首。

【游戏玩法】

1. 小司机：播放音乐《我是汽车小司机》，幼儿每人抱一个小足球当方向盘，玩开汽车游戏，绕场地慢跑一圈。教师引导幼儿做身体的拉伸练习，把球夹于两腿之间，做"修车""洗车""停车"等动作，舒展身体关节。

2. 灵活的小脚：教师铺设2条格子跳绳，将幼儿分成两队，依次按顺序跳格子（见图3.30），锻炼幼儿双脚的灵活性。待幼儿全部尝试过后，教师请其中一名幼儿示范用左右脚交替向前跳格子。

3. 小小足球运动员：幼儿能够双脚灵活跳进每个格子后，再练习左右脚交替运球（注意脚部用力要适中，并控制好球的方向）。幼儿跟着教师边念儿歌——"小足球，真听话，轻轻踢，朝前跑，左一下，右一下，我的双脚本领大"，边自由练习左右脚交替运球（见图3.31）。幼儿分两队，依次用左右脚交替运球并射球门。幼儿自由练习，教师巡回指导。

图3.30

图3.31

4. 运球射门对抗赛：幼儿分成红蓝两队，明确各队球门后开始游戏。哨声响起，每队第一个幼儿左右脚交替向球门方向运球（见图3.32），直到把球运入球门，然后跑回后拍第二个幼儿的手。第二个幼儿继续左右脚交替向前运球，依次接力（见图3.33），先运完球的队为胜。小结比赛情况，总结经验，再次比赛2～3次。

图3.32

图 3.33

【游戏规则】

1. 在玩"灵活的小脚"游戏时，幼儿必须在格子内进行跳跃，不能跳出格子外。

2. 在"运球射门对抗赛"活动中，每队的队员运球结束后，必须回来拍下一名队员的手，下一名队员才能出发。

（山东省潍坊市新华幼儿园　王晓芳）

充分利用幼儿园的户外环境进行跑酷锻炼

户外活动是孩子们最喜爱的一项活动，可是磕磕碰碰的事情常会发生，老师们有时也感到很无奈。明明是低矮的台阶，怎么就绊倒了孩子？明明手脚快一点就可以避免，怎么孩子就受伤了？分析原因，是我们给予孩子的保护太多，还是给予孩子的机会太少？于是我们认真思考：怎样的活动才能真正发展孩子的基本动作？什么样的方法孩子才能喜欢，什么样的形式更能让孩子身手灵活、开心快乐？于是我们想到了跑酷。

跑酷需要把日常生活的环境作为运动的场所，我们借助跑酷"利用所有的可用资源进行锻炼"的理念，通过每日的早操活动时间，以实现"走、跑、跳、钻、爬、攀等动作的锻炼，提高协调性、灵活性"的目标。因此我园将跑酷界定为教师有目的、有计划地组织幼儿进行的户外体能锻炼活动。

一、充分利用资源，设计跑酷形式

根据场地，我们设计了大跑酷和小跑酷两种形式：

大跑酷，是让孩子沿幼儿园场地外围，利用园内的固定资源，加上辅助设备进行基本动作的练习。比如，大班孩子先沿木制台阶跑上跑下，之后从花坛的路牙石上走过，跑上大型玩具，穿过钻筒，从不同滑梯出口滑下，再跃上距地面60厘米高、长30米的木坐凳。从木坐凳上跳下之后，快速跑过30米直跑道，走过长5米的平衡木，绕上斜坡跑道，再返回做操位置，整个行进长度约有300米。

小跑酷，是以一个班做操的场地为单位，以孩子的身体为利用物，通过队形和体态的变化，发展孩子的基本动作。比如，一列孩子充当木桩，另一列孩子按S形依次绕过每个孩子；两列孩子相对撑手，搭成小山洞，另两列孩子依次从小山洞钻过；两列孩子席地而坐，双脚相对，其他孩子依次从他们的腿上双脚跳过；一列孩子手拉手变长龙，另一列孩子从他们的臂间侧身钻过等。

二、充分利用辅材，突出年龄特点

在跑的练习中，大班孩子不仅有跃上高木凳的奔跑，有在30米直跑道上的奔跑，还有在无障碍通道上的斜坡跑。中班孩子则以地面单脚跨跳为主。在爬的练习中，小班孩子以手膝着地爬为主，中班孩子则以手脚着地爬为主，同时增加了葡匐前进。我们还充分利用辅材，让相同的材料发挥不同的作用。例如，同样是小拱桥，小班幼儿用来走平衡，中班幼儿用来练习单脚跨跳；同样是体操垫，小班幼儿用来手膝着地爬，中班幼儿加上自制拦网，进行葡匐前进的练习；同样是台阶，小班幼儿要求不扶扶手，双脚交替走上走下，中班幼儿要求能够跑上跑下，大班幼儿则要求快速跑上跑下。

三、充分利用场地，合理安排时间

由于场地有限，如果全园同时进行各项跑酷活动，那么无法保证孩

子的活动量。为此我们采取划分场地、划分时段的办法，错开各班跑酷时间。比如，小班幼儿先进行活动，然后中班幼儿进行大场地跑酷，大班幼儿则在场地中间以班级为单位进行小跑酷。之后两个级部共同做早操，早操后中班撤离，大班再进行大场地跑酷。

四、定人定点定位，保证活动安全

我们安排老师在每个区域的重点位置——木凳旁、直跑道的终点、路牙石边、台阶附近、大型玩具旁边等站位守候。这样做一是为了保护幼儿的人身安全，二是可以提示和指导幼儿的基本动作。

我园实施跑酷以来，取得了比较好的效果。

一是在无压力的活动氛围中，充分发展了每个幼儿的基本动作。跑酷活动是每天必须开展的活动，孩子们在日复一日的练习中，动作越来越熟练，身体越来越灵活，以前还要费力爬上的高坐凳，如今可以一跃而上；以前走上去小心翼翼的独木桥，如今却是健步如飞。在冲下斜坡时，有的幼儿即使因控制不住摔倒了，也能爬起来继续跑。跑酷是面向全体幼儿的一项活动，每个孩子都在参与的过程中得到了发展。孩子们个个身手敏捷，动作灵活，变成了"运动小超人"。

二是增强了幼儿的健康意识。我们选择的辅材以及园内的固定资源，帮助孩子树立了正确的锻炼意识，即运动无处不在，自己和同伴的身体以及周围的一切都可以用来锻炼，这会让孩子更加热爱自然，学会观察和利用资源，充分感受运动的快乐。

三是最大限度地开发和利用资源。物尽其用，物才有所值。在跑酷活动中，园内可搬、可移的物品全被搬来利用，不能搬的物品想办法玩出花样来，让每一件物品都最大化地为孩子的成长服务。

四是转变了家长的观念。家长们看到了孩子的潜力，学会放手，学会适度保护，让孩子们在更加自由、宽松的环境中快乐成长。

(山东省空军济南基地机关蓝天幼儿园　杨鲁云)

四、体育课活动指导

今天的体育课,我要带领孩子们做锻炼平衡能力的活动。活动之前,我和孩子们把轮胎和平衡木等材料连接好。布置完整个活动需要的场地和器械后,开始活动。当我组织完热身活动后,孩子们兴奋地投入游戏中,从平衡木到轮胎再到铁罐,孩子们一步步跨过去。不一会儿,我发现平衡木周围少了一个轮胎,仔细一看,原来是调皮的睿睿推走了一个,并且不像平时那样滚,而是把铁罐放在轮胎里面,发出了"咚咚咚"的声音。他玩得很开心,吸引了很多孩子的目光,引得其他孩子争相模仿,原先设计好的体育课目标就这样被打乱了。请问这时候我是应该顺应孩子的意愿呢,还是介入指导,帮助孩子回到平衡游戏中来?

案例中的教师遇到的问题是不知道在体育课中当幼儿的兴趣游离于当下活动时该如何引导,以更好地开展活动。除此之外,教师还需要考虑以下几个问题:

- 如何设计富有挑战性的体育课的目标和内容,以促进不同水平和能力的幼儿的发展?
- 针对体育课的开始部分、基本部分和结束部分,如何科学地设计与实施?
- 如何合理安排一节体育课的运动量和练习密度?从哪几个方面来观察幼儿的运动量是否适宜?
- 教师如何指导幼儿,才能让全体幼儿在体育课中获得高效的发展?

幼儿园体育课是以提升幼儿体育知识(经验)、运动能力、身体素质为目的的一种有计划、有组织的活动,又被称为集体体育教学活动。

它是由教师依据幼儿的实际水平和发展需要专门组织的集中学习，以锻炼基本动作技能、提高运动能力、促进幼儿身心全面发展为目标的高结构活动。体育课是实现体育活动总目标的基本组织形式，它注重幼儿身体的全面发展，力求在增强幼儿体质的同时，促进幼儿智育、美育、良好个性和社会适应性的发展，有其独特的教育价值，是幼儿园体育的重要组成部分。

体育课从组织形式上可以分为集体教学、分组教学和个别指导三种形式。体育课一般由开始部分、基本部分和结束部分组成：开始部分的主要任务是将幼儿的生理和心理状态迅速调动起来，活动幼儿的肌肉关节，使幼儿集中注意力；基本部分的主要任务是完成本次活动的核心内容；结束部分的主要任务是进行有组织的放松和总结，降低幼儿的身心兴奋性或紧张状态。

1. 活动内容与关键经验

依据不同的分类标准，幼儿园体育课活动内容可做如下划分：根据所涉及的运动技能不同，体育课可以分为锻炼走、跑、跳、钻、爬、平衡、投掷、攀登等的活动；根据所用器械、玩具的不同，体育课可以分为球、圈、绳、梯等的活动；根据所锻炼的身体素质的不同，体育课可以分为锻炼力量、耐力、速度、灵敏性、平衡能力、快速反应能力等的活动。另外，还有综合游戏内容，如融合了器械锻炼、基本动作练习等多种内容的体育课。

体育课活动的关键经验[①]见表 3.4。

[①] 麦少美，孙树珍，主编. 学前儿童健康教育活动指导［M］. 上海. 复旦大学出版社，2005：52-54.

表 3.4 体育课活动的关键经验

关键经验		小班	中班	大班
活动兴趣		愿意并愉快地参与体育课,感受集体运动带来的快乐。	喜爱并积极参加体育课,具有积极的运动态度。	热爱并主动参加体育课,具有良好的运动态度和运动习惯。
基本运动能力和身体素质	走	上体正直,自然协调地走;向指定方向持物或拖物走;在指定范围内四散走,互相不碰撞;能走1000米,能一个跟着一个沿圆圈走,不掉队;学会几种简单的模仿走;在简单的障碍物中走。	能上下肢协调走,步调放开,均匀,自然协调,姿态端正;能听信号走、变速走或改变方向走;能走有节奏地交替,有不甘落后的争先意识并掌握若干种走步方法。	能学习听信号变速,变方向走,步伐一致;能轻松自如地绕障碍曲线走;排队走时较好地一对一保持队形,节奏一致,掌握更多的走步方法;能独立想出新的走步方法;能进行长距离远足活动。
	跑	能迈开步子平稳地跑,双臂自然摆动;能听信号向指定方向跑;能沿着规定路线跑;向指定方向持物跑;能连续跑半分钟;能在指定范围内四散追逐跑;会走跑交替,能在成人的引导下调节跑的速度。	能有节奏地上下肢协调跑,落地较轻,懂得省力平衡跑的粗浅知识;能绕障碍物跑,会绕物跑;能快速跑和在一定范围内四散追逐跑;能走、跑交替(或慢跑);能远足和一路纵队跑。	能听信号变速跑或躲闪跑,跑步时摆臂正确而有放松,蹬地有力,落地较轻;懂得一些提高跑速和调节跑速的方法,掌握多种跑步方法,能独立想出新的跑步方法(持物跑、后退跑、往返跑等);有强烈的提高跑速的愿望,喜欢进行竞赛跑,跑交替300米左右;绕复杂障碍跑。

续表

关键经验		小班	中班	大班
基本运动能力和身体素质	跳	初步掌握简单的跳跃动作（向前跳，向上跳），能双脚同时用力蹬地起跳，动作连贯有节奏；能从25~30厘米高处向前行下；能轻松自然地双脚向前行进跳、纵跳；初步掌握跨跳动作，能跨跳过一定距离；体验跳跃的乐趣。	懂得跳跃时屈膝，前脚掌蹬地跳起，落地轻并主动屈膝缓冲，能较熟练地掌握助跑跨跳动作，落地时能不停顿向前缓冲；能熟练掌握单脚连续跳，动作连贯，节奏清楚；会立定跳远，能双脚熟练地向前跳或在直线两侧行进跳；能原地蹬地起跳，用手触物；能从30~35厘米高处自然跳下，落地轻；能助跑跨跳过平行线，跳距不小于40厘米；能双脚交替跳和短距离单足连续向前跳。	能熟练掌握跳跃动作，从较高处向下跳，起跳有力，落地轻稳，姿态优美；学习侧跳和向不同方向变换跳等多种跳跃方式；具有强烈的提高跳跃距离或跳跃高度的愿望；会跳短绳并尝试练习合作跳长绳。
	钻爬	能正面钻过障碍物，做到低头、弯腰紧缩身体；熟练掌握手膝着地爬的基本动作，有一定速度并能较好地控制方向，掌握多种爬法，动作灵活、协调；能钻爬过较低的障碍物，身体不碰到障碍物。	掌握正面钻的动作，学习侧面钻的动作；能钻爬过较长的障碍物，完善手膝着地爬的动作，熟练掌握手脚着地爬的动作，能灵活地调节爬的速度和方向；学会在垫子上团身滚。	能改进已掌握的钻爬动作，速度快而灵活，熟练掌握侧面钻、曲身钻、肘膝着地爬等有难度的动作；能有序地钻爬过障碍物。
	平衡	能在简单、固定的平行线上或管道中行进，保持身体平衡不摇晃；发展前庭器官功能，提高平衡能力。	能大胆地在平衡木上活动，掌握原地旋转、闭目站立等动作；能大胆地在平衡木上走、闭目向前走；原地自转至少三圈不跌倒。	能熟练、平稳地走过较窄、较高的平衡木；掌握闭目起踵自转，能单足站立一定时间；能变换手臂动作走平衡木，掌握各种平衡动作；能在有间隔的物体上行走。

续表

关键经验		小班	中班	大班
基本运动能力和身体素质	投掷	有将物体投远的愿望，能自然地向前方或远处挥臂投掷各种物体；双手能向上、向前、向后抛球，体验投掷活动的乐趣；初步建立全身用力向投掷并投有一定的距离意识，能向指定方向投掷并有一定的距离。	掌握单手肩上投远动作，注意上下肢协调用力，挥臂速度快，能击中较大的目标，能肩上挥臂投掷小沙包、纸镖等轻物，懂得物体轻重与投掷远之间的关系。	有投远投准的愿望，注意全身协调用力，挥臂快速，控制投掷方向，能准确掌握投掷动作，投准目标，提高手眼协调能力。
	攀登	能在成人的引导和鼓励下积极参加攀登活动，喜欢和同伴一起玩，能攀登低障碍物。	能手脚交替灵活地攀登各种设施；在活动中能遵守规则，不影响他人。	能攀上各类攀登设备，大胆地玩大型活动器械，能熟练协调地在攀登架上爬上爬下。
社会性发展		在教师的鼓励下，能坚持参加活动；遇到困难能寻求教师的帮助，和同伴不争抢。	能坚持参加活动，遇到困难能想办法解决，不随便放弃；能与同伴合作，有不甘落后的意识。	有不怕苦、不怕累的精神，坚持完成运动任务、不怕困难，遇到挫折能坚持；能与同伴共同完成任务，愿意协商解决问题，有集体荣誉感。
规则意识及行为习惯		初步掌握体育活动的规则和要求，不做危险动作，不影响他人活动；在成人的提醒下，有一定的运动保健意识。	能遵守体育活动的规则和要求；有一定的自护和运动保健意识与能力。	能自觉遵守体育活动的规则和要求；安全自护和运动保健意识逐步增强。

2. 观察与指导要点

在户外体育课活动中，教师观察与指导的要点主要体现在活动目标、内容对幼儿的适宜性和挑战性；幼儿在活动中不同的发展水平和能力；幼儿在活动中的运动量和练习密度；幼儿在活动中的情绪状态等方面，具体内容如下。

（1）活动目标、内容对幼儿的适宜性和挑战性

体育教学活动对幼儿发展的价值和挑战性显得尤为重要。教师在体育课中要关注活动内容对班级幼儿的难易程度，至少应确保对班级大多数幼儿来说是"跳一跳就能够得着"的内容。对大多数幼儿应具有一定的难度和挑战性，这样才能体现"教学走在幼儿发展前面"的理念。教师在活动中可以观察目标和内容是否是幼儿经过努力和练习能够达到和掌握的，而不是过难或过于简单。

在活动过程中，教师可以运用搭建支架的方法，帮助幼儿掌握活动内容和达成活动目标。一是教师亲自示范或让幼儿示范动作要领及游戏玩法，为幼儿搭建完成目标的支架；二是言语指导，点拨幼儿理解动作和玩法；三是直接帮助，在幼儿无法顺利完成动作时，教师可以直接相助，比如，如果幼儿在走宽度和高度都有挑战的平衡木时存在困难，那么教师可以伸出手让幼儿扶着。如果幼儿在教师伸出手扶着能过去后，那么教师可站在幼儿身边，陪着幼儿走平衡木而不伸手搀扶，让幼儿逐步克服恐惧心理，最终达到自己走平衡木的目标。

（2）幼儿在活动中不同的发展水平和能力

在体育课中，教师需要根据班级幼儿的发展水平、运动领域核心经验来设计和实施活动。尽管体育课不像户外自主性运动游戏那样，完全尊重每个幼儿的自主选择，但也不能仅仅关注班级大多数的幼儿，还应该关注能力较强及能力较弱的幼儿。教师可以在活动中观察幼儿的基本动作发展能力、身体协调水平、使用材料的方式、克服困难的意志品

质、社会性发展水平等，了解幼儿的发展基础、优势和发展空间，在此基础上给予有针对性的指导，以便更好地促进幼儿的发展。

教师可以在活动中设置难易不同的层次，以满足不同发展水平幼儿的需要，具体体现在：材料的难易层次、要求的难易层次、动作技能的难易层次、运动量大小的层次等。同时，还应关注对幼儿的个别化指导。唯有如此，才能有效推动每一个幼儿的成长和发展。

（3）*幼儿在活动中的运动量和练习密度*

幼儿在一节体育课中的运动量和练习密度是否适宜，是决定一节体育课是否有效的关键指标。教师在体育课中可以利用简便的观察法和测心率的方法，了解幼儿的运动量是否合适，以便灵活调节活动的内容和节奏。体育活动中，幼儿的心率为每分钟 130～160 次，恢复正常心率的时间为 3～5 分钟，这是比较适宜的运动负荷参考数据。教师可以通过对单个幼儿在活动中的练习总时间与整个活动的总时间进行比较，来衡量练习密度是否合适。一般来说，练习密度在 70% 左右是较为适宜的。

另外，还可以观察幼儿的外在表现，如果幼儿面色微红、汗量不多、呼吸中速、动作协调、注意力集中、反应快、情绪愉悦，则表明幼儿正处于轻度疲劳状态，运动负荷比较适宜，具体观察指标情况可参考表 3.5。

表 3.5　体育课中不同运动量幼儿表现观察指标

观察内容 \ 观察指标（疲劳等级）	轻度疲劳	中度疲劳	重度疲劳
面色	面色稍红	相当红	十分红或苍白
汗量	汗量不多	汗量较多	大量出汗

续表

观察指标 （疲劳等级） 观察内容	轻度疲劳	中度疲劳	重度疲劳
呼吸	呼吸中速	呼吸较急促	呼吸急促、表浅、节律紊乱
动作	动作准确、步态轻稳	动作摇摆不定	动作失调、步态不稳、肢体颤抖、反应迟钝
注意	注意力集中	能集中注意力，但不稳定	注意力分散或已经转移注意力
情绪	情绪愉快	略有倦意	精神疲乏

教师可依据表 3.5 观察幼儿的运动量和练习密度是否适宜，在活动中严格遵守循序渐进的原则，运动量要由小到大，动作要由易到难，运动负荷要由少到多，不可骤然增加。如果发现幼儿的运动量过大或不足，可以通过降低或提高练习密度、动作难度、运动强度等方式，以及改变材料的数量、改变材料的摆放方式、增减辅助材料、调整活动场地和空间等进行适当的调控。

（4）**幼儿在活动中的情绪状态**

幼儿的情绪状态能直观反映幼儿对活动的兴趣和参与度，是教师需要关注的重要指标。在活动中，教师可以观察幼儿的情绪是快乐、积极、兴奋、跃跃欲试，还是漠然、胆怯、沮丧、退缩等。

针对幼儿不同的情绪，教师应灵活调控和指导。在幼儿积极的情绪状态下，教师可以提出较高的活动要求，激励幼儿挑战更难的动作技能；在幼儿消极的情绪状态下，教师应及时调控活动目标，创设有趣的游戏情境，灵活运用多种方法，丰富活动材料，及时进行言语激励，激发幼儿参与活动的兴趣，从而帮助幼儿获得更好的活动体验，完成活动目标。

3. 常见问题与对策

📖 **问题1**：在体育课的设计环节如何制订科学合理的目标，一直是困扰我们的问题。有时候目标定得太低，对孩子缺乏挑战，有时候目标定得过高，孩子无法完成。那么，到底应该怎样制订科学合理的体育课目标呢？

教师在制订体育课的目标时，可以遵循以下原则：

- 坚持"观察在前，目标在后""目标在前，活动在后"。教师要制订适宜幼儿发展的目标，首先应观察幼儿的实际情况，根据幼儿的年龄特点制订每学期的目标，并把目标具体化、量化，变为可行、易操作的具体内容，如将幼儿在各年龄段的走、跑、跳、平衡、投掷、攀登、钻爬、拍球等应达到的指标，逐一分解落实到每月、每周、每日的活动中，并依据目标来设计具体的教学活动。
- 目标应具有挑战性。体育课是教师设计和组织的高结构活动，因此对幼儿发展的挑战性就显得尤为重要。制订体育课目标应该在保底基础上有适度的挑战。苏联心理学家维果斯基的"最近发展区"理论指出，要想促进幼儿的发展，前提条件是了解和确定幼儿的"最近发展区"。体育课也不例外，只有了解了幼儿的"最近发展区"，才能从动作技能、锻炼方法、心理品质、社会性发展等方面设计适宜的、富有挑战性的活动。如大班体育课"拍皮球"，教师创设了难易不等的拍球情境：在一定范围内原地拍球（画大小不等的圈）；让幼儿边走（跑）边拍球（设置难易不同的路径）等。幼儿在此情境中自主拍球，其中既有大班幼儿拍球的保底运动目标，又有幼儿自主选择、自主尝试的挑战性运动目标，使幼儿由易到难，不断提升运动能力。

在设计体育课的目标时,教师要依据幼儿的身心特点、运动能力等,充分考虑幼儿身心发展的总体目标、运动过程与方法的适度挑战,从而体现目标的引领性,帮助幼儿获得更好的发展。

问题2:今天的体育课,我要带领孩子们做锻炼平衡能力的活动。活动之前,我和孩子们把轮胎和平衡木等材料连接好。布置完整个活动需要的场地和器械后,开始活动。当我组织完热身活动后,孩子们兴奋地投入游戏中,从平衡木到轮胎再到铁罐,孩子们一步步跨过去。不一会儿,我发现平衡木周围少了一个轮胎,仔细一看,原来是调皮的睿睿推走了一个,并且不像平时那样滚,而是把铁罐放在轮胎里面,发出了"咚咚咚"的声音。他玩得很开心,吸引了很多孩子的目光,引得其他孩子争相模仿,原先设计好的体育课目标就这样被打乱了。请问这时候我是应该顺应孩子的意愿呢,还是介入指导,帮助孩子回到平衡游戏中来?

很多教师在体育课中都会遇到这个案例中出现的问题,这其中考量了教师的多种能力。

①教师能否关注幼儿长远发展目标的能力。如果教师在具体教学活动中只关注本次活动的目标,那么一旦目标无法达成,教师就会觉得活动失败了,有强烈的挫败感。教师恰恰忽略了在发展的过程中,幼儿各种运动能力的发展都是必须的。例如,案例中睿睿感兴趣的滚轮胎活动,需要幼儿具备速度、平衡、手眼脚的协调以及控制方向的能力,这些不都是幼儿需要发展的运动能力吗?如果本次活动中睿睿引发了全班幼儿想尝试滚轮胎的愿望和兴趣,教师为何不顺应幼儿的兴趣,接着让大家开展滚轮胎练习和比赛呢?待幼儿的兴趣得到满足后,再进行平衡游戏也是可以的。

②教师灵活调整活动进程的能力。教师在活动中应该时刻追随幼

儿，而不是刻板地执行教案设计的内容。教师要能够根据幼儿的兴趣和活动愿望，灵活调整活动进程，始终引领幼儿的发展。

③教师随机生成活动的能力。瑞吉欧项目教学强调教师应追随幼儿在活动中的兴趣，及时调整课程，随机生成活动，这也是考量一名教师专业素养的重要因素。教师应敏锐捕捉幼儿感兴趣的活动中蕴含的发展目标，随机生成活动，这样既能满足幼儿的活动愿望，又能帮助幼儿有效达成发展目标。

问题3：体育课一开始，我将孩子们带到操场中间围成一个圈，邀请他们和我一起做热身操。动感的、快节奏的热身操音乐响起后，我带领孩子们做摆手、扭屁股、踏步、摇头、跳跃的动作。在这个过程中，有的孩子刚要伸手摆一摆，发现大家已开始做扭屁股的动作了，赶紧跟着变成扭屁股的动作；有的孩子还没有找到合适的位置，和邻近的小朋友挨得太近，不断被同伴伸出的手打到身体。热身活动持续了约3分钟，可是，孩子们的热身效果却不好。到底热身活动该如何组织？有没有好的方法？

运动领域教学活动与其他领域教学活动的不同之处在于，开展运动领域教学活动应遵循人的生理机能变化规律。在运动过程中，幼儿生理机能的活动能力是不断变化并呈现一定规律的，即运动一开始，身体机能活动水平较低，随着运动时间的增加，身体机能活动水平逐渐上升，达到最高水平，并在一定时间内保持。过后由于疲劳的出现，身体机能活动水平便呈下降趋势，从而形成上升—平稳—下降的规律。因此，体育课的组织结构必须顺应幼儿的生理机能变化规律，形成开始—基本—结束三个部分，并在开始部分、结束部分组织幼儿热身和放松。

①开始时的热身部分。教师应为幼儿参与接下来的基本部分做好两方面的准备：一是生理准备，可采用动力性伸展的热身方式，即幼儿用

自身的力量主动将相应肌肉拉伸到最大程度。生理准备一般包括全面的身体拉伸和重点运动部位的局部热身，使身体在灵活性方面能更好地适应接下来的活动，避免肌肉和关节受伤；二是心理准备，教师通过饱满的精神状态、积极的鼓励性语言、有趣的情境创设、活泼的背景音乐，激发和带动幼儿参与活动的积极性，从而使幼儿集中注意力，认真倾听教师指令，为后面的活动奠定良好的心理基础。案例中教师遇到的问题一是没有组织好幼儿在热身环节时的站位，二是没有组织好热身应遵循的动作要领和顺序，幼儿还没有站好位就开始了活动，准备自然就不够充分。

②**基本部分**。幼儿生理机能达到较高水平的阶段，身体的运动效率较高，可以适应一些比较激烈的运动，学习和练习动作的效果也较好，可以将运动量大、动作技能相对复杂的活动内容安排在这一阶段。

③**结束时的放松部分**。这一环节需要放松幼儿各部位的身体肌肉、关节，降低其兴奋度。身体放松分为两个部分：一是身体重点部位的放松，本次活动中锻炼的主要部位应做重点放松，缓解肌肉的紧张状态，避免出现肌肉酸痛；二是全身放松，采用静力性伸展的方式，将肌肉拉伸至极点后静止不动并保持 15～30 秒，帮助幼儿放松全身肌肉，消除生理疲劳。在心理方面，应将幼儿情绪的兴奋状态逐步过渡到相对平静的状态。在结束部分，教师还要进行本次活动的简单小结，肯定和赞赏幼儿的努力和付出，同时持续激发和保持幼儿参与体育活动的兴趣和积极性。

问题 4：今天我带领幼儿进行体育活动"赶小猪"，即用木根把报纸球赶到用拱形门做的"猪窝"里去，因为是教师组织的体育活动，班里孩子又比较多，于是我将孩子们分成两组进行游戏。刚开始，孩子们因为兴趣比较高，基本上还能等待，但是不一会儿，后面的孩子就纷纷交头接耳，甚至蹲下来抠地面的蚂蚁窝。对孩子来说，一节体育课究竟安排怎样的运动负荷才是适宜的？

对于上述案例中的问题，首先应考虑教师的组织方式是否适宜。如果体育课中教师对幼儿的分组较少，每组幼儿相对较多，这就让幼儿增加了消极等待的时间，导致幼儿缺乏兴趣，甚至出现蹲下来抠蚂蚁窝的情况。其次，由于教师组织方式不当，幼儿等待时间过长，还会导致幼儿练习密度不够，运动负荷较低，活动效果大打折扣。

目前，一些幼儿园开展体育锻炼达不到最佳运动负荷，一个主要问题是幼儿的练习密度不够。造成这一问题的原因有多方面：一是教师教学形式死板，高控较突出，不能放手让幼儿开展活动；二是场地狭小，活动器械有限，众多幼儿无法同时活动，只能轮流进行，导致排队等候时间过长，甚至等候时间大大超过幼儿运动的时间。

体育锻炼场地和设备器材是开展体育活动的先决条件，但是当上述条件受到限制时，就要因地制宜，设法弥补。因此，教师在组织幼儿开展体育锻炼时，讲解不宜过多、过细，以免影响幼儿的活动时间，并使他们失去对某项活动的新鲜感和兴趣。为增加练习密度，教师可采用集中示范、分组练习的方法，也可以采用分组练习的方法，如练习助跑跨跳。分组练习既便于教师纠正错误动作，也增加了练习次数。对于一些经示范引导幼儿能正确完成的动作，应保证一定数量的练习次数，以巩固动作完成的质量，达到锻炼的目的。活动中，如果教师发现原来安排的活动不尽合理，应通过改变练习条件、练习方法来调节运动量。教师还应考虑每个幼儿的运动负荷有差别，活动兴趣有大小，因此在为全体幼儿提供活动机会的前提下，教师要注意观察不同类型的幼儿，并对其给予不同的指导。

另外，在春夏和秋冬不同时节，甚至在上午和下午不同时段，运动负荷也需要适度调节。我们时常会发现，有些教师片面关注运动形式，而忽视了运动的本质，不能根据季节的变化适度控制运动量。在寒冷的冬季常会出现 30 多个幼儿排成两三行，在等待进行频率极低的接龙运动。很长时间，幼儿只是在等待，根本不能满足他们运动的需要，更不能达到一定的运动强度。在寒风中幼儿会感到越等越冷，而运动场地空置着，运动器具闲置着，不免令人可惜。在炎热的夏季，幼儿却玩得满头大汗、酣畅淋漓、满脸通红，其运动负荷明显超标。因此，教师要合理安排和调节，在冬季天冷时，适当增加运动量和提高运动密度；在夏季天热时，适当减弱运动强度，减少运动的密度。

问题 5：今天组织幼儿练习肩上挥臂投掷的基本动作，我讲解完后就组织孩子们练习。在练习过程中，孩子由于是静止不动的，动作能基本按照要领来做。可是当一玩综合练习的游戏，加上竞争情境和走跑等动作时，孩子们的动作就纷纷走样变形，完全不按照动作要领去做。在体育课中，孩子们学习动作技能是不是有一定的规律？如何顺应孩子的规律进行动作技能的学习？

案例中，幼儿在综合练习游戏中肩上挥臂投掷动作变形，主要是由于幼儿的动作还没有形成稳定的动力定型，在竞争激烈的游戏情境和多种技能的干扰下，幼儿的动作较易变形。要解决这一问题，教师首先应明确并遵循动作技能形成的规律。

运动技能是指人体在运动中掌握的、有效完成专门动作的能力。如果说某种特定的身体运动能以较高的准确性、较少的时间、较小的能量和能够达到目的的合理方法予以完成，那么便称为获得了运动技能。运动技能的形成通常要经历以下三个相互联系的阶段：

- 粗略掌握动作阶段。此阶段的主要特点是幼儿对动作有初步的印象，动作表现比较紧张，不协调、不准确，缺乏灵活的控制能力，多余动作较多，主要依靠视觉表象来控制和调节动作。因此，在学习运动技能的初期，教师要对动作的要领进行必要的示范和讲解，使幼儿对动作的整体性有初步的、全面的知觉和印象。同时，要为幼儿提供较多的练习机会，让他们亲自体验和实践。在这一阶段，教师不宜过多地强调动作的细节部分或过多地纠正幼儿的错误动作，只要幼儿的动作做得基本符合要求即可。

- 改进和提高动作阶段。在前一阶段的基础上，通过不断地练习，幼儿的紧张动作或多余动作明显减少，身体的控制能力有所增强，能较顺利、较正确地完成动作，逐步形成动作概念。但此时，幼儿的动作还不稳定，不够熟练和巩固，在一些复杂、变化的情况下仍较容易出现动作变形的现象，原有的多余动作或错误动作有可能随之重新出现。因此，在这一阶段，教师仍要让幼儿多进行实践和练习，并注意纠正他们的动作，帮助他们逐步掌握动作的细节部分，提高他们动作的节奏感，使幼儿能够轻松自如、协调正确地完成动作，促使动作日渐完善。

- 巩固和自如运用动作阶段。在反复练习的基础上，幼儿的动作更加准确、熟练与协调，同时还能较省力地完成，甚至出现动作的自动化。因此，在这一阶段，教师组织练习的主要任务在于巩固和发展动作，可以经常加以复习，也可以进一步改变环境和条件，使幼儿在新的条件下自如地运用动作技能，提高动作的适应性。

运动技能形成的三个阶段是有机联系在一起的，各个阶段之间并没有明显的界限，是逐步过渡、逐步发展的。每个阶段的出现和持续时间的长短，与幼儿的发展水平、年龄特点、动作特点和教师的教学方法等因素有很大的关系，不能一概而论或统一规定要求[1]。

---

[1] 庞建萍，柳倩，主编. 学前儿童健康教育[M]. 上海：华东师范大学出版社，2008：104-105.

教师在掌握和了解了动作技能形成的规律后，可以科学地安排动作技能教学的流程，适宜地进行有效指导，更好地帮助幼儿掌握动作技能，提高运动素质。本案例中的教师可以在粗略掌握动作阶段，多给予幼儿正确的示范；在改进和提高动作阶段，多让幼儿实践和练习；在巩固和自如运用动作阶段，方可安排综合游戏练习，在刺激的竞赛情境和多技能的穿插游戏中不断巩固幼儿的新动作。

4. 游戏设计案例

小兵训练营（大班）

【游戏目标】

1. 通过多种游戏形式练习投掷动作，掌握投远、投准的动作要领。
2. 体验运动游戏的乐趣，激发勇于挑战的精神。

【游戏准备】

纸球、雨伞、音乐、桌子4张、红黄纸球各20个。

【游戏过程】

一、开始部分

以解放军演习的形式展开热身活动，师生一起做模仿动作，为游戏做好准备，具体包括：打枪——上肢运动；拼刺刀——下蹲运动；开炮——体转运动；骑马——全身运动；师生变身战斗机（机翼旋转）——重点活动上肢与手腕。

二、基本部分

1. 设置情境，手榴弹投远练习。

（1）游戏"看谁投得远"，幼儿自由尝试，教师提炼动作要领。

场地布置：在场地一端画一条起点线，在距起点线4米处画另一条线，作为敌方防火线。

玩法：幼儿分散站在起点处，自由练习肩上投掷手榴弹并用力向前投，看谁投得远。

教师总结，讲解动作要领：小小脚，分分开，小小手，放耳边，小胳膊，架起来，退一步，侧转身，手榴弹，用力向前扔。

（2）游戏"越过防火线"，向敌人的防火线投手榴弹，看谁能投过防火线。

（3）继续设置情境"敌人被我们打得撤离了"，看谁能把手榴弹投得更远。

场地布置：在场地一端画一条起点线，在距起点线 5 米处画另一条线，将投掷距离扩大。

玩法：幼儿分散站在起点处，自由练习肩上挥臂快速投掷手榴弹，看谁投得远。

2. 手榴弹投准练习（配音乐）。

玩法：教师手持雨伞，扮演移动堡垒，幼儿边跑动边向雨伞投掷纸球。

（1）教师反向手持雨伞于头顶，原地不动，幼儿进行投准练习。

（2）教师进行走动，并将雨伞向左、向右移动，幼儿随雨伞的位置不断走动进行投准练习。

（3）教师加快速度跑动起来，并将雨伞向左、右、上、下移动，幼儿随雨伞的位置不断跑动进行投准练习。

3. 游戏：两军对垒。

准备：手榴弹（红黄纸球各 20 个）

玩法：幼儿分成人数相等的红、黄两组，每组一个掩体（桌子 2 张）、20 个相应颜色的纸球。2 分钟音乐计时。游戏开始后，两组幼儿向对方阵地扔"手榴弹"，音乐停止后，哪一组扔到对方阵地的"手榴弹"多，则哪一组获胜。

游戏规则：

（1）投掷"手榴弹"时要站在警戒线后，不要越过警戒线。

（2）每次拿一个"手榴弹"，拿起"手榴弹"后，用力向对方警戒线后扔，时间到后，清点纸球。

（3）投掷"手榴弹"时不要扔到对方的脸上，看到对方扔过来时，要注意躲避。

（4）只能用自己的纸球投向对方，对方扔过来的纸球不能扔出去。

三、结束部分

幼儿听音乐做放松运动，围着场地走一走，放松身体各部位，组织幼儿坐在地垫上互相捏一捏、捶一捶，重点放松肩肘部位。

（山东省潍坊市奎文区樱园幼儿园　赵琳琳）

好玩的魔术排杆（大班）

【游戏目标】

1. 尝试魔术排杆的一物多玩，体验游戏的乐趣。
2. 练习走、跑、跳、钻等动作，提高身体的协调性和灵敏性。
3. 能根据游戏规则进行游戏。

【游戏准备】

魔术排杆（用皮筋串起的塑料短棒）1～2条。

【游戏过程】

一、开始部分

热身活动——躲避"小蛇"：教师将魔术排杆平放在地上，摆成"蛇"形（见图3.34），幼儿从折线的空白处依次走、跑或跳过小蛇，跳时可单脚跳，也可双脚跳，走、跑、跳时，脚不能踩到排杆。

还有一种玩法，即两人提起排杆的两端，贴近地面左右来回扭动排杆（见图3.35），幼儿四散站在排杆的两侧，当扭动的"小蛇"靠近自己的脚时，要迅速起跳躲避，防止"小蛇""咬"到自己。被蛇"咬"到者可暂停游戏，到旁边休息。

图 3.34

图 3.35

二、基本部分

1. 图形闯关。

将魔术排杆依次摆成各种图形,如"弓"字形、三角形、正方形等(见图 3.36—3.39),幼儿可采取走、跑、跳(单脚跳、双脚跳、分腿

图 3.36

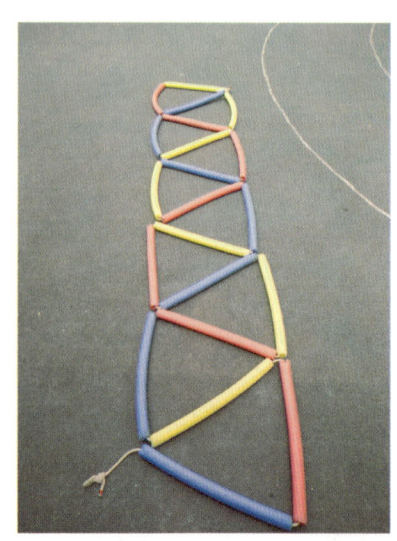

图 3.37

图 3.38　　　　　　　　　　　　　　　图 3.39

跳）等多种方式进行闯关游戏。游戏时要按照教师的指令来完成动作，脚不能踩到排杆，按要求完成者为闯关成功。

2. 勇过小河。

（1）走过小河：将两条排杆平行摆放成"小河"，幼儿双脚分开从"小河"两边走过，期间教师不断调整两条排杆之间的距离，让"小河"变宽、变窄。幼儿根据情况随机调整自己的动作，增大或缩小两腿之间分开的距离，顺利通过"小河"（见图 3.40、图 3.41）。

（2）跳过小河：幼儿站在"小河"的一边，采用立定跳远或助跑跨跳等方式跳过"小河"。期间可不断调整两条排杆之间的距离或提起排杆的两端，让"小河"变宽、变窄、变深，幼儿根据"小河"的变化，随机调整自己的动作，勇过"小河"（见图 3.42、图 3.43）。

图 3.40　　　　　　　　　　　　　图 3.41

图 3.42　　　　　　　　　　　　　图 3.43

（3）快乐捕鱼：用排杆做"渔网"，两位老师扮演"捕鱼人"，分别抓住排杆的两端，从一边走或跑向另一边。幼儿扮演"小鱼"，看到渔

网时,"小鱼"要快速躲过"渔网"(可以从排杆上面跳过去,也可以从排杆之间钻过去等)。幼儿一旦被"渔网"拦住,表示"小鱼"被捕到,要到"鱼缸"里休息(见图3.44、图3.45)。

图 3.44

图 3.45

三、结束部分

教师和所有幼儿手拉手变成一个"大渔网",教师边念儿歌(渔网大、渔网小,渔网捕住小鱼了;渔网粗、渔网细,小鱼小鱼游走了),幼儿边跟随儿歌做动作,放松手臂、腰部、腿部、脚踝。幼儿跟随教师走走、停停、站站、坐坐、捶捶腿、扭扭脚。

(山东省淄博市市直机关第三幼儿园　只青)

第四章

幼儿园户外科学探究类活动指导

一、种植活动指导
二、饲养活动指导
三、自然探究活动指导

户外有花草树木、四季轮回，充满了变化，设计良好的幼儿园户外环境处处是幼儿科学探究的园地。像科学家一样充满了好奇心、求知欲的幼儿会兴致勃勃地播下一粒种子，观察其发芽成长的过程；会专心地追踪蚂蚁搬家、蜗牛爬行……教师需要了解幼儿户外科学探究的内容和关键经验，了解观察指导的要点，并能以恰当的方式引领和推动幼儿的科学探究活动。

一、种植活动指导

幼儿园小农场的白菜长势喜人，孩子们纷纷跑过去围观。辰辰伸手指着白菜叶子说："上面有很多窟窿眼。"我想顺势引导幼儿进一步探索，故作惊讶地说："咦？这是怎么回事呀？"紫涵胸有成竹，不紧不慢地说："这肯定是虫子咬的。""什么虫子敢吃我们种的白菜？快把它找出来吧。"我提议道。可是，很多幼儿或害怕或厌恶，大都不喜欢去找虫子，只有几个小朋友拨着菜叶找了一小会儿，却什么也没找到。辰辰说："虫子看见我们来了，就吓跑了吧？"孩子们好像特别接受这个观点，就都不再找了。请问：孩子们对捉虫不感兴趣时，教师该怎样去引导呢？

案例中的教师遇到的问题是不知道该如何引导幼儿开展捉虫活动，以便更好地照顾种植园地的白菜。实际上，教师还需要考虑以下几个问题：

- 种植活动中的哪些内容适合幼儿亲身参与？哪些内容只适合幼儿观摩和观察？
- 小中大三个年龄班种植活动的内容有区别吗？
- 如何引发幼儿对田间管理工作的兴趣和责任心？

- 如果开展捉虫活动,应该为幼儿准备哪些工具和材料?
- 如何逐渐消除部分幼儿的恐惧心理?

户外种植活动主要是指在幼儿园种植园地进行的一系列植物管理与科学探究活动,包括播种、移植、间苗、拔草、浇水、除虫、收获等植物生长管理的全过程。参与户外种植活动,不仅是幼儿身体力行参与生产劳动、体验"汗滴禾下土,粒粒皆辛苦"的劳动教育,更重要的是幼儿可以通过种植活动,感受一粒种子从发芽到长大的奇妙过程,观察和了解植物生长的全过程,丰富自然科学知识,是生命教育的最好途径之一,并在此过程中培养幼儿对大自然的兴趣和积极情感。

1. 活动内容与关键经验

幼儿园户外种植活动主要包括以下几部分:

(1) 常见农作物、蔬菜、花卉、树木的种植与管理活动

- 田地耕耘。土壤具有良好的墒情,植物才能生长,所以,任何植物在播种前都需要对土地进行一系列的准备工作,包括耕耘、施肥、整畦等。耕耘和施肥都是为了让土壤有助于植物生长,整畦则是方便幼儿在田间管理时走动,所以,应注意幼儿园种植园地田畦的宽度和畦埂的宽度,一般来讲,田畦的宽度是幼儿的两臂长,这样幼儿站在畦埂上就可以浇水、除草,管理照料植物,而不会跑进地里面踩踏。畦埂的宽度要方便幼儿来回走动,因此相对要宽一些。幼儿园种植园地的这些工作一般都由教师操作,幼儿观看并跟随做一些辅助性的工作即可,如帮助教师捡出小石头、测量田畦的宽度、踩实畦埂等。
- 选种与播种。如果是农作物或蔬菜的种植,一般都需要在播种之前进行选种的工作,即挑选出粒大饱满的种子,剔除杂、烂、生虫的种子,这个工作有时是在收获的时候同时进行留种的。有些植物需要在选种后先浸种，发芽后再播种，比如花生。现在网络资源既丰富又方便，教师应在种植前查阅相关植物生长的知识，具备充足的知识储备。

- 日常管理。不同的植物，生长的需求是不一样的，一般植物在生长期间需要进行浇水、拔草、除虫、施肥，有些植物可能需要间苗、剪枝、扎架、授粉等，这些工作对幼儿都具有吸引力，教师可视幼儿的能力和兴趣，组织幼儿采用多种方式参与全过程管理，并在参与的过程中感受劳动的美好。

- 收获。收获是最有喜悦感和成就感的一件事，亲眼看到自己种下的植物丰收，对于幼儿是很大的激励。教师可以组织幼儿参与收获的过程，像掰玉米、摘豆角、摘黄瓜等活动，各年龄段的幼儿都可以尝试一下，但收割麦子、摘柿子和核桃等活动主要由教师操作、幼儿辅助。收获应该与分享同步进行，通过分享自己的劳动成果可以进一步强化幼儿对于劳动价值的认识，感受劳动的快乐。

（2）*日常观察、实验与记录活动*

从培养科学素养的大视角来看，种植活动不仅仅是学习种植技能、培养劳动好习惯那么简单。在播种之后，教师应有目的地组织幼儿持续观察种子的发芽，记录自己种植的植物从发芽到开花结果的过程，发现植物生长的特点和规律。可以根据幼儿发展的水平，采用多种不同的记录方法，如绘画、符号、图标、数字等，记录植物生长的过程，还可以组织中大班幼儿进行测量活动，把测量的结果用图表、数字、符号等记录下来。

种植过程中还可以结合田间管理，进行浇水、日照、施肥等的对比实验，通过实验帮助幼儿进一步了解植物生长的基本条件。

（3）*围绕植物生长与管理的谈话活动*

自己种植的植物发芽和生长是幼儿非常感兴趣的话题，教师带幼儿外出散步、自主游戏、做操时，可以随机走到自己种植的园地观察和交流,也可以请值日生每天汇报植物生长的状况。教师可以借由幼儿的观察记录,组织幼儿进行有主题的交流讨论活动,这样的主题谈话活动会让更多的幼儿关注植物的生长,变成一个有心人。

幼儿园户外种植活动的关键经验见表4.1。

表 4.1 种植活动的关键经验

关键经验	小班	中班	大班
探究欲与种植兴趣	对种植园地植物的形态和变化好奇,喜欢问问题,愿意参与观察和种植劳动。	能关注到种植园地植物的生长变化;喜欢动手参与管理植物的劳动,并能感受到喜悦。	对自己感兴趣的植物喜欢刨根问底;能主动探索并享受发现的乐趣;能感受到植物带来的环境美好,萌发爱护之情。
种植过程与经验	辅助教师种植几种常见的植物,能注意到不同阶段植物生长的明显变化;感受植物带来的好处,了解植物的多样性。	能和教师一起参与种植园地的种植活动,感知从播种到收获的植物生长全过程,能感知、发现植物的生长变化和不同阶段的特征,以及不同阶段的生长需要。	能主动参与照料种植园地的植物的活动,了解植物生长全过程的基本知识;能发现各种植物的生长周期、生长需求及植物与环境之间的生态关系等。
观察与探究能力	能用多种感官或动作去探索植物,对感兴趣的植物能仔细观察,发现其明显特征;能观察到植物在不同季节中明显的变化。	能对种植园地的植物进行系统观察,把握几种常见植物的较为细致的特征;能对植物进行比较,发现其异同,掌握比较观察的方法;能使用简单的工具探究植物的特点,管理和照料植物的生长。	喜欢动手,能在参与种植劳动的过程中发现问题、提出问题;能选择自己的方法验证猜想;能通过观察、测量、记录、比较与分析,发现种植园地植物的特征,细致观察其前后的变化;能探究发现植物、动物、环境、气候之间的密切关系;会查找资料,了解植物的各种生长现象,知道书本和网络的用途;积累常用工具使用的经验。

续表

关键经验	小班	中班	大班
记录、表征与交流	在教师的引导下，能用较完整的语言表达观察和探究的结果；能用简单的绘画记录的方式，表征植物四季的美。	愿意用语言、图画、符号等多种方式，表达观察和探究过程获得的信息，在交流中分享经验、概括和提升经验。	能描述探究过程与结果，愿意与他人合作与交流，享受合作与交流的乐趣；能用数字、图画、图表、符号等多种方式进行记录；能通过对记录结果的分析得出合理的结论，并通过交流和讨论学习，反思和提升经验。

2. 观察与指导要点

幼儿种植活动的内容不同，教师观察指导的要点就有所不同。一般情况下，在幼儿园种植活动中，教师观察与指导的要点主要体现在幼儿对种植的兴趣和探究欲；幼儿在种植活动过程中掌握的技能和知识经验；幼儿对种植的植物的观察探究与记录；幼儿的交流与讨论等方面，具体内容如下。

（1）*幼儿对种植的兴趣和探究欲*

兴趣是引发幼儿活动最主要的原动力，因此，观察与指导幼儿的种植活动必须关注幼儿的兴趣，以及幼儿在活动过程中表现出的好奇心与探究欲望。幼儿的兴趣主要表现在参与活动的积极性、主动交流的话题内容、提出的问题等。教师也可以在组织幼儿进行植物播种与管理活动时，与幼儿进行互动交流，通过交流了解幼儿的已有经验和兴趣。种植活动之后的表征和交流讨论活动，可以帮助教师了解不同年龄段、不同个性幼儿的兴趣。

尽管植物在一年四季会有不同的变化，但毕竟不像小动物那样会叫、会跳，活泼可爱，所以，种植植物对于幼儿的吸引力没有饲养动物那么大。教师可以利用植物的果实分享活动、童话故事、绘本阅读、亲子领养（每个家庭领养一棵户外种植园地的植物）等方式，引发幼儿的兴趣，激励幼儿积极主动地参与植物的管理活动。

（2）**幼儿在种植活动过程中掌握的技能和知识经验**

种植的过程包含播种、田间管理、收获、留种等一系列活动，伴随城镇化进程的加速发展，这些活动对于农村的幼儿也越来越陌生。所以，教师应该一方面关注幼儿在种植过程中的知识经验的获得，另一方面要避免走入误区，避免过于追求植物知识的丰富，而忽视了幼儿的年龄特点和兴趣，忽视了科学探究能力的培养。

对于幼儿种植知识的观察了解，可以通过幼儿在活动过程中的行为表现和语言交流获得。教师也可以在种植前和种植后，组织幼儿进行有目的的交流活动，这样既可以了解幼儿的已有经验和兴趣，也可以借助交流，丰富、拓展和提升幼儿的相关经验。

教师对于种植活动的指导包括种植知识的丰富、播种、植物田间管理的方法和技能、工具的学习和使用等。教师可以借助视频、图片、图画书等媒介，帮助幼儿丰富、拓展种植的知识和植物生长的知识；种植的技能必须在亲身实践中获得，在初次进行播种或田间管理时，教师可以为幼儿示范和讲解，指导幼儿掌握播种、浇水、除草等工作的基本技能，并指导幼儿学习正确使用工具。对于大班幼儿，教师可以指导幼儿通过值日生、轮流等方式，进行浇水、除草等田间管理活动。户外自主活动时，教师也可以引领幼儿自主地参与植物的管理工作。

（3）**幼儿对种植的植物的观察探究与记录**

播种之后的田间管理过程，也是幼儿进行长期的系统性观察、记录和探究植物生长的过程。对于自己播下去的种子是否能发芽，会长成什么样，幼儿会有很高的期待。教师在此期间可以组织幼儿一起进行观察，探究不同植物的发芽状况，记录它们发芽、开花、结果的时间和特点，观察记录它们之间的异同等。

（4）幼儿的交流与讨论

只要幼儿亲身参与过植物的种植活动，又经常进行田间管理和观察记录，那么幼儿自然而然就会有很多交谈的话题。教师可以关注幼儿之间的交流，关注幼儿的兴趣和提出的问题，由此确定引导幼儿进行更深入的探究活动的出发点和路径。

教师也可以专门围绕植物生长和管理，组织幼儿进行专题谈话活动，帮助幼儿梳理已有经验，并和幼儿共同梳理出新的问题，进一步围绕问题确定查找答案的方法。这样的讨论交流也是幼儿学习概括、质疑、反思等科学的思维方法的过程。

3. 常见问题与对策

问题1：春天，班里的孩子们一起去小农场跟着老爷爷学习种小葱，园丁爷爷已经把小葱分好，挖好了土槽，在动手以前也已经告诉幼儿应该种在土槽里。在种的时候，有些小朋友还是把小葱种在了别的位置，请问这时要纠正幼儿，还是让他们按照自己的想法继续操作呢？

上面这个幼儿园有一个较大的种植园地，所以会专门聘用园丁进行管理。一般的幼儿园种植园地面积很小，所以不需要专门的园丁。如果教师缺乏相关知识与技能，可以在制订种植计划时进行专题学习，通过各种媒介丰富和拓展植物种植的知识经验。

幼儿园种植活动的目的不是为了更漂亮的庄稼和更好的收成，而是让幼儿有机会体验生命成长的过程，感受植物生长的神奇，引发幼儿对于植物生长的好奇心和探究欲望，并丰富相关的知识经验。因此，如果确定在种植园地栽种小葱，那么可以在种植前通过视频、图片等，让幼儿初步了解种植的过程和注意事项。只要不是存在安全隐患、幼儿能力能达到，就可以让幼儿参与体验每一个环节的活动。比如，把小葱分好，是一个选择秧苗的过程，选择什么样的秧苗更容易成活，其实可以

让幼儿动手分辨。葱是一垄一垄地栽种在整齐的土槽中的，挖土槽的技能要求较高，可以由成人操作，幼儿在一旁观看，或者幼儿也可以辅助性地帮助成人测量土槽的宽度是否一致，把田地中的杂草、小石子捡出来等。栽种小葱的过程，教师可以示范讲解，让幼儿了解栽种在土槽中的必要性。栽种之后大家可以一起检查栽种得是否整齐，是否已经盖好了土。若发现栽种不整齐或者土壤没有覆盖好，老师和孩子们一起修正即可，不必担心这样做会挫伤幼儿的积极性。种植活动对于现阶段的幼儿来讲变得越来越陌生，幼儿经验匮乏，不知如何是好很正常。

问题2：我们班种植的葫芦长大了，今天带领孩子们去观察时跃跃说："老师，里面有葫芦娃吗？"还没等我回答，田田说："肯定有，我要一个火娃，吐火，还可以用来烧烤！"辰辰说："我要一个水娃，变出好多的水来，就可以游泳了呢！"……看着孩子们热情高涨地谈论着葫芦娃，我不知道该怎么应答，是尊重孩子们天真的幻想呢，还是如实地告诉孩子们科学的真相呢？真的好纠结。

幼儿的科学具有其独特性：一方面，幼儿的科学是经验层次的科学，而非概念层次的科学，幼儿所能理解的科学知识并不是成人意义上的抽象的、概念化的科学知识，而是直接的、具体的科学经验；另一方面，幼儿的科学是一种不完善的科学，是基于自身的经历和体验的基础之上的、不断改变的、不断完善的科学认知过程。同时，幼儿的科学具有这个年龄段独特的主观色彩，具有一定的幻想性。幼儿会赋予万事万物以诗意和灵性，有时候主观的想象和客观的现实会混在一起，幼儿会在游戏化的、假想性的情景中观察现实，探索科学。

幼儿认知发展的局限性决定了幼儿科学探索的主观性，这既是其不完善之处，也是其独特之处，因为这种独特，让我们看到科学不仅是理性的客观认知，同时也让我们在探求未知的同时，感受诗意和想象的美好，尝试与自然对话，建立一种美好的情感连接。

上面案例中关于葫芦娃的对话非常有意思，当有幼儿问老师葫芦里面是否有葫芦娃时，教师可以暂且放下已确定的观察记录葫芦生长的科学目标，追随幼儿的兴趣，形成新的探讨话题，教师可以把"葫芦里面有没有葫芦娃"这个两难问题抛给全体幼儿，让每个幼儿发表自己的观点，并说明自己的理由。如果形成两派相反的观点，还可以相互质疑和辩论，这个过程既可以帮助教师更好地了解本班幼儿的已有经验和认知特点，又可以让幼儿尝试梳理自己的观点，在相互争论的过程中，学习反思和质疑的科学思维方法，不断吸收同伴的经验，完善自己的认识。

至于教师最终是否需要反馈给幼儿一个最科学的结论，笔者认为无关紧要，因为如果幼儿的认识没有达到科学认识的层次，那么教师传递的结论就属于强加，即使幼儿记住了，也不会产生很大意义。况且，讨论引发的幼儿思考和持续的探究兴趣比结论要重要得多。至于预设的科学观察活动，在今后的的日子里随时可以继续。

问题3：我们种下的花生成熟了，于是我领着孩子们去种植园刨花生。对于刨花生，孩子们都很开心地参与，每当刨出一把花生时，孩子们就像挖到宝藏一样开心地欢呼。然而有一个小朋友并没有融入其中，我问他为什么不参加，他说他觉得泥巴很脏，他不想玩泥巴，也不想刨花生。对于这样的孩子，应该如何做才能帮助他亲近泥土，喜欢参与种植和收获的活动呢？

幼儿觉得泥土脏，当然不是幼儿天生就知道泥土脏，而是家庭教养不断灌输的结果。现阶段，很多家庭在养育孩子的过程中过于追求干净：吃的要干净，穿的要干净，玩的要干净，有些家庭恨不得自己的孩子生活在完全无菌的环境之中。曾经有一位幼儿园园长跟笔者说过这样一个故事，园里有一个幼儿从出生到上幼儿园，几乎没有下楼与别的小朋友玩过，经过询问才得知家长怕孩子得传染病——这样的事情想想都让人哭笑不得。

在诸多家庭教育讲座中，笔者都不断地强调要让孩子接地气。"接地气"中的"地"就是土地，不是水泥地，不是木板地，而是有泥土的地，"接地气"最朴素的理解就是让幼儿踩在泥土地上，包括玩泥、玩沙、玩水，包括种植活动和植物的田间管理活动，也包括所有的自然探究活动和与自然相连接的感知、游戏、体验活动。

如果一个幼儿觉得泥土脏，不愿意碰，那么教师千万不要强求，尊重他的意愿，让他在旁边观看也无妨，因为一个问题不是一朝一夕形成的，同样，解决一个问题也不可能靠一次教育活动就能实现。他不愿意玩泥，教师可以随他，慢慢地，小伙伴们的热情会传染给他，他也会逐渐从旁观转变到参与。如果教师急于看到幼儿发生转变，也可以尝试陪伴幼儿一起参与活动，用自己感受到的快乐和满足带动他。当然，这更需要家长转变观念，不再用"干净"苛责幼儿，只有家园合力教育，才能实现教育的最终目标。

📖 问题4：我领小朋友们去观看丝瓜花，黄黄的丝瓜花开满墙，非常漂亮。孩子们看到美丽的花都非常开心。这时候，有一个小朋友非要去摘一朵小花，我同她讲道理，每一朵小花都是一个小丝瓜，摘了花就长不出小丝瓜了。别的小朋友也批评她说小花会痛的。然后这个小朋友开始大哭，执意要摘下那朵小花。在这种情况下，教师应如何做可以既教育幼儿、又不至于强化幼儿的负面情绪呢？

上述案例描述的是一个小班的幼儿，她的行为表明她性格比较倔强，以自我为中心。小班幼儿普遍具有以自我为中心的特点，但为什么别的小朋友都能听进去的道理，她却怎么也听不进去呢？不能随意摘花，包括公园里、马路边、小区里，当然也包括幼儿园的种植园地和农民田地里的花——这应该是公民应该遵守的基本公德。从孩子出生一直到孩子长大,我们应该不断地去提示孩子。这个孩子表现出的执拗的摘花行为并不是她的公德心太差,我们不可以随意给幼儿扣"品行差"这么大的帽子。

幼儿表现出的行为可能与成人日常较为随意的举止有关系,如果成人在平时经常随手摘下路边的花哄幼儿开心,那么案例中幼儿的哭闹太正常了。还有这个幼儿可能是在农村长大,因为在农村,农作物开的花、蔬菜开的花、路边的野花等非常丰富,很多成年人都会随手摘花哄逗孩子。孩子喜爱的话,自然可以要多少就摘多少,尤其是田野边的野花。就算是农作物或者蔬菜的花,随手摘几朵也不算什么,所以,案例中幼儿的哭闹也能理解。

3—4岁幼儿以自我为中心的特点,加上成人教养行为的随意,自然就容易导致这个幼儿不知道规则的边界在哪里。如果这个幼儿在成长的过程中,成人宠爱、娇惯较多,即使教师把道理讲得很透彻,即使有别的小朋友的批评,她可能一时也难以转变,因此教师不能太着急。因为不能如愿,幼儿自然会感到失落和悲伤,如果幼儿大哭,那就让她哭一会儿,教师应该允许幼儿表达和发泄自己的负面情绪。无论如何哭闹,教师都不能妥协,这一点很重要,但也不必严厉苛责幼儿。教师可以陪在幼儿身旁或抱抱她,表示理解和接受她的情绪,等她哭完之后,再同她讲道理。家长也需要学会这样的处理方式,并与幼儿园保持协同一致。

3—4岁幼儿具有以自我为中心的特点,但这不等于不明白道理,所以,必须要遵守的规则应该让幼儿明白,懂得边界很重要。

问题5:幼儿园小农场的白菜长势喜人,孩子们纷纷跑过去围观。辰辰伸手指着白菜叶子说:"上面有很多窟窿眼。"我想顺势引导幼儿进一步探索,故作惊讶地说:"咦?这是怎么回事呀?"紫涵胸有成竹，不紧不慢地说："这肯定是虫子咬的。""什么虫子敢吃我们种的白菜？快把它找出来吧。"我提议道。可是，很多幼儿或害怕或厌恶，大都不喜欢去找虫子，只有几个小朋友扒着菜叶找了一小会儿，却什么也没找到。辰辰说："虫子看见我们来了，就吓跑了吧？"孩子们好像特别接受这个观点，就都不再找了。请问：孩子们对捉虫不感兴趣时，教师该怎样去引导呢？

这个案例是本节开头呈现的案例，教师的困惑在于不知道该如何引导幼儿对捉虫感兴趣，并兴致勃勃地参与到捉虫活动中来。这位教师善于观察幼儿，当发现个别幼儿关注到白菜叶子上的窟窿眼时，便灵活地提出问题，让幼儿猜想叶子上的窟窿眼因何而起。当有幼儿猜想是虫子咬的时，教师很想鼓励所有的幼儿都去捉虫子，这样就可以自然生成一个基于幼儿的发现和兴趣的课程——可惜，这只是教师完美的假想，大多数幼儿对虫子惧怕或厌恶，所以，捉虫子的活动草草收场。

这个案例反映了与生成课程有关的问题，20世纪90年代，瑞吉欧教育的项目活动引入我国，很多幼儿园都希望改变一成不变的课程，能追随幼儿的兴趣不断生成新的、有趣的课程，这是非常好的理念转变。幼儿教师若能更多地关注幼儿，而不仅仅是教材上的文本课程，真正把幼儿园的课程落实到幼儿生动活泼的生活中去，那应该是幼儿园课程质量提升的关键。但在这个过程中，教师遇到的一个很大的问题是，我们太习惯于集体活动，不论这个问题是由一个幼儿的兴趣引发的，还是由多个幼儿的兴趣引发的，我们都希望把它变成所有幼儿共同的探究活动，而很多班级幼儿的人数较多，因此，教师经常会遇到上述案例中的问题，活动最终不了了之，或者教师生硬地把所有幼儿拉到所谓的生成课程中，把几个幼儿的兴趣强加到所有幼儿的身上。

如果这个问题是由一个幼儿或几个幼儿引发的，教师不必强求所有的幼儿跟随。瑞吉欧的项目活动本来也是小组活动，而非集体活动。如果幼儿不愿继续进行下去，就此停住也很正常。上述案例中的捉虫活动本来也是教师提出来的，并非幼儿的本意。幼儿只是观察到了白菜叶子上的小洞洞，又猜想到可能是虫子咬的，教师就提出来让幼儿去捉虫子。

在幼儿园种植园地活动中，并不是所有的活动都适合幼儿参与，比如捉虫、打药。不仅幼儿会害怕虫子，幼儿园中可能80%以上的教师也会害怕虫子，不敢用手碰。害怕是一种有益的自我保护机制，这样可以避免幼儿遭受很多不明之物的伤害。如果教师特别想让幼儿参与捉虫的田间管理工作，而且也确定田间不会有任何有毒、伤人的虫子，那也不应该让幼儿空手去捉虫，可以准备安全的手套和工具，再准备一个小瓶子，捉回来的虫子养在自然角，让幼儿继续饲养和观察。若有幼儿不敢靠近，教师也不必勉强。对于饲养的虫子的持续观察和交流分享，可能会激发更多的幼儿的好奇心，这已足够。

4. 活动设计案例

分菜地（大班）

【活动目标】

1. 运用各种测量工具及方式将菜地进行平均分配。

2. 体验自主探究和同伴合作的乐趣，学会解决问题的方法，拓展解决问题的思路。

【活动准备】

1. 菜地、各种测量用具——粉笔、跳绳、竹竿、卷尺、梯子、木板、跨栏等。

2. 幼儿有一定的自然测量的经验。

【活动过程】

一、谈话并引出主题

和幼儿进行关于种植活动的谈话，引出分菜地活动，激发幼儿参与分菜地的兴趣。

二、测量菜地的总长度

1. 了解平均分地的目的和意义，知道平均分就是分成几份、每份一样多，并明确平均分地的前提是要知道菜地的总长度。

2. 引导幼儿讨论测量菜地总长度的各种方法。

3. 让幼儿运用各种方法测量菜地的总长度，比如，利用长竹竿测量（图4.1）、数地砖（图4.2）、利用长卷尺测量（图4.3）、跨步（图4.4）、利用小朋友当测量工具（图4.5）、利用小跨栏当测量工具（图4.6）、利用跳绳当测量工具等。

图 4.1

图 4.2

图 4.3

图 4.4

图 4.5

图 4.6

三、平均分菜地

1. 尝试使用各种工具平均分菜地，发现以下问题：3根半跳绳如何平均分成6份；8个跨栏如何平均分成6份；1根大跳绳如何平均分成6份；54块地砖长度如何平均分成6份等。

2. 讨论各种平均分的方法，解决如何平均分地的各种问题。

3. 运用讨论得出的方法，尝试平均分地。比如，把大跳绳折6折、每9块地砖为1份、1个跨栏外加1个跨栏的三分之一为1份等。

四、活动总结

教师帮助幼儿梳理活动收获，总结解决问题的方法，拓展幼儿的思路。

（山东省淄博市市直机关第三幼儿园　史丛丛）

爬出墙的石榴丰收了（大班）

【活动目标】

1. 感受丰收的喜悦，体验采摘的快乐。
2. 能用多种方法统计石榴的总数，按照规律给石榴排序。

【活动准备】

竹篮2个，不同高度的梯子和凳子若干。

【活动过程】

一、与幼儿交流，引起幼儿的兴趣

师：孩子们，保安叔叔园外巡逻回来说，幼儿园墙外的石榴可以摘了，大家想不想去摘？

二、点数爬到墙外石榴的个数

1. 请幼儿猜一猜爬到墙外的石榴的个数，记住猜的个数。

2. 请幼儿用自己的方法点数爬到墙外的石榴的个数，并与猜的数字比较。

3. 请幼儿记住自己所数的石榴的个数，看谁数的最接近实际采摘的数量。

三、摘石榴，重点体验采摘的快乐，感受丰收的喜悦

1. 启发幼儿说出各种摘石榴的方法，对幼儿说出的不同方法表示肯定和鼓励。

2. 引导幼儿逐一分析每种方法的可行性。

3. 幼儿逐一尝试各种摘石榴的方法，解决摘石榴过程中遇到的各种问题：

（1）爬不上墙怎么办？

（2）棍子够不着怎么办？

（3）用棍子打石榴，石榴掉到地上易摔烂怎么办？

（4）小朋友站在梯子上还是够不着怎么办？够着却摘不下来怎么办？

4. 讨论确定在现有条件下最方便、最快捷的摘石榴的办法。

四、运石榴，重点体验解决问题后的成功感，感受团队的力量

1. 启发幼儿思考运石榴的各种方法。

师："石榴这么多，我们用什么办法把石榴运到幼儿园呢？"幼儿想出的办法有：用篮子装、用衣服兜、装在衣服的口袋里等。

2. 请幼儿分别用自己的方法往幼儿园运石榴（见图4.7）。

图 4.7

五、数石榴，培养幼儿点数和计数的能力

1. 比较每名幼儿运石榴个数的多少。

（1）数自己所运石榴的个数。

（2）比较哪种方法运的石榴的个数最多。

2. 启发幼儿思考统计石榴总数的不同方法。

（1）把每个幼儿所运石榴的个数加起来。

（2）从一个筐到另一个筐，逐个数。

（3）两个两个地数，三个三个地数，五个五个地数。

（4）把石榴排成一列，一个一个地数。

3. 请幼儿尝试运用各种方法数出石榴的总数（见图4.8、图4.9）。

图4.8

图4.9

4. 请幼儿把石榴的总数与猜的数量、在树上数的数量做比较，看谁猜的数字最接近实际的总数。

六、为石榴排序

1. 启发幼儿思考为石榴排序的不同方法。

（1）从小到大排序。

（2）从大到小排序。

（3）一个大、一个小地排序。

2. 讨论排序过程中可能出现的问题。

（1）一样大的怎么排？（牛牛小朋友说可以称一称）

（2）防腐木平台排不开怎么办？（子木小朋友说可以拐个弯儿继续摆，见图4.10）

图 4.10

【活动延伸】

1. 品尝石榴，说出石榴的味道。

2. 结合中秋活动，用幼儿自己采摘的石榴庆祝传统节日。

3. 请幼儿尝试使用多种方法记录有关摘石榴的故事。

（1）利用图画（简笔画、棉签画）记录活动过程。

（2）拍照片、录视频。

（3）讲讲有关幼儿园石榴的故事。

（山东省淄博市市直机关第三幼儿园　边素珍）

秋天的味道：大锅煮（大班）

【活动背景】

我园有一个非常美妙的生态园，对于实施自然教育课程发挥了重要的作用。在大班主题《秋天的节日》中，针对秋天的果实，我们开展了一系列活动，例如：秋季果实观察、秋季果实大调查、秋季果实采摘等，孩子们很感兴趣。但老师们在教研的时候仍然在思考：生活在城市里的孩子不能像我们小时候那样，在自然中尽情享受，作为老师的我们应如何充分利用园里的条件，发起什么样的活动才能让孩子们有更深层的体验呢？在教研中，很多老师想起自己小时候在农村参与秋收时的美好回忆，品尝秋天的味道的"大锅煮"的活动就这样产生了。

【活动目标】

1. 乐于和老师一起准备大锅煮的相关材料，并能参与其中做力所能及的事情，感受共同活动的快乐。

2. 快乐品尝大锅煮的各种果实，乐于用不同方式表达自己的感受。

【活动准备】

1. 大锅煮的食材（幼儿园生态园采摘一部分、幼儿家长提供一部分）。

2. 大锅、打火机、水、砖块、加餐盘等。

3. 师幼共同在幼儿园生态园捡拾干树枝。

【活动过程】

1. 教师和幼儿一起将食材准备好，记录食材的种类和数量，观察各类食材的外形特征并进行分类。

2. 在幼儿园选择一处较为宽敞的水泥地面或土质地面作为大锅煮的地点，用砖石架一个简易的锅灶。

3. 教师和幼儿把相关食材和工具一起运到目的地。教师负责点火，幼儿帮助教师递送烧火的树枝、树棍。

4. 师幼一起煮各种食材。观察和等待食品煮熟的过程，教师可以和幼儿讨论不同食物煮熟的味道或吟诵秋天丰收的歌谣。

5. 集体享用大锅煮的食物，品尝秋天丰美的味道。

【活动延伸】

运用各种形式对本次活动进行表征。

（山东省德州市跃华幼儿园　刘金照）

5. 活动观察案例

葫芦种植协奏曲

【观察时间】2016年4月—7月

【观察地点】户外开心小农场

【观察对象】小班幼儿

【活动背景】

我园从孩子的全面发展角度出发，开辟了"开心小农场"种植园，每班分配一块土地，让孩子们参与种植，并观察植物的发芽、开花、结果，亲身感受种植的乐趣，体验劳动的快乐。在和孩子们商讨后，我们班种植了葫芦，并商定每周两次，走进种植园观察葫芦的生长。经过一个短暂的周末，今天我们要再次走进种植园。和孩子们谈话后，我们带着问题走进了种植园：葫芦苗长得怎么样了？长高了吗？有几片叶子了？需要浇水吗？……

【活动描述】

葫芦站起来了

今天，孩子们走进小农场里时惊喜地发现葫芦苗长大了、抽蔓了，有的已经长出了5片叶子……

辰辰说："老师，葫芦为什么光在地上爬啊？让它站起来多好啊。"

我引导说："站起来当然好了，可是它怎么站起来呢？你们想想办法吧。"

跃跃指着旁边小二班的黄瓜架说:"老师,我们也给它搭个架子吧,像小二班的黄瓜那样,让瓜蔓爬到架子上。"

辰辰恍然大悟地说:"对啊,给它搭个架子,下雨的时候,它身上就不脏了。"

于是,我们请来了种植顾问,帮我们用小竹竿给葫芦扎好了架子(见图4.11),孩子们尝试着小心地把瓜苗顺在架子上。

图 4.11

跃跃着急地说:"老师,葫芦不听话,抓不住竹竿,光往下掉怎么办?"几个孩子附和着说:"就是啊,刚松开手,它就掉下来了。"

我故作着急状:"那可怎么办呢?我们碰到了一群不听话的小葫芦,你们再想想办法。"

过了一会儿,跃跃说:"我想到一个好办法,我们用一根绳子把它绑在竹竿上,可能就掉不下来了。"

田田说:"对,把它绑在竹竿上!"

于是我赶紧找来细绳子,孩子们开始绑葫芦。经过一番努力,我发现孩子们终于把葫芦系在架子上了,但绝大部分孩子系的都是死扣。

临走时,琦琦还是不放心:"风儿会不会又把它吹倒呀?"

我说："我也不清楚，明天我们再来看看它们。"

过了几天，琦琦在一棵瓜苗前惊喜地说："老师，快来看！葫芦长手了，它抓住小竹竿了。"

"葫芦长手了？"我第一次听说，有些疑惑，赶紧走过去，孩子们围观过来。跃跃很有经验地说："看——它和黄瓜一样有弹簧手呀，它还会长出新的弹簧手，抓住竹竿向上爬，风儿吹不倒它的。"

孩子们顿时兴奋起来。我也明白"弹簧手"是什么了。

图 4.12

的确，葫芦长出了类似"弹簧手"的东西，它牢牢地抓住竹竿架子往上爬（见图 4.12）。

"葫芦娃"与葫芦娃

在对葫芦成长的憧憬中，好多葫芦长足了个儿。

跃跃走过来问："里面有葫芦娃吗？"

我说："有。"

"那先打开我的葫芦吧，"他兴奋地对同伴说："哎——我的葫芦娃马上就出来了。"

我把葫芦放在大盘子里，用刀把葫芦切成两半。

围拢在周围的孩子们却傻眼了——哪里有葫芦娃呀？跃跃生气了，噘着嘴说："老师骗人。"

我心平气和地说:"我没有骗人呀。大家仔细看,这些白色的籽就是葫芦娃,等它们成熟后,明年再种到地里就会长出新的葫芦来,你们说这些是不是葫芦娃呀?"

"是吧,可不是金刚葫芦娃!"田田说。

我说:"对呀,金刚葫芦娃生活在童话世界里,我们的现实生活中是没有的。不过,你可以想象这些葫芦娃进入了童话世界。在童话里,它们有眼睛、鼻子、嘴巴、耳朵、手和脚,还有了不起的本领,你们可以编出新的童话故事和小朋友们分享。我们种的是菜葫芦,把瓤挖掉,用葫芦肉可以做出很多好吃的饭菜来。今天,咱们做葫芦鸡蛋饼吃,可以吗?"孩子们一扫失落的表情,马上又高兴起来了,开始采摘葫芦(见图4.13)。

图 4.13

在采摘葫芦的空隙，跃跃还没忘记编童话呢，他拿着一粒葫芦籽，说："我是火娃，会吐火的。"说着，拉开弓步，两手后伸，鼓起腮帮"呼——"的一声吹起火来。

彤彤两手叉腰，扭着小屁股走来，说："我是会走模特的葫芦娃。"

琦琦说："我是能打怪兽的葫芦娃。"……

孩子们纷纷仿效起来。

【活动解析】

1. 幼儿园种植活动为幼儿提供了与大自然接触的机会，幼儿参与其中观察作物的发芽、开花、结果，亲身感受种植的乐趣，体验劳动的快乐，既满足了幼儿的好奇心和渴望主动发现、主动探究的心理，又能让幼儿获得真实的感受：了解作物的成长；知晓种植与天气、气候的关系；懂得"谁知盘中餐，粒粒皆辛苦"的道理。

2. 小班下学期的幼儿初步具备了自己动手和动脑想办法、迁移经验来解决问题的能力。在案例中，幼儿为了让葫芦"站起来"，想了多种方法，还学会了观察周围和借鉴他人的经验，这是幼儿思维发展的表现，也是幼儿在探索活动中自我成长和进步的表现。

【观察指导】

1.《幼儿园教育指导纲要（试行）》指出，教师应该成为幼儿学习活动的支持者、合作者和引导者。在本案例中，教师充分尊重幼儿的探索欲望，给幼儿充足的时间和空间，并提供了丰富的材料，顺应了幼儿的探索活动。当幼儿遇到困难，把问题抛给教师时，教师重在引导幼儿的思维和能力发展，把问题又抛给幼儿，尝试让他们自己来解决问题。幼儿的表现超出了教师的预料，他们自己动脑、动手解决问题，实现了在探索活动中"系葫芦"，从而发现葫芦的"弹簧手"，满足了他们的发展需求。

2. 用发展、欣赏的眼光看待孩子的发展。每个孩子在孩童时代都是可爱天真的，他们的想法简单、单纯，甚至有些幼稚。成人要换位思考，不要拿自己的眼光来看待孩子的成长。我们要鼓励和支持孩子，肯定他们的想法,即使是一些不现实、不靠谱的想法,我们也要积极地引导他们,使他们能有满足感和成功感。例如,在对"葫芦娃"的期待中,虽然孩子们的表现天真,但它是童真的体现。教师及时引导孩子们,让他们了解了童话与现实的区别,也许孩子们理解得不是很好,但相信他们会在以后的成长中逐渐明白的。

(山东省利津县第一实验幼儿园 崔峰)

二、饲养活动指导

我园的户外饲养角养着鸽子、鸭子、鹅、鸡、兔子等很多小动物,孩子们非常喜欢。平时户外活动时,我经常带着孩子们去喂食和观察,和这些可爱的小动物进行亲密接触。孩子们最喜欢喂食小动物,他们经常争相拿着菜叶喂小兔吃,若小兔吃了,小朋友就会很开心。有时他们也会提出很多问题,比如:为什么鸭子会游泳,母鸡不会?为什么大白鹅下的蛋这么大?为什么鸡会吃沙子?小兔子有多少颗牙齿?……于是,围绕着孩子们关心的小动物,我们班生成了一系列的探究活动:会生蛋的母鸡、勇敢的小鸽子、可爱的小兔子等。这些活动的开展既满足了幼儿的好奇心,丰富了他们关于动物的知识,也激发了所有幼儿对动物及其成长的关爱之情。

案例中的幼儿园为幼儿创设了非常好的饲养动物的条件,教师也会经常带幼儿去饲养角喂养和观察,并由此生成了一系列探究活动。教师需要在饲养活动中进一步思考以下问题:

- 饲养活动对于幼儿成长的特殊价值是什么?为什么要给予足够的重视?
- 幼儿园饲养活动主要有哪些内容?哪些活动是幼儿可以参与的?

- 现阶段幼儿园饲养活动的开展遇到了哪些难题？如何应对？
- 引导幼儿参与饲养活动应该注意什么？
- 如何从饲养活动中挖掘更多的科学探究的要素，培养幼儿的科学情感？

饲养活动主要是指在幼儿园饲养角开展的围绕动物喂养进行的一系列活动。幼儿天生与动物亲近，通过参与饲养小动物的活动，可以让幼儿学习照顾小动物，获得愉快的体验，感受人与动物和谐共处的美好，满足幼儿对动物强烈的好奇心，增强其认真做事、对动物负责的精神；饲养动物的过程还可以帮助幼儿了解动物的外形特征及生活习性，丰富科学知识，提升科学探究能力。

1. 活动内容与关键经验

幼儿园饲养活动主要包括以下内容：

（1）给动物喂食、打扫窝笼等活动

幼儿园应选择外形美观、叫声悦耳、性情温驯、适合幼儿直接触摸的小型动物进行饲养。饲养过程中应该让幼儿有机会给小动物喂食、梳理羽毛（皮毛）、洗澡、打扫窝笼等，进行各种小动物需要的关照活动，学习饲养的基本技能，掌握不同动物的饲养方式，培养同理心和责任感。

（2）观察和记录动物生长的活动

饲养动物是一个很好的观察和了解动物的科学学习、科学探究的过程，因此，教师应该尽可能创造机会，让幼儿近距离观察动物（若能触摸就更好了），让幼儿运用各种感官去感知动物的外形特征，并提供纸笔和其他工具材料，指导幼儿运用各种方式记录动物的成长，包括记录自己的探究过程和情感体验。观察和记录活动有助于幼儿细致地了解动物的特征，也有助于幼儿探寻、思考动物成长的过程和规律，积累生命科学的知识经验。

（3）围绕动物生长的专题交流讨论活动

动物饲养角的存在会为幼儿的生活增添无限色彩，当幼儿在户外活动时有机会去给动物喂食或做观察记录时，他们就会围绕动物产生无数话题，兴致勃勃地说个不停，甚至争论不休，因此，教师可以针对幼儿感兴趣的话题，比如，兔子的尾巴为什么这么短、兔子吃不吃肉、兔子的寿命有多长等，进行资料查询和专题讨论活动，这样的专题阅读或专题讨论切合幼儿当下的兴趣和关注点，对于拓展幼儿的科学经验，培养幼儿的科学兴趣、科学精神都会有很大的帮助。

幼儿园饲养活动的关键经验见表 4.2。

表 4.2　饲养活动的关键经验

关键经验	小班	中班	大班
探究欲与饲养兴趣	喜欢小动物，没有恐惧心，并充满好奇，喜欢问问题，愿意和教师一起参与给小动物喂食等活动。	对小动物的外形特征和生活习性感兴趣；喜欢参与到管理照料小动物的劳动中，并能感受到与动物亲近的喜悦。	对照料小动物感兴趣，并具有责任心，对动物的生活和生长具有强烈的好奇心，喜欢刨根问底，能主动探索，并享受发现的乐趣；能感受到人与动物和谐相处的美好，萌发爱护动物之情。
饲养过程与经验	辅助教师饲养几种性情温驯、美观、可爱的小动物，了解不同动物的不同需求，比如，兔子和狗喜欢吃的食物是不同的；了解动物的突出特征和典型的生活习性。	能和教师一起参与喂食、打扫窝笼等照料小动物的活动，感知小动物的生活习性和生长过程，能感知和发现不同动物之间的共同点和差异；学习使用工具管理照顾小动物。	能主动参与照料小动物的活动，了解幼儿园饲养的动物的特征和生长过程的基本知识；能发现各种动物的生长需求的差异，了解动物与环境、人类之间的密切关系。

续表

关键经验	小班	中班	大班
观察与探究能力	喜欢亲近小动物，能用多种感官或动作去探索动物的特点；对感兴趣的动物能仔细观察，发现其明显的特征；能观察到动物成长变化的过程，能提出自己的问题。	能对幼儿园饲养的小动物进行连续的、系统的观察，细致了解其特征；能对动物进行比较，发现异同，掌握比较观察的方法；能使用简单的工具，管理和照料动物，探究动物的特点。	喜欢动手，能在参与饲养小动物的过程中发现问题、提出问题；能提出假设并选择自己的方法进行验证；能通过观察、记录、比较、分析等方法发现动物的特征，细致观察其前后的变化；能探究发现动物与环境、人类之间的密切关系；会查找资料丰富对动物的认识，感受书本和网络的用途。
记录、表征与交流	喜欢参与小动物的话题交流，能用较完整的语言表达观察和探究的结果；能用简单的绘画记录的方式表征动物的突出特征。	愿意用语言或图画等方式表达观察和饲养获得的信息；积极参与关于动物的话题讨论，在交流中分享、拓展和提升经验。	能用语言、图画、符号、数字等多种方式记录和描述饲养动物的过程；能运用记录材料进行交流和分享活动，并通过交流和讨论不断提出新问题，学习质疑和思考。

2. 观察与指导要点

在幼儿园饲养活动中，教师观察与指导的要点主要体现在幼儿对饲养活动的兴趣和个体差异；幼儿掌握的饲养的基本知识、技能和工具的使用；幼儿对动物的观察、记录与探究；幼儿的表达与交流等方面，具体内容如下。

（1）幼儿对饲养活动的兴趣和个体差异

幼儿天然地与动物亲近，喜欢各种各样的小动物，但是随着城市化的发展，人们住进没有任何小动物相伴的高楼，并且越来越讲究卫生，因为害怕动物携带的病菌伤害到孩子，很多家长不允许幼儿靠近任何小动物。有些不太懂得教育的家长还会用动物恐吓孩子，或者因为自己害怕某些小动物就把这种恐惧传递给孩子，结果导致现在越来越多的孩子对动物有恐惧心理。教师需要把幼儿园饲养的动物符合卫生防疫部门的要求这一信息告知家长，需要多观察幼儿对饲养的小动物的兴趣和各种表现。对于不喜欢小动物或对小动物感到害怕的幼儿，教师不要强求，可以采用逐步脱敏法，帮助幼儿逐步消除恐惧并喜欢去喂养、照料它们。

（2）*幼儿掌握的饲养的基本知识、技能和工具的使用*

不同的动物，饲养的知识和技能是不同的。根据幼儿的兴趣、经验和幼儿园的实际状况，幼儿园户外一般选择小鸟、小鸡、小兔、小羊等动物饲养，班级阳台或自然角一般选择蝌蚪、蚕、蜗牛、小鱼等小动物饲养，这些动物一般具有性情温驯、叫声小且悦耳、适合幼儿亲近、可以抚摸等特点。

幼儿可以承担的饲养劳动主要是给小动物喂食，其次是打扫窝笼、辅助教师给小动物洗澡等。喂食是大多数幼儿最喜欢做的事情，幼儿园可以把动物每天要吃的新鲜食物投放在小动物的窝笼旁边，供幼儿自主选择喂养。教师可以观察和指导幼儿选择适宜的食物投递给小动物，有条件的幼儿园教师也可以带着幼儿去选择和准备小动物的食物。喂养小动物最容易出现的问题就是过量，所以，最好在饲养的动物窝笼旁边挂一个记录本，设计一个表格（见表4.3），每个喂养动物的人可以在上面记下喂过多少食物。幼儿可以经常和教师一起讨论每种动物喜欢吃的食物类别和每天大致吃的量。

表 4.3　小兔喂养记录表

时间	食物名称	数量

（3）*幼儿对动物的观察、记录与探究*

饲养动物的过程也是幼儿不断观察和探究动物特征、生长特点的科学学习的过程。只要幼儿园有户外饲养角，窝笼的设计方便幼儿喂养和观察，相信很多幼儿都会产生兴趣。在幼儿园户外自主活动时间，教师可以观察幼儿是否会选择动物饲养角的活动、是否会主动观察动物、是否喜欢提出各种各样的问题、是否喜欢相互交流，由此推断幼儿的探究兴趣和已有经验，分析判断是否需要通过主题分享会、谈话、教学活动、绘本阅读等方法进一步支持幼儿，推动幼儿建构新经验。

幼儿的自主观察通常比较简单和片面，主要集中在自己感兴趣的点上，教师需要通过问题，引导幼儿进行较为全面、系统和细致的观察，获得对动物较完整的和正确的认识。教师的引导应该尽可能灵活，伴随幼儿的兴趣随机调整。为了更有目的地进行观察，教师可以为幼儿准备观察记录纸（本），以支持幼儿的探究和认识活动。对动物的观察记录可以围绕动物的特征进行，也可以围绕喂养的食物、次数、食量等进行，不需要太复杂的设计。记录仅仅是观察信息的保存方式，方便幼儿整理和交流信息，得出结论，教师不应为了记录而让幼儿没完没了地记录。

（4）幼儿的表达与交流

很多幼儿园即使户外有饲养角，饲养活动的开展也多流于形式，其原因与教师自身动物饲养知识匮乏、兴趣微弱、无法追随幼儿的兴趣生成科学探究课程有关，所以，教师需要关注幼儿自主的交流与表达，学会倾听与观察，并在适宜的时机组织幼儿进行相关的主题交流，鼓励幼儿围绕动物的某个话题展开讨论，最好有经验上的碰撞，让幼儿在倾听、表达、讨论中不仅学会概括的方法，拓展和提升经验，而且学会相互质疑和科学思考的方法。

3. 常见问题与对策

问题1：我是一名幼儿园园长，我们幼儿园场地有限，教师缺乏动物饲养知识，担心饲养动物会带来卫生、防疫等方面的问题，也担心幼儿接近动物会引发一系列不必要的安全隐患。其实我知道幼儿比较喜欢小动物，喜欢亲近它们，请问怎样做才能既满足幼儿的好奇心，又能做到卫生、安全，不出事故？

这位园长提出了好几个问题，我们一一来分析、探寻解决的对应方案。

第一，如果我们知道幼儿喜欢小动物，饲养小动物的过程又可以丰富幼儿对生命的认识、满足幼儿的好奇心、培养幼儿的科学精神，那就应该尽可能寻找办法，解决当前遇到的各种困难。

第二，如果教师的科学素养不高，关于动物的知识储备不够，那么可以进行专题的教师培训。现在信息如此发达，关于任何动物的知识，教师们动动手指上网查找信息就可以获得，这并不是一个难题。关键还是管理者和教师们是否有观念上的转变，是否真的重视此项工作。

第三，关于场地有限的问题，可以利用幼儿园边角或者绿地设置饲养角。如果是城市小区配套幼儿园，空间确实很小，户外活动场地都难以保障，那就利用班级自然角或阳台，设置小型动物饲养角，饲养昆虫、小鱼、小鸟等。只占用很小的空间，就可以满足幼儿对小动物的喜爱之情。

第四，关于饲养动物带来的卫生、防疫问题，其实也不难解决，只要按照卫生防疫部门的要求做好动物免疫工作和饲养场所的消毒灭菌工作即可。《幼儿园种养活动指导手册》提出的一系列具体做法[①]，可以帮助我们避免卫生安全问题。

> 幼儿园对饲养活动环境的安全管理要形成制度，以检查为先导，以维护为保障，确保幼儿在饲养活动开展中的人身安全，下面介绍一些具体做法。
>
> 一、定期检查
>
> 幼儿园后勤部门负责饲养活动场地及其配套设施、辅助材料的检查、维护、增补。定期进行卫生安全检查，打扫饲养区中的粪便，保持清洁，及时修理中大型动物栏舍。
>
> 二、活动场地的防疫与消毒
>
> 饲养活动中需要特别注意活动前的清洁与消毒，尤其是每次活动前饲养区角中动物栏舍的清洁、消毒以及动物的防疫。
>
> 饲养动物的防疫工作
>
> 定期对饲养的动物进行防疫，避免疾病传播。幼儿的身体稚嫩，免疫力较低，疾病很容易通过动物传播给幼儿。有饲养区角，特别是饲养中大型动物的园所，尤其应注意做好动物的防疫工作。
>
> 根据《中华人民共和国动物防疫法》第二章第14条，饲养动物的单位和个人应当依法履行动物疫病强制免疫义务，按照兽医主管部门的要求做好强制免疫工作。经强制免疫的动物，应当按照国务院兽医主管部门的规定建立免疫档案，加施畜禽标识，实施可追溯管理。

[①] 亿童公司. 幼儿园种养活动指导手册［M］. 武汉：华中科技大学出版社，2017：38–39.

饲养场所的消毒灭菌工作具体可参考以下步骤：

（1）消毒前的准备

在实施消毒前，首先应将圈舍内的粪便及杂物（包括动物的排泄物、分泌物、剩余饲料、各类垃圾等）清除出圈舍，在指定的地点堆积密封发酵处理，然后用含有消毒药（药液应符合使用浓度）的水仔细冲刷地面、笼具、网具、护栏、设备、墙壁、屋顶等，再将表面冲洗干净，待其表面干燥后（约30分钟）再进行正式消毒。

（2）消毒药的选用

为动物消毒时，要选择刺激性和浓度较低的消毒药，药物必须符合使用标准。实验证明，以下消毒药可以作为动物消毒使用，但应注意浓度。比如，蓝光消毒剂使用浓度为200—300毫克/升，该药物刺激性和毒性均小；次氯酸钠使用浓度应为0.2%，不超过0.3%；消特灵使用浓度为1:600—1:800；威力碘、聚维酮碘使用浓度为100ppm；过氧乙酸使用浓度为0.2%，不要超过此浓度。

（3）正式消毒的具体操作

场内环境的消毒一般以喷洒的方式进行。首先按以上要求选择消毒物，其次计算整个环境的面积，并按80—100毫升/平方米的用药量（一般在水泥地面，土壤地面可适当加大1—2倍的用药量）计算环境一次消毒所需的总药量，最后按照浓度要求配置好消毒液进行消毒，应特别注意喷洒消毒液时，要在整个环境中喷洒均匀。一般每月需进行4—5次彻底消毒。

每次消毒均应做记录，参考以下表格：

日期	场地	消毒记录	责任人	消毒结果

活动后的整理：活动后将场地中的材料及时收拾、整理好，并清理地面杂物，清除下次活动的安全隐患。

问题2：我们幼儿园饲养了很多种动物，孩子们倒是很喜欢，可是老师们负担太重了，每个班的老师都有负责的动物。按照幼儿园的规定，老师要在每天上班之前、下班之后或者中午休息时去喂养动物，清扫窝笼也是老师的事儿。阴天的时候，动物窝笼气味很大，清扫时都得戴着口罩。如果某个班负责的动物出了问题，老师还需要承担责任，可是老师也没有什么饲养动物的经验，真的很头疼。我们是老师，又不是动物饲养员。请问，我们该如何做？

一个幼儿园能饲养很多动物，真的很了不起，这说明幼儿园的理念是很超前的，希望为幼儿提供更多的机会接触了解动物。可是，幼儿园饲养的动物越多就越好吗？显然不是，幼儿园不是动物园，老师也不是专业的饲养员，不具备足够的饲养动物、卫生防疫的知识经验，也没有那么多时间照料动物。幼儿园需要饲养角，那么可以饲养几种赏心悦目、性情温驯的小型动物，让幼儿有机会接触小动物，了解生命成长的过程，体验有动物相伴的美好童年，但动物的种类和数量不宜太多，不应该让教师感觉到负担。

另外，幼儿园饲养的动物分配给教师个人进行管理的方式有些不妥，这样做不仅增加了教师的负担，而且让幼儿失去了参与和体验的过程，失去了饲养动物最核心的价值。一方面幼儿没有机会参与喂养、观察和清扫工作，另一方面，教师会备感厌倦。建议幼儿园的饲养工作有专门的制度保障，有专人负责，每个班级的教师可以根据幼儿的年龄特点和教育目标，定期组织幼儿进行观察、喂养或做力所能及的清扫工作，也可以在户外自主活动时间，幼儿自由选择去照料小动物。

🍄 问题3：我们幼儿园户外饲养角在不到2平方米的空间里养了2只兔子，每次我带着孩子们去喂食的时候，孩子们都很喜欢，但我只能选1~3个表现好的孩子去喂食，其余38个孩子只能站在旁边观看。每次孩子们都会眼巴巴地瞅着我，高高地举着手喊："老师，我！"可是，我不可能让全班40多人同时去喂兔子呀，请问，该怎样做才能满足全班孩子给兔子喂食的愿望？

上一个问题是幼儿园饲养的动物太多，增加了老师的负担，而这个问题正好相反，因为饲养的动物太少，无法满足全班40多个幼儿喂小兔子的强烈愿望，当然更无法满足全园300多个幼儿喂小动物的愿望。难以想象如果全园300多个幼儿每人喂兔子半根萝卜，这两只兔子一天得吃下多少食物？解决此问题最简单的办法就是多养几种小动物，比如，2只兔子、2只小鸟、2只鸡、2只山羊……每天有一个班的幼儿负责喂食和清扫，其余班级的幼儿只能来观察和记录，各个班轮流。

当然更重要的是要解决教师观念和教育行为的问题。如果只有2只兔子，那么教师就不能组织集体喂养的活动，更不可以选1~3个表现好的孩子去喂食，其他38个孩子站在旁边观看。这里透露出的教师对于"好孩子"的观念会引发质疑。什么是"好孩子"？没有机会喂养兔子的孩子都不是"好孩子"的原因是什么？只是因为没有机会喂养兔子，就给全班38个幼儿贴上"不好的孩子"的标签，实在既不公平也不合理。

如果只有2只兔子，教师可以组织幼儿观察和讨论，观察兔子的外形特征和行为特点，思考和猜测兔子爱吃的食物，然后进行验证，看看兔子到底会吃什么食物。此外，2平方米的空间不足以让全班幼儿充分观察，教师可以把兔子放出来，让兔子在更大的空间自由走动，这样更有助于幼儿观察。

因为只有2只兔子，所以教师最好不要组织集体喂养，在户外自由活动时，幼儿可以自由选择区域进行自主活动，对动物感兴趣的幼儿选择喂食、清扫、观察和记录，对动物不感兴趣的幼儿可以选择其他活动，这样幼儿会有更多的活动选择，而不是仅仅作为旁观者。

问题4：一天下午，大家都在滚轮胎。这时候，我班夏夏看见小班小朋友正拿着从植物园拔的草喂羊，于是他也加入了。起初，他捡了一些别人掉的草，喂得很开心。可是不一会儿，地上的草被他捡完了。于是他四处寻找羊的"粮食"，可是一无所获。突然，他发现了一副绿手套，眼睛一亮，赶快捡起来喂羊。老师看到后马上制止并告诉他绿手套不能喂给羊吃，可是夏夏依然坚持自己的想法，说绿手套就是草，趁老师不注意又扔给了羊。请问，教师应该如何纠正幼儿随意投放东西喂动物的行为？

从这个教师提的问题我们可以看到两点：第一，幼儿真的很喜欢给小动物喂食的活动。有一次我走进一所幼儿园，正是孩子们户外自主活动时间，我发现有一个小朋友在摘冬青树上的绿芽喂孔雀，其他小朋友都跟着学。我告诉他们不能这样做，因为会伤害到冬青树的生长。可是等我去别的地方之后，转身发现他们又去摘冬青树上的绿芽喂孔雀，问他们为什么这样做，他们说孔雀只吃这个，后来我给园长和老师们的建议是：在饲养小动物的窝笼旁分类设置食物筐，感兴趣的小朋友可以在自由活动时选择给小动物喂食。为避免喂的食物太多，需要控制食物总量，也需要投放食物喂养记录本，当然这个区域还需要一个负责的教师来总体管理和控制。

第二，3—4岁幼儿的认知和思维还具有自我中心倾向和幻想性，因为特别想喂食，手边又没有草，于是就把绿手套当成草，总之，是要实现给羊喂食的目的。教师一方面应该尽可能理解幼儿，接纳幼儿不那么科学的思维特点，另一方面应该尽可能满足幼儿想要喂食的愿望，也可以和幼儿一起讨论、交流羊爱吃的食物之类的话题。如果教师了解案例中的幼儿的强烈愿望和特点，那么可以带幼儿一起去寻找羊爱吃的食物，避免其乱投东西喂养，而不仅仅是言语说教。

4. 活动设计案例

我和动物朋友（大班）

【活动目标】

1. 喜欢亲近小动物，和幼儿园的小动物建立朋友般的感情。
2. 愿意照料小动物，具有责任感，懂得尊重每一个生命。
3. 初步具备主人翁意识、敏锐的感觉以及坚持不懈的意志品质。

【活动准备】

母鸡、母鸡的小屋、兔子、兔子的小屋、各种清扫工具等。

【活动过程】

一、给动物起名字

1. 每个小朋友为幼儿园饲养的母鸡、兔子等小动物起一个名字，并说说起这个名字的理由，比如，根据小动物身体的颜色和特征、根据与小动物相关的书籍、跟自己平时的生活结合等。

2. 投票决定母鸡、兔子的名字，倡议孩子每次跟动物见面时都要打招呼，就像跟老师、小朋友打招呼一样。

二、和动物一起游戏

1. 每天早上将小动物的窝笼推到大门口，幼儿入园时可以跟小动物打招呼。

2. 午餐后、户外活动等时间，邀请动物和孩子们一起散步，如和母鸡赛跑、和兔子玩"捉迷藏"游戏等。

3. 将动物作为生活中的一部分，和小动物一起自主游戏、给动物唱歌、讲故事等。

三、帮小动物打扫家

1. 提出问题与幼儿进行讨论。

"你希望自己生活的环境是什么样的？如果我们生活的地方不卫生，你会有什么感觉？你会怎么办？""母鸡住的房子脏了怎么办？""怎样才能让兔子像我们一样，生活在一个既干净又舒服的环境？"……

2. 幼儿分组、分工进行清扫活动。

可以采取自由组合或者按照值日生的顺序等形式进行分组，并灵活调整，帮助小动物清扫窝笼。

四、捡鸡蛋、数鸡蛋

1. 每天注意观察动物居住的"房子"、幼儿园竹林及草丛等地方，找到鸡蛋后与大家分享，教师可带领孩子们查看捡到鸡蛋的地方。

2. 一起数数鸡蛋的数量，大家讨论捡到鸡蛋怎么办，并向母鸡说"谢谢"。

3. 在升旗仪式上向全园孩子报告母鸡下蛋的好消息。

五、动物领养计划

1. 周末时间，将动物托付给门卫爷爷，请门卫爷爷帮忙照料，并表示感谢。

2. 制订假期领养计划，由幼儿轮流将小动物带回家进行照料。

（山东省淄博市市直机关第三幼儿园　胡芹）

5. 活动观察案例

不吃火腿肠的兔子

【观察时间】2016 年 4 月

【观察地点】户外饲养区

【观察对象】小班幼儿

【活动背景】

小班幼儿喜欢活泼、可爱的小动物,兔子就是其中之一。从入园起,幼儿就和兔子成了好朋友。户外饲养角的兔妈妈昨天生了三只兔宝宝,孩子们着急地要去看望,今天早上,他们从家里带来了很多食物,准备去喂养兔子。

【活动描述】

在看望兔宝宝时,孩子们既惊讶又喜爱(见图4.14)。对于很多孩子来说,他们是第一次见到这么小的、肉乎乎的兔宝宝。

图 4.14

看完小兔子后,孩子们拿出了带来的食物,开始喂大兔子。

突然,跃跃伤心地走到我面前说:"兔子为什么不吃我的火腿肠?"

我这才注意到跃跃带来的食物是火腿肠。说实话,我也是第一次遇到这样的问题,一时不知该如何回答。

正在我考虑如何回答时,跃跃着急地说:"老师,兔子不喜欢吃火腿肠吗?可是火腿肠很好吃啊。"

旁边的辰辰走过来说:"兔子只吃萝卜和青菜,儿歌都说了,它们不吃火腿肠的！"

这时，跃跃有些伤心，眼里含着泪水。

我赶紧说："跃跃，你喜欢吃火腿肠，可是，想想你有不喜欢吃的东西吗？"我问道。

"有啊，我不喜欢吃青草。"跃跃说。

"是啊，跃跃有喜欢吃的东西，也有不喜欢吃的东西，小兔子也是一样的。"我摸着跃跃的头说。

"我知道了，那我明天给小兔子送胡萝卜吧。"跃跃立刻高兴起来。

回到活动室后，我马上上网查找资料，才知道兔子虽是草食性动物，但偶尔可以吃一点豆腐渣等易于消化的食物。兔子的肠胃特点不能适应高脂肪、高水分的食品，以及蛋类食品、含荤油的食品等。兔子吃了肉类食品及含油量大的食品，会造成严重的肠胃疾病。

我立刻将查到的信息告诉了孩子们，孩子们听了恍然大悟。跃跃惊讶地说道："幸亏兔子没有吃，要不然，我就害死它了！"我说："跃跃有爱心，想把好吃的都给兔子，兔子一定会明白的。"他这才如释重负地点点头。

【活动解析】

受缺乏经验的影响，孩子们会以自我为中心思考问题。跃跃因为自己喜欢吃火腿肠，所以就把火腿肠带来给兔子吃，结果让他很失望。但是他已经有了自己的想法，并付诸实践。同时，他的做法也给教师一种思考和认识，虽然孩子年龄小，但已经有了自己的想法。我们要学会放手、尊重孩子，让孩子在探索中发现问题、收获成长。

【观察指导】

《幼儿园教育指导纲要（试行）》指出：教师应该成为幼儿学习活动的支持者、合作者和引导者。针对跃跃喂食火腿肠的问题，教师能迅速查找资料，给予幼儿满意的答复，为幼儿释疑解惑，这样做既尊重了幼儿的想法和思维特点，又合理引导幼儿正确认识问题，了解事情的真实性和现实性，丰富了幼儿的知识储备。

（山东省利津县第一实验幼儿园　崔峰）

再见，小乖

【观察时间】2017年5月

【观察地点】户外饲养区

【观察对象】大班幼儿

【活动背景】

去年春天，兔子小乖和另一只一个月大的兔宝宝淘淘来到了我家，那时它们还小，淘淘每天都想尽办法从笼子里跑出来，而小乖却总是乖乖地待在笼子里等着我去喂它。婆婆每天都会带着我儿子麦兜给兔宝宝们挖青草。因为食物很充足，两只兔宝宝长得特别快，可爱极了。我和入园的儿子麦兜商量，能否把小乖和淘淘带到幼儿园，和其他伙伴一起做朋友。儿子欣然同意，于是，小乖和淘淘正式成为幼儿园的一员，受到老师和孩子们的喜爱。

【活动描述】

搬到新家没多久，小兔淘淘再次成功出逃，只剩下小乖孤零零地待在笼子里。小乖在园里小朋友和门卫崔爷爷的精心呵护下渐渐长大了。孩子们在院子里游戏时总不忘去和小乖打个招呼，喂它吃可口的胡萝卜。今天早上一来幼儿园，就听到小乖离去的消息。我很难过，并把这个不幸的消息告诉了孩子们，他们迫不及待地来到南院，说要给小乖送行。

孩子们围绕在兔笼旁边，静静地看着躺在那里一动不动的小乖（见图4.15）。崔爷爷把小乖移到了事先挖好的坑里，孩子们拿起小铲子帮崔爷爷把小乖埋了起来（见图4.16）。整个过程孩子们都出奇的安静，我听到他们轻声交流："小乖不动就是死了吗？""小乖再也不能吃我带来的蔬菜了。""要是我们想小乖，怎么办？"……

图 4.15　　　　　　　　图 4.16

埋好小乖后，孩子们有的从地上捡来漂亮的树叶，有的捡来掉落的小花，泽泽捡来两块漂亮的鹅卵石（见图 4.17）说："让鹅卵石陪伴小乖吧！"

孩子们纷纷和小乖告别，七七说："小乖，谢谢你陪我们长大，我们不会忘记你的。"公主说："小兔子，我们会想你，我好想再抱抱你。"柠檬说："小乖，我们还会来看你的。"泽泽双手抓着空空的兔笼，什么话也不说（见图 4.18），他默默地走到小鸽子咕咕旁边（见

图 4.17

图 4.19），蹲下来，久久不愿离去……

图 4.18

图 4.19

【活动解析】

孩子们在和兔子小乖告别时，教师发现泽泽独自站在兔笼旁边似乎心有所想，可他没说一句话。泽泽平时是一个很开朗的孩子，看到他在鸽子笼边静静地蹲着，那一刻，教师潸然泪下。晚上，教师通过微信和泽泽妈妈谈论起这件事，泽泽妈妈告诉教师：泽泽在回家的路上说兔子小乖死了，他很难过。不过他给小乖的新"家"放了花、树叶，还有鹅卵石，他相信小乖会好好的。泽泽妈妈说孩子一直不知道"死"是什么意思，但通过这件事情，泽泽好像意识到什么是死亡。泽泽第一次用平静的话语和妈妈谈论死亡，妈妈触动很大。泽泽问妈妈："人死了也会埋起来吗？"妈妈紧紧地拥抱了他，并告诉他，每个生命都要面对死亡，关键是我们要享受当下美好的生活，要珍爱生命。

【观察指导】

小乖的离去对孩子们触动很大，教师让孩子们用自己的行动表达对小乖的喜爱之情和离别之情。给孩子机会，会让孩子感知生与死，直面离别，学会接纳，并在以后的生活中懂得珍惜生命、尊重生命、敬畏生命。

（山东省淄博市市直机关第三幼儿园　朱绪秀）

三、自然探究活动指导

户外活动时，晓晓用一只胳膊揽着一棵柳树转圈圈。他一低头，惊奇地发现树的下方有一个洞，急忙喊道："老师，这里有个洞。"周围的小朋友马上围拢了过来，奇怪地说："哇，树上怎么会有这么大的洞呢？"

晓晓说："看，我的手还能伸进去呢，是虫子咬的吧？大树是不是生病了呀？"

田田说："大树会不会很疼呀？"

佳佳拿了根小树枝在里面一边拨动，一边说："里面可能是小动物的家吧。"

欣欣说："对，是小松鼠的家，小松鼠在这里过冬。"

在佳佳的拨动下，一只小蚂蚁匆匆爬了出来。佳佳说："不对，是小蚂蚁的家。"接着，佳佳又从里面拨出了一只西瓜虫，开心地说："西瓜虫也住在里面呢。"

小小的西瓜虫爬出来后，被小朋友们摆弄得一蜷一伸，孩子们开心极了。这个用树枝碰碰西瓜虫，那个又拿在手心里逗弄着，没人再去关心大树是不是生病、树洞是怎样来的问题。请问我应该任孩子们去玩西瓜虫呢，还是引导他们继续探索关于树洞的问题？

案例中的教师遇到的问题是户外自然探究活动的方向选择的问题，以及如何引导的问题。除此之外，教师还需要进一步思考以下问题：

- 户外自然探究活动的关键经验有哪些？如何在短短的一次探究活动中进行价值取舍？
- 户外自然探究活动如何在追随幼儿的兴趣的过程中保持其持续性，引导幼儿的深度学习和探索？
- 户外自然探究活动的观察和指导要点有哪些？
- 如何引导才能让幼儿在户外自然探究活动中获得学习品质的提升？

自然探究活动主要是指幼儿受好奇心和兴趣的驱使，对户外物质环境进行的一系列感知、观察、实验、体验、操作等活动。这类活动充满了科学性、探究性、变化性、趣味性，深受3—6岁幼儿的喜爱，在满足幼儿好奇心和探究欲的同时，激发了幼儿对于科学的热情，并学习到科学探究和科学思维的方法，同时让更多的幼儿感受到科学的奇妙。自然探究活动的核心是让每个幼儿像科学家一样亲历科学探究的过程，体验科学学习的奥秘。

幼儿每天在户外活动两个多小时，幼儿园良好的户外环境充满各种未知的事物，会引发幼儿各种各样的科学探究活动。一小块泥土地，不用播种就会长出花花草草，也会引来蝴蝶和蜜蜂；会有蚂蚁走过，也会出现西瓜虫、甲壳虫，下雨之后还会钻出蚯蚓，爬出蜗牛……寒来暑往，四季轮回，这个世界的奇妙会不断展现在幼儿每日的生活当中。

1. 活动内容与关键经验

幼儿园自然探究活动主要包括以下内容：

（1）对天气和户外环境变化的探究

科学其实并不遥远，就在我们的周围。我们的身边充满各种令幼儿着迷的科学现象，比如，气温在各个季节的变化；夏季会有雷阵雨、冰雹和彩虹；冬季会下雪、结冰，冰和雪又会融化；大风会吹动树枝，吹起落叶，我们可以利用风玩风筝、风车……科学与幼儿的生活密不可分，教师可以有目的、有计划地设计一些针对天气和户外环境变化的科学探究活动，比如，指导幼儿记录秋天气温的变化，大班幼儿每周可以画出一条温度变化曲线图，一段时间之后，教师可以组织幼儿进行一次主题谈话活动，帮助幼儿梳理气温变化的规律，师幼共同探究影响因素。其实，只要让幼儿有更多的机会在户外活动，即使没有教师设计的科学活动，幼儿同样会受好奇心的驱使，生成很多自主的科学探究活动，比如，在冬雪飘飘的季节里玩堆雪人、踩雪、滑雪的游戏，观察和探究雪的融化；玩沙时往里面加点水，湿的沙子可以黏在一起塑形，水会渗到沙子里去，瞬间不见了……

（2）对季节与自然环境中的动植物的关系的探究

北方气温在四季有比较明显的变化，所以植被就会迥然不同。春天来了，大地回暖，花朵摇曳，各种各样的小动物都会出来活动；夏季炎热，植物郁郁葱葱，树上的知了吵吵闹闹，还有各种各样的小虫子会出现；秋季气温骤降，落叶飘飘，候鸟排队陆续南飞；寒冷的冬季，落叶树只剩下光秃秃的树干，常绿树却会顶着白雪呈现绿色的生机，小动物们或者冬眠、或者迁徙、或者储存食物、或者换上厚厚的皮毛准备度过寒冷的冬天……幼儿园的户外环境在各个季节有不同的风光，也会有各种各样的动植物变化，这些都能吸引幼儿，引发幼儿自觉的探究行为。教师可以根据环境和主题的变化，有目的地引导幼儿开展一系列针对户外自然环境中的动植物的科学探究活动。

（3）利用户外环境中的玩具或物体进行科学探究

幼儿园丰富的户外环境会有各种各样的玩具——滑梯、跷跷板、秋千、爬梯、滑索……这些是幼儿喜欢的玩具，同时也会让幼儿在玩耍的过程中感受重量、运动速度、摩擦力、惯性等物理概念。玩耍的过程何

尝不是幼儿科学探究的过程。比如，坐跷跷板的时候，体重轻的小朋友很难跷起体重重的小朋友，三个小朋友合起来才能跷起另一端的老师；球会从滑梯上自然滚下来，可是要滚上去，却需要很大的力量推动；不一样的斜坡，球滚下来的速度是不一样的……

当然，教师也可以设计有目的的科学探究活动，比如，让幼儿玩轮胎，尝试运用滚、搬、抬等方法运送轮胎，探究最省力和最费力的方法是什么……身边的科学真的很多，教师要做一个有心人，不断从幼儿感兴趣的活动中发现有价值的探究点，并给予幼儿有力的支持和恰当的引领。

（4）木工坊的科学探究

木工制品在我们的生活中无处不在，简单实用的家具、精雕细琢的艺术品都是人们智慧的结晶。木工制品的加工过程是一个感知觉发展和动手动脑的综合过程，现在，越来越多的幼儿园意识到木工活动对幼儿发展的无限价值，所以在室内或者户外创设各种条件，满足幼儿敲敲打打进行木工活动的愿望，让幼儿在动手操作的过程中进行探究和创造，满足幼儿的好奇心和成就感，发展幼儿的动手能力、探究能力和创造性地解决问题的能力。

幼儿园可以在户外创设木工坊，提供简单实用、易于幼儿操作的小型木工工具，再准备一些零碎的木块、木条。幼儿可以自由地进行敲敲打打的木工创造活动，也可以在教师指导下进行有目的的设计和目标明确的木工制作，在共同的探索活动中感受木材的质地、力量、工具的不同等，探究操作和组合的方法，学会控制自己的力量和用力的角度，感受创造的美和成功感。

各年龄段自然探究活动的关键经验[①]见表4.4。

[①] 董旭花，等，编著. 幼儿园自主性学习区域活动指导［M］. 北京：中国轻工业出版社，2014：158–159.

表 4.4 自然探究活动的关键经验

关键经验	小班	中班	大班
好奇心与探究兴趣	对户外环境中的各种自然现象好奇,经常问问题,喜欢摆弄物品。	能关注到户外自然环境中各种现象和动植物的变化;喜欢动手动脑探索物体,能感受到科学探究的乐趣。	对户外自然环境中感兴趣的事物和现象喜欢刨根问底;能主动通过观察、实验、操作等方式寻找问题的答案,并享受科学发现过程的深层乐趣。
探究过程与探究能力	能运用多种感官观察户外自然环境中的动植物和物体现象,感受其变化;能在教师的指导下进行有目的的探索活动。	能有序地观察自然物;尝试运用比较的方法探究物体之间的异同;喜欢提出问题并大胆猜测,能通过观察、实验操作等方式进行验证,具备初步的探究能力。	能较全面、系统地观察物体和现象,发现其前后的变化;能灵活运用观察、实验、调查等方法探寻问题,寻找答案;具有一定的概括、分析、评判、推理的能力。
工具的使用与探究经验	能通过亲身体验、观察、操作等方法,发现各种自然物的明显特征和规律。	能感知和发现周围环境中的各种变化,发现其异同;在教师的引导下寻找变化的规律和缘由;学习使用简单的工具有步骤地进行探究,积累科学经验。	能发现周围环境中各种细致的变化及其规律,积累环境和生命科学的知识经验;能安全、正确地使用工具,创造性地进行探究活动,积累探究和制作活动的经验。
记录、表征与交流	在教师的引导下,能用简单的涂鸦和较完整的语言表达探究的过程和结果,喜欢倾听和表达。	学习运用图画、简单符号等方式记录探究过程;能用完整的语言表达通过观察和实验操作获得的信息;愿意倾听同伴的意见,在交流中拓展经验。	能用数字、图画、图表、符号等方式记录表征探究获得的信息;能完整、流畅地描述探究过程与结果,愿意与他人合作与交流,在交流中分享经验,并学会质疑和进行科学思考。

2. 观察与指导要点

教师应该尽可能利用一切机会，顺应幼儿的好奇心，支持幼儿的探究行为，也可以有意识地组织幼儿有目的地进行观察、记录、实验活动，如春暖花开时把自然角的植物移栽到种植园地中去；春季幼儿园里各种植物开花的观察、比较和记录活动；秋季落叶的观察记录，落叶树、常绿树的对比观察；种子发芽的实验活动；植物生长所需条件的实验；土养植物和水养植物的对比实验等。

在户外自然探究活动中，教师观察和指导的要点主要体现在幼儿的探究兴趣和持续性、幼儿的探究过程和探究能力、幼儿对于工具和材料的选择与使用、幼儿自然探究的经验、幼儿的记录和表达等方面，具体内容如下。

（1）幼儿的探究兴趣和持续性

在户外活动时，教师需要观察幼儿的兴趣，在追随幼儿的兴趣的过程中给予必要的指导。例如，本节一开始案例中的幼儿先是对树洞感兴趣，对"树上怎么会有这么大的洞"很好奇，于是，他们开始猜测大树是不是生病了、是不是被虫子咬的、大树会不会很疼……这些猜测就是幼儿已有经验的反映，是幼儿面对问题时比较合理、富有逻辑的推理过程，也是幼儿提出假设的过程……当然，问题的答案是无法直接观察到的，对于"树上怎么会有这么大的洞"这一问题的探究，幼儿很难持续下去，所以他们的兴趣开始转移。他们转而对树洞里面有什么感兴趣，他们猜测里面可能是小动物的家，对于这个问题他们不满足于猜测，他们可以动手进行探究，于是他们开始用树枝拨树洞。在幼儿的拨动下，一只小蚂蚁爬了出来，接着他们又拨出了一只西瓜虫，于是他们"丢掉"了刚开始感兴趣的树洞，开始对小动物充满了好奇心。

幼儿对于树洞的兴趣持续时间很短，但对于小动物的兴趣比较浓厚，而且一直在持续着。案例中的教师关注到了这一点，其实这也符合幼儿的特点。一般来讲，幼儿对于动物的兴趣总是超过对于植物的兴趣，况且，对于树洞的探究，幼儿无法用具体行动体现，所以幼儿自主的探究行为很快就会转移到树洞里的小动物身上。如果教师希望幼儿持续进行树洞的探究，那么可以在幼儿对动物的好奇心满足之后，引导幼儿讨论树洞的形成，借助图片、视频、图书等资料，帮助幼儿丰富相关经验，引发幼儿对于各类树洞的持续关注和探究。

另外，上述案例中幼儿的行为除了呈现出对动物的好奇心和兴趣之外，还表现出对动物的不尊重，"小小的西瓜虫爬出来后，被小朋友们摆弄得一蜷一伸，孩子们开心极了。这个用树枝碰碰西瓜虫，那个又拿在手心里逗弄着"，他们拨弄西瓜虫的行为已经从好奇转为取乐，教师应该及时介入指导。探究动物更重要的是不破坏它们的家，不打扰它们的生活，更不能伤害它们的生命，这是对于生命的最基本的尊重。教师应该通过各种方式把这种生命意识传递给幼儿。

在户外自然探究活动中，环境是开放的，幼儿之间会相互影响，因此，幼儿的探究兴趣可能会随时转移，很难持续和深入。这就要求现场的教师应该注意观察幼儿的兴趣，并及时解读幼儿的行为。从幼儿一系列的行为中判断介入指导的必要性和方式，从幼儿众多的兴趣中选择有价值的和普遍性的问题，引领幼儿进行持续的、深入的探究。

（2）*幼儿的探究过程和探究能力*

不一样的问题情境引发的幼儿的探究行为是不一样的，教师可以观察引发幼儿探究的背景，幼儿在探究过程中具体的观察、摆弄、操作、实验等行为，分析幼儿发现问题、提出假设、运用具体方法进行验证、得出结论等能力，这也是幼儿探究能力的具体体现。

在发现问题阶段，由于活动现场具有开放性，幼儿提出的问题会比较随意并随时发生变化，教师可以帮助幼儿概括、聚焦有价值的问题，让幼儿的科学探究具有明确的目的性和方向性。

在提出假设阶段，幼儿会自然地运用已有经验进行猜测，幼儿的猜测可能有其合理性、逻辑性，也可能很随意、天马行空。一方面，教师需要理解幼儿，接纳幼儿以自我为中心和幻想的特点；另一方面，教师需要指导幼儿慢慢学会根据已有的经验和线索，进行科学、合理的逻辑推断，让假设建立在理性思考的基础之上。另外，教师应支持幼儿针对一个问题的多重假设，不轻易否定幼儿，让幼儿充分进行假设，再进行实验验证。

假设仅仅是假设，并不是解决问题，教师应该让幼儿明白探寻问题的答案，最好的方法是自己动手试一试。运用具体方法进行验证，是幼儿科学探究最重要的一个阶段，是体现"做中学"科学教育内涵最关键的一个过程，也是幼儿最感兴趣的感知、体验、操作、实验的阶段。在这个阶段的探究过程中，教师一方面要给予幼儿机会动手做，另一方面要给予幼儿具体的引领，让幼儿掌握观察、实验的具体方法和步骤，提升探究能力。

在得出结论阶段，教师应该指导幼儿梳理在探究过程中获得的信息，比较、总结、概括，以得出合理的结论。在这个过程中，教师应注意避免单纯的科学知识和概念的强硬灌输。

幼儿科学探究能力的获得并非一朝一夕就能实现，需要幼儿长期的学习和积累，需要教师有意识的引导和推动。

（3）*幼儿对于工具和材料的选择与使用*

幼儿的科学探究活动需要工具和材料的支持，教师应该根据探究目标和内容的不同，为幼儿准备适宜的探究工具和材料，以更好地支持幼儿的科学探究活动。在这个过程中，教师需要观察幼儿对于工具、材料的选择和使用，分析各年龄段幼儿选择和使用的差异性。如果发现幼儿不会选择，那么教师需要引导幼儿进行讨论交流，探讨什么样的探究活动需要运用什么样的工具和材料，以及如何使用。如果幼儿对于某些工具比较陌生，那么教师需要在幼儿使用前教会他们使用方法和步骤。

（4）幼儿自然探究的经验

只要是幼儿感兴趣的科学探究活动，不论是教师发起的，还是幼儿自发的，自然就会获得探究的经验。探究的经验不一定仅仅表现为科学知识，科学精神、科学方法的获得都属于科学经验的范畴。另外，幼儿阶段的科学学习属于经验层次的科学，而非概念层次的科学。教师不要仅关注科学知识、科学概念的获得，而忽略了对幼儿科学态度和科学能力的培养。

教师可以通过对于幼儿语言和行为的观察分析，了解幼儿已有的科学经验的发展状况和发展特点，也可以通过引导阅读、讨论交流等方式丰富幼儿的科学经验。更重要的是，幼儿科学经验的获得需要幼儿亲历科学探究的全过程，感知、体验、操作、实验，在做中学科学，而非一味地听讲科学。

（5）幼儿的记录和表达

幼儿的记录和表达是幼儿科学探究过程中重要的组成部分，观察幼儿的记录和表达可以帮助教师了解幼儿的兴趣和已有经验，有助于教师明确指导幼儿的方向和方法。教师可以针对不同年龄段幼儿的特点和发展水平，选择不同的方法，指导幼儿做记录。探究活动结束之后组织幼儿进行表达和交流，帮助幼儿梳理探究过程中遇到的问题，概括、总结、提升探究过程中获得的零散的经验。

3. 常见问题与对策

问题1：在户外活动时，有个小朋友发现了一只小虫子。大家都围着虫子，兴致勃勃地观察起来，可是这时，班里的浩浩走过来，一脚把虫子踩扁了。这个小朋友以前也发生过类似的问题，也对其进行过教育，请问对于每次都故意捣乱的孩子，该如何引导？

我们不知道这个叫浩浩的孩子在成长过程中经历了什么，因此很难确定他是因为认知（如虫子是坏的，会咬人）导致的行为，还是因为情绪、情感上的问题，让他通过这种行为释放被压抑的情感，或者是因为模仿成年人的习得性行为……由于无法了解更多关于这个孩子成长的信息，所以，很难给予有针对性的指导建议。

如果是因为认知导致的行为，那么教师可以通过在班级动物角饲养虫子的过程，也可以通过讲故事、观看动物视频、交流讨论等活动，让其感受虫子的无害，甚至可爱，培养其同理心和基本的生命意识。因为教师往往是幼儿模仿的对象，所以教师也可以用自己的热情和同理心感染幼儿。

如果是因为情绪压抑之后的破坏性释放，那就需要教师多关注此幼儿在日常生活中的各种表现，一方面给予其充分的关注和关爱，并在班级中创设情绪发泄区，引导幼儿通过合理、无伤害的途径释放情绪；另一方面需要与家长密切沟通，让幼儿的家庭环境获得更有益的改善，让家长给予幼儿更充分的关注、接纳和爱。

如果是模仿成年人的习得性行为，那么无论是教师还是家长，都需要反思自己的日常行为，重新调整自己的言行以及与幼儿的互动模式，消除可能带给幼儿的暴力影响，培养幼儿的同理心。

问题2：教育的核心是顺应孩子的天性，爱玩好动是孩子的天性之一，但是课堂教学和户外活动在"怕乱求稳""安全第一"等思想的影响和支配下，我们常常用一些生硬的话语，如"请坐好""不许乱跑""跟着老师做"来命令孩子；或者降低活动要求，限制活动范围，使孩子的手脚被束缚，使孩子活泼好动、好奇的天性被压抑。那么怎样在课堂教学和户外活动中既能顺应孩子的天性，又能保证孩子的安全，使孩子获得全面发展？

诚然，在户外活动中，教师要承担更多的安全责任和压力，因此，有些老师会给予幼儿很多限制,比如,必须在老师指定的范围玩,必须按照老师说的那样玩,必须一个跟一个排着队玩……任何有点挑战性的玩具和游戏都不敢让幼儿玩,甚至很少去户外活动……如此一来,幼儿健康发展的目标如何得以实现?提这个问题的教师非常好的一点是,他(她)看到了问题,认为教育应该尊重幼儿活泼好动的天性,促使幼儿获得全面发展,但是又纠结于来自幼儿园和家长关于安全的种种压力,有点不知所措。

大概没有任何一个学段的教师承担的安全压力像幼儿教师这么大。因为幼儿具有好奇心强、活泼好动、动作发展水平较低、对自我行为的后果的预见性比较差、自控能力比较差、自我保护的意识和能力比较差等特点,所以,在幼儿园户外运动或科学探索的活动中,尤其容易出现磕碰、摔伤、划伤等小事故。按理说这都很正常,谁家孩子在养育的过程中没有出现过这种情况?但这些年有些家长对孩子磕磕碰碰的接受程度越来越低,只要孩子有点皮外伤,就会到幼儿园吵吵闹闹、没完没了,结果导致教师越来越小心,上级管理部门的要求也越来越苛刻,让幼教人感到很无奈。

解决这样的问题,首先应该解除教师背负的安全的枷锁。无论是行政主管部门的领导,还是幼儿园管理者,必须想办法给教师松绑,不能让教师无限地承担所有的安全责任,教师只承担过错责任。

其次,幼儿园应该通过各种途径帮助家长理解幼儿的特点和幼儿教育的真谛,接纳幼儿活泼好动的特点,充分尊重幼儿的天性,让幼儿在室内外各项活动中获得健康、全面的发展。当幼儿对外界事物表现出强烈的好奇心而进行探索活动时,家长能够给予理解、支持和陪伴,不会因为孩子弄脏了衣服、划伤了手臂就大喊大叫,也不会因为孩子在幼儿园玩梯子磕了脚,就对老师不依不饶……为了实现幼儿健康发展的目标,家长能够与教师共同努力。

最后,幼儿园必须做好安全防护准备,不留任何安全隐患。安全防护其一包括户外场地、器械、玩具、材料的安全；其二包括教师的责任心和安全防护意识，尤其是教师在户外的站位和对幼儿活动状况的观察指导；其三包括教师对幼儿的安全教育和提示，提升幼儿自我保护的意识和能力才是关键。

问题3：我们幼儿园要求老师能根据幼儿的探究活动随时生成课程，这让老师感到非常为难，原因有：第一，如果班级那么多孩子同时开展多种不同的活动，老师不知道该观察哪一个孩子，也不知道应该根据哪一个或哪几个孩子的活动生成教育活动；第二，如果老师没有知识储备和教具准备，连孩子们提出的类似"为什么春天杨树上掉下很多毛毛虫一样的东西"这样的问题都不知道该如何回答，老师怎么生成教学活动？即使勉强生成了教学活动，这样生成的教学活动有意义吗？

幼儿园要求老师关注和观察幼儿的活动状况，让老师根据幼儿的需要和兴趣生成课程，这个理念是很好的，因为只有追随幼儿的兴趣、需要和已有经验的课程才是适宜的、有效的课程。大家熟知的"安吉游戏"最初也只是要求老师们"管住手、闭上嘴""睁大眼睛、竖起耳朵"进行观察，在观察和了解了幼儿行为的意义之后，现在安吉的教师会随时随地生成课程，让游戏精神贯穿幼儿一日生活的始终。

可是，在现实的教育实践中，让教师做到根据幼儿的活动状况随时生成课程是一个艰难和漫长的过程，它与教师专业发展的水平直接相关。如果教师专业水平太低，抛弃现有的普适性课程文本，取消所有的预设课程，仅仅要求教师自己生成课程，这也是很冒险和不负责任的事情，而且课程的科学性、适宜性和发展性也很难得到保障。

对于教师来讲，要观察幼儿，并从观察到的幼儿活动中生成相应的课程。案例中提到的难题确实存在，比如，"班级那么多孩子同时开展多种不同的活动，老师不知道该观察哪一个孩子，也不知道应该根据哪一个或哪几个孩子的活动生成教育活动",因此,首先要通过教研和培训的方式,让教师学会观察幼儿,并提升教师进行课程价值判断的能力。有目的的观察可以帮助教师消除观察过程中的盲目性和随意性。其实,只要教师在幼儿自主探究和自主游戏的过程中安静下来,在某个区域或某几个幼儿身边停留几分钟,自然就会观察到有价值的信息。

至于孩子们进行的自主探究是否有价值,是否需要拓展为全体幼儿共同的教育活动,这需要教师在现场进行价值判断。通常,笔者并不主张把教师观察到的幼儿的探究活动都生成全体幼儿的教育活动,因为很多幼儿的活动具有个体性和情境性,并不一定所有幼儿都感兴趣,比如,某个幼儿在户外自主探究活动中手拿放大镜到处寻找昆虫——寻找昆虫是这名幼儿当下的兴趣,不一定是所有幼儿的兴趣,甚至可能再过5分钟,这名幼儿的兴趣也会发生转移。所以,是否需要把某个幼儿当下的探究活动生成小组或全体幼儿的教育活动,需要教师的价值判断,判断的基本标准包括:有普遍的发展意义;是这个年龄段幼儿普遍感兴趣的;具有拓展和深入挖掘的可能;不打扰其他幼儿的探究活动。

上述案例中的教师还提出"如果老师没有知识储备和教具准备,连孩子们提出的类似'为什么春天杨树上掉下很多毛毛虫一样的东西'这样的问题都不知道该如何回答,老师怎么生成教学活动",其实问题的关键在于:第一,如何理解生成的教育活动,生成的教育活动是否必须都是严格的教学活动?必须有适宜的教学目标和完整的教学流程设计?"教育活动"的含义更宽泛一些,只要是教师有目的地指导和引领幼儿就算是教育活动,可以是有预设的教学活动,可以是活动现场的谈话、交流、讨论,也可以是大家共同的观察和探究活动;对象可以是小组幼儿,也可以是全体幼儿;可以在活动过程中当场生成,也可以在活动之后陆续开展。

第二,如何理解教师"教"的问题。案例中的教师认为如果回答不了幼儿现场提出的问题,那么就没有办法生成教学活动。好像教师的"教"就是给幼儿的"是什么""为什么""怎么样"等问题提供一个答案,这就狭隘化了教师的"教"。从某个角度来讲,教师储备的科学知识当然越多越好,但是科学教育的核心不仅是传递给幼儿多少科学知识,更重要的是启迪幼儿科学探究的兴趣,培育幼儿的科学精神,提升幼儿的科学探究能力。从这个角度来讲,即使教师不知道问题的答案,一样也可以组织和引导幼儿的科学探究活动,可以生成有价值的科学探究活动。

问题4:我是大班老师,班里孩子对在户外木工坊钉钉子非常感兴趣,尤其是大家看到杰杰、正正两个人合作完成的大炮、飞机后极为羡慕,老师们都很佩服男孩们的创造性。木工坊活动发展了孩子们的动手操作能力,大大发挥了孩子的想象力。但是在木工坊活动过程中,我发现洋洋、艺然等几个小女孩每次活动时,只是单纯地把钉子钉进木头里,一方面是她们几个胆小,怕砸到自己的手,另一个方面她们力气确实小。请问,对于这样的孩子,老师应该怎样引导呢?

现阶段很多幼儿园在户外都设有木工坊,这为幼儿提供了一个感受和体验木工活动的机会。通过开展木工活动,可以促进幼儿动作的发展,培养幼儿专注、坚持、勇于挑战等良好的学习品质。在木工活动中,幼儿会遇到一系列挑战,幼儿要面对困难、探寻解决困难的方法,这也是提升综合智慧的过程,因此,木工活动为幼儿的自主探索和创造提供了广阔的天地。

在户外的木工坊活动中,幼儿通过锤打进行简单的组合建构,合作完成自己的大炮、飞机等作品,这是令人十分骄傲和喜悦的事情,所以,木工活动尤其会吸引男孩。女孩因为胆小或者力量小,对于木工活动没有那么强烈的兴趣,这也很正常。但木工活动具有很好的发展意义,希望女孩们也能积极主动地参与到木工的探索活动中来。教师指导的具体策略和注意事项如下：

- 无论女孩制作的作品如何简单、粗陋，教师都要鼓励和肯定，强化幼儿进入木工坊活动的持续动力。只要幼儿能经常参与活动，对于工具的熟练程度和操作的技能一定会不断提高。注意不要把男孩和女孩的作品放在一起比较，搞评比活动。
- 请女孩在制作完毕后，美化自己的木工作品。一般来说，女孩的思维更有具体形象性，女孩的活动也更有情绪性。简单的、捶打组合的作品不够形象和完美，借助于彩笔进行的装饰会让作品更吸引人，会让女孩更喜欢自己的作品。不断增强的自信心才是幼儿自主参与活动的不竭动力。
- 男孩和女孩组合在一起，可以让女孩有机会从男孩那里学习设计和制作的思路，领悟突破困难的种种方法，感受成功的喜悦。
- 活动结束后，组织全体幼儿进行作品分享和讨论，这样的活动能让幼儿学习到更多的技能和应对困难的多种方法。
- 幼儿每次活动的时间要得到保障，让幼儿有充足的时间完成一件简单的作品。如果时间不够，每次都半途而废，那么很容易让幼儿产生挫败感。
- 教师要有足够的耐心，学会欣赏和等待，不急于要求幼儿必须做出高水平的作品。

4. 活动设计案例

我和四季有个约会

生活在城市里的孩子对大自然越来越陌生，越来越疏远。为了防止孩子变成"塑料儿童"，本着让孩子爱上自然、保护自然的教育理念，我们幼儿园从2012年开始带领孩子们进行环境教育，着手创建"我和四季有个约会"的园本课程。我们不仅带着孩子走出教室、走进自然，还发动家长参与进来，尝试开展了多种多样的户外活动，期待让孩子们认识自然、探索自然、爱上自然。下面列举的大多数活动适合大、中、小三个年龄班，但教师需要根据幼儿的年龄特点和实际情况做一些调整。

我和春天有个约会

【设计意图】

春天是一个万物生发的季节，柔柔的风、润润的雨、暖暖的阳光、新鲜的空气、刚露头的小草、如烟似雾的春柳、开始出没的小虫、春花烂漫的山野、忙忙碌碌的春耕，一切都是那么生机勃发，一切都是大自然赐给孩子们最好的礼物，对孩子们充满了诱惑力。

在这样一个美好的季节，一定要带孩子们走进春天，通过一个个有趣的活动，从自然中汲取滋养生命的养料，感受春天的变化、特征及美好，享受在春天与同伴嬉戏的快乐时光。基于此，我们反复研讨，尝试开展了以下活动：春天初体验、播种、挖野菜、放风筝、树林里的游戏、春天的小池塘、我的树、倾听树的心跳、声音和颜色、露营、爬山比赛、春天的雨等。

【活动目标】

1. 感知春天时周围环境的变化，感受春天的美好，了解季节的特征。

2. 享受播种的过程，体验播种的快乐，学习观察和照顾植物的生长。

3. 通过听、看、触摸，感受春雨的特点。

4. 通过嗅觉、触觉、视觉、听觉等多种形式，感知"我的树"，体验寻找的乐趣。

【活动列举】

活动一　春天初体验

1. 和孩子一起穿着鞋子在草地上跑一跑，脱掉鞋子再跑一跑，感受暖暖的春风和软软的草地。

2. 躺在草地上自由地滚一滚，闻一闻鲜花和嫩草的味道，再次感受春天柔软的草地。

3. 找一找树林里的嫩芽、鲜花，抓一抓、踩一踩松软的泥土，找一找萌动的小虫子，闻一闻春天的味道。

4. 找一根柳条拧一拧，把树枝的瓤抽掉，只留下树枝的皮，做成柳哨吹一吹。根据孩子头的大小用几根柳条编成草帽戴一戴。赏赏周边的野花，连同花茎一起摘下，用编草帽的方法编个花环戴一戴。让孩子们吹着柳哨，戴着自己编织的花环、草帽快乐地嬉戏。

5. 玩听声音的游戏：让孩子躺在地上，双手握拳举向空中，听到一种声音就伸出一个手指，如风声、鸟叫声、水流声等，看谁听到的声音最多。

活动二　播种

1. 选择适合在春天里播种的花卉、蔬菜、草等种子，先认识种子，再和孩子们一起进行播种活动。

2. 播种过程：松土、浇水、撒种、盖土。

3. 植物管理与观察：浇水、拔草、除虫、搭架。在植物生长的过程中，和孩子经常一起观察和记录。

4. 可以与植树节相结合，进行植树活动。

活动三　春天的雨

1. 和孩子一起来到室外（雨淋不到的地方），仔细聆听下雨的声音，比如，雨落到不同物体上发出的声音、下雨本身的声音等。

2. 带领孩子仔细观察雨落到不同位置、不同物体上所发生的变化。

3. 到春雨里走一走，体会春雨落到身上的感觉。

活动四　我的树[①]

1. 寻找树朋友：游戏要至少两个人一起玩。在距离树10米左右的地方，蒙上小伙伴的眼睛，带他到树前探索。可以用脸颊去轻轻蹭蹭树皮，用手去摸摸树皮，抱抱它，闻闻它的味道。当小伙伴完成探索后，迂回地把他带回起点（回来的路线和去的路线可以有所不同，以增加游戏的难度和趣味）。摘掉眼罩，让小伙伴睁开眼睛去找刚刚摸过的那棵树。两人轮流游戏。

2. 倾听树的心跳：每人选一棵自己喜欢的树，把听诊器紧紧贴在树干上，不要动，静静地聆听树的心跳，感受大树生命的存在。也可以直接把耳朵贴在树干上听一听。多试几个地方，你会找到最佳"听点"，落叶树通常比常绿树听得清楚。

（山东省淄博市市直机关第三幼儿园　王燕、任云丽）

我和夏天有个约会

【设计意图】

夏季是一个丰富多彩的季节，孩子们特别钟爱夏天，在沙池里做沙雕；在戏水池里寻宝；在游泳池里游泳；在长满小草、开满野花的山坡上翻跟头；在户外找影子、观察星空、采摘等。孩子们笑着闹着，乐在其中。我们和孩子一起尝试了以下活动：夏天初体验、玩水、追影子、海滩游戏、找知了猴、粘知了、夏天的树林、夏天的雨、夏天的夜晚、采摘瓜果等。

【活动目标】

1. 通过各种感官，初步感知夏天的主要特征。

2. 与水亲密接触，体验玩水的快乐。

[①] 此活动改编自：（美）约瑟夫·克奈尔. 与孩子共享自然［M］. 郝冰, 译. 北京：九州出版社，2014.

3. 养成敢于挑战的精神，提高解决问题的能力。

4. 感受日出、日落、花开花谢等自然变化的美。

【活动列举】

活动一　夏天初体验

1. 晒太阳、找阴凉：带孩子在太阳下静静地站一会儿，然后再让孩子找阴凉的地方，感受阴凉地方的凉爽。活动可反复进行几次，增强孩子的感受力。

2. 听声音、找颜色：

（1）让孩子静静地坐或躺在地上，闭上眼睛聆听大自然周围的声音，请孩子睁开眼睛说一说自己听到的声音，并进行模仿。

（2）让孩子站着不动，观察眼前颜色的种类和光影的深浅变化，这样可以培养孩子观察自然的能力。

3. 感受水的温度：让孩子赤脚在户外水池里走一走，感受水的温度。

4. 看看周围的植物：看一看、摸一摸、闻一闻周围的花草树木，说一说植物的变化，感受植物的茂盛和夏天的美好。

活动二　玩水

1. 打水仗：在户外或树林里，孩子用水枪或自制工具一起玩水。可以进行比赛，如看谁打得准、打得远；男女对打；孩子和成人对打；打敌人、打怪兽、攻占山头等。

2. 水里泡一泡、漂一漂：孩子穿上泳衣，戴上泳圈，在泳池里游一游、漂一漂、跳一跳，感受玩水的乐趣。

3. 洒水作画：孩子自选洒水作画的工具，自由作画，并说一说自己的作品，大家相互欣赏。

4. 运水比赛。

（1）孩子分成人数相等的两组，第一个孩子手拿空纸杯，跑到指定位置（教师准备好的水）把纸杯装满水，快速返回，将杯子里的水倒入本组的空桶里,将纸杯交给第二个孩子,游戏反复进行,最后看哪一组运的水多。

(2)亲子运水:将家庭分成人数相等的两组,每一组提供一个大水桶,在规定的时间内运用各种方法快速运水(用手、帽子、衣服、鞋子、矿泉水瓶等),在规定时间内看看哪一组运的水多。

5. 做小船。

(1)教师带孩子折纸船,将纸船放入水中玩。

(2)教师提供塑料小碗、纸杯、塑料玩具等,让孩子放到水里玩一玩,看看能不能像小船一样漂浮在水面上。

(3)启发孩子从自然中寻找各种材料(树叶、树枝、竹片等),放入水中当小船玩。

(4)鼓励孩子从自然中寻找各种小虫子(如小蚂蚁、小瓢虫),把虫子放在"小船"中,带小虫子去旅行。

活动三 追影子

1. 和幼儿聊聊太阳和影子,问问他们是否知道影子是如何形成的。

2. 引导幼儿两两结对,给每组一支粉笔,伙伴间轮流勾画对方的影子。可以摆出各种好玩的姿势、拿着玩具或者站定形成影子。

3. 勾画完影子后,和幼儿讨论影子的形状和大小。

4. 一个小时、三个小时、五个小时后,再多次回到勾画影子的地方,站在之前站定的地方,看看是否能"进入"刚才画的影子轮廓里。初步了解太阳的位置发生了变化,影子也会发生变化。

(山东省淄博市市直机关第三幼儿园 孙爱芹、只青)

我和秋天有个约会

【设计意图】

秋天是一个多彩的季节,有黄灿灿的稻谷、五彩缤纷的树叶、晴空万里的蓝天白云。秋天是一个收获的季节,果园里果实累累、瓜果飘香，田间地头到处是人们忙碌的身影，一片收获的景象。秋天的风不温不火、舒适宜人……秋天里的这些景象和变化，无时无刻不在吸引着孩子们。我们通过丰富有趣的体验活动，带领孩子们一起走进秋天，感知秋天的特征与变化，感受和体验秋天的美好。我们进行了以下活动：秋天初体验、寻找秋天、我的树、盲径探险、找虫子、声音和颜色、找叶子、玩叶子、寻宝、大地之窗、伪装的小路、蒙眼毛毛虫、爬树、捉迷藏、微观之旅、走进丰收的田野、露营等。

【活动目标】

1. 调动视觉、听觉、嗅觉、触觉等多种感官，感受秋天的特征。
2. 关注秋天树叶的变化，欣赏秋叶之美。
3. 不害怕自然界的小虫子，喜欢探索。
4. 了解保护色和适应的概念，培养敏锐的观察能力。

【活动列举】

活动一　找叶子、玩叶子

1. 在院子里寻找自己喜欢的树叶。
2. 按要求找树叶。教师可以提不同的要求，如相同的有多少片、不同的有多少种、相同形状的不同种类、相同颜色的不同种类、被虫子咬过的等。
3. 向同伴介绍自己找到的树叶。
4. 用找来的树叶拼图（按照渐变色进行拼摆）、排序、创意拼贴、撕出叶脉、穿树叶项链、编小动物、做帽子等。
5. 和好朋友一起用树叶玩游戏：扛树叶、扇树叶、放树叶风筝（用细线拴着叶柄）、堆树叶、树叶埋人、落叶飘飘、踩树叶、隔着树叶观察太阳，还可以用对生的树叶（如槐树叶）玩游戏，请2～3名幼儿猜拳决定先后，轮流摘树叶，最后一片是谁的谁获胜。

活动二　找虫子

1. 带孩子来到户外活动场地，请大家闭眼，安静地倾听各种虫鸣声。

2. 请大家说一说听到了几种不同的叫声？猜猜周围都有哪些虫子？它们藏在哪里？可以用什么方法找到它们？还有哪些虫子是不会发出声音的？它们又藏在哪里？

3. 每人手持一个放大镜，分散去找虫子。

4. 请大家说一说找到了什么虫子？叫什么名字？长什么样子？喜欢吃什么？（根据孩子的年龄特点和已有经验说一说）

5. 与同伴交流分享自己找到的虫子。

活动三　盲径探险[①]

1. 教师提前布置好盲径（20米长的绳子拴在高低不同的、适合幼儿的树上，绳子的尽头有一片柔软的草地），带幼儿做平静心态的活动，比如，抱抱树干、闻闻叶子、猜猜树有多高，讨论一下感觉如何？教给幼儿体验的方法，告诉他们在行进过程中要保持安静。

2. 活动开始前和幼儿讨论沿绳子的哪边走、怎样走才更安全。

3. 为幼儿蒙上眼睛，引领幼儿沿着绳子、拉开一定的距离，安静地去漫游（走、爬穿插进行）。沿途摸摸对比性较强的事物，比如，粗糙与细腻的石头、干枯与鲜嫩的树叶。带领幼儿跨过石头、走过草地，在洒满阳光的草地上躺下来享受阳光。用心感受并倾听干燥的树叶在手中和脚下噼里啪啦作响，再闻一闻被树叶覆盖的泥土的气息。

4. 活动结束后，摘下眼罩，回顾走过的路径。幼儿一起说说自己走的路有多长、周围有什么。

5. 幼儿在不蒙眼的情况下，再走走刚才的路线。

[①] 此活动改编自：（美）约瑟夫·克奈尔. 与孩子共享自然［M］. 郝冰，译. 北京：九州出版社，2014.

活动四 伪装的小路[①]

1. 在幼儿园户外山坡、树林、花园等选择一段20～30米的小路，沿路摆放10～20种日常用品做道具，其中几样应该是特别显眼的东西，如彩球等，另外一些则尽量与周围环境融为一体（迷彩的小布包或帽子、封面跟杂草相似的书、镜子、钉子、衣服架、锈铁丝、胶皮袋子等），难以被发现。东西的数量要暂时保密。

2. 每次让一个孩子走过小路，让他尽可能发现（不要捡起来）所放的东西。走到头后，让他悄悄地告诉你他发现了几样东西，你再告诉每个孩子所放东西的总数。

3. 鼓励孩子再走一遍，发现他们漏掉的东西。为了使活动变得相对容易，可以在特别难找的东西旁边放一个标志物，如红手帕等。

4. 让孩子跟在老师身后，指出所有东西，指定一个孩子把所有的东西收集到一起，让其他的孩子查数。

5. 讨论保护色对动物的作用，让孩子们找找周围是否有带保护色的小动物。

（山东省淄博市市直机关第三幼儿园　只青、孙爱芹、潘红玉）

我和冬天有个约会

【设计意图】

冬天是冰冷的，风是冷的、地是凉的、雪是冰的……冬天是安静的，小蚂蚁不出门了，小树叶离开了树妈妈，小草也藏起来了……冬天又是美丽的，漫天飞舞的雪花、银装素裹的世界给人们带来无数的惊喜。冬天到底是什么样子的？只有带孩子们走进冬天，去体验、去触摸、去感受、去玩耍才能真正了解。有趣而又特别的活动会让孩子们充

[①] 此活动改编自：（美）约瑟夫·克奈尔. 与孩子共享自然[M]. 郝冰，译. 北京：九州出版社，2014.

满喜悦地、勇敢地面对冬天，感知冬天的独特魅力。为此我们设计了以下活动：冬天初体验、冬天的植物、寻找小虫子、什么东西最凉、玩冰、玩雪、挤墙角、抽陀螺、冰糕化水等。

【活动目标】

1. 摸一摸不同材质的物体，感知温度的不同，发展触觉。

2. 体会制作冰块的乐趣，探索冰的各种玩法，感受冰透明、光滑、冰凉的特点。

3. 观察雪花飘落的情景，观察雪花的形状，体验打雪仗、堆雪人等玩雪的快乐。

4. 不怕寒冷，体验在冬天与同伴一起游戏的快乐，积极锻炼，增强体质。

【活动列举】

活动一　什么东西最凉

带孩子来到户外，让他们到处摸一摸，如雪、冰块、铁、石头、树、木头、塑料、塑胶地、衣服、毛绒玩具等。说一说感受，找出自己觉得最凉的东西。

活动二　玩冰

1. 制作冰块：在零度以下的天气里，每人准备一个容器，装满水，放在院内。老师也可在院内的低洼地造一处较大的冰面，或在户外的瓮、盆、轮胎等容器中注水，随时进行观察。

2. 玩冰：等冰块冻好后，孩子将冰块取出来，自由探索玩耍，如踢着玩、将大冰块摔成碎冰、用碎冰玩做饭游戏、用小车运冰块、用木棒击打冰块（高尔夫），还可以在冰面上走、跑、溜冰、多人拉手走、两人合作玩（一人站着拉，一人蹲着溜）。

活动三　玩雪

1. 用手接住雪花，观察雪花的形状。

2. 雪地画画：用手或树枝在雪地上任意作画，同伴之间分享交流自己的作品。

3. 雪地脚印：老师或孩子在前面踩出脚印，后面的孩子沿着前面的脚印走，可以走成圆圈、S形、直线、小花等形状。

4. 准备铲子、铁锹、手套等工具，带幼儿到户外堆雪人，打雪仗。

5. 在雪地里打滚。

6. 踩雪，倾听咯吱咯吱的声音。

7. 雪中木头人：下雪时让孩子在户外静静地站一会儿，然后互相观察，说说同伴的变化（额头、眉毛等处都变白了）。

8. 摇雪树：让孩子站在有雪的树底下，老师或者同伴偷偷地摇树，感受雪落满身的惊喜。

9. 拉雪橇：让孩子坐在带绳子的轮胎上，同伴相互拉着在雪地里走。

10. 滑雪：可先在平地上助跑，然后两脚前后分开滑过冰面。也可以从山坡上蹲着往下滑。此游戏可根据孩子的能力进行，较适合大班幼儿。

11. 收集雪：幼儿每人带一个干净透明的容器（如玻璃或塑料的瓶子），到户外寻找干净的雪，装满容器后带回室内观察。等雪全部融化时，比较观察水的多少、颜色、干净程度。然后把干净的水收集到水壶里，烧开后尝一尝雪水的味道。

12. 扫雪：准备扫帚、铲子、塑料盆、推车等，带孩子一起扫雪，清理院子。

（山东省淄博市市直机关第三幼儿园　任云丽、王燕）

5. 活动观察案例

开心放大镜

【观察时间】2017年10月

【观察地点】户外开心小农场

【观察对象】大班幼儿

【活动背景】

　　随着天气不断变暖，我们在开心小农场的墙角边、菜地里发现了一些小昆虫，如小蜘蛛、小蚂蚁、西瓜虫、鼻涕虫等，于是，我们投放了粘虫用的小黄板、观察用的放大镜、记录用的记录本。孩子们对此很感兴趣，每次在开心小农场活动，都有一部分幼儿参与到观察昆虫的活动中。

【活动描述】

　　今天，羽硕和冉冉两人选择用小黄板粘贴小昆虫，羽硕找到了一只小蚂蚁，赶紧回过头来说："快看，我找到了一只带翅膀的小蚂蚁。"旁边的几个小朋友赶紧凑过来，冉冉说："让我看看，我也发现了一只小蚂蚁，看看它们长得一样吗？"（见图4.20）一直跟在后面的琛琛用小本子记录着：画了一只小蚂蚁，旁边又画了一只长有翅膀的小蚂蚁，还画上了四条腿（见图4.21）。冉冉看了看

图 4.20

图 4.21

说:"蚂蚁八条腿。"羽硕说:"不对,蚂蚁六条腿。"几个孩子开始了无休止的讨论。

润生拿来了放大镜,说:"让我用放大镜看看蚂蚁到底长了几条腿。"说着,他把放大镜放到小黄板上看了一下,嘴里嘟囔着:"怎么还是看不清呀?"冉冉说:"离远点就能看清楚了。""还是看不清。""再离近点。""再远点。""把放大镜歪一点!"冉冉突然大叫起来:"看清了!看清了!快看,蚂蚁真的是六条腿,它还站起来了呢。"(见图4.22)润生说:"真的吗?让我看看。"他仔细看了一会儿,有了新发现:"蚂蚁的腿和触角都在不停地抖动。""咱们再看看它的眼睛长什么样,好吗?""好,好。"琛琛依然执着地在旁边画着,旁边的冉冉一边用放大镜看着,一边说:"它的六条腿都长在中间的小肚子上,头上长着两根触角。""还是看不到蚂蚁的眼睛。"润生走开了,几个小姑娘依然在专注地观察着。

图 4.22

【活动解析】

1. 孩子们在观察蚂蚁的过程中，从刚开始的盲目观察到后来的有目的的观察，放大镜起到了至关重要的作用。而放大镜是孩子们新接触的材料，需要先了解它的使用方法。在观察蚂蚁的过程中，他们不断地尝试，放大镜离小黄板近了，便没有放大的效果，离远了又很模糊，看不清楚，孩子们在不断调整距离和角度，最后终于能清楚地观察到蚂蚁的外形特点，孩子们显得格外兴奋。

2. 孩子们在观察蚂蚁的过程中学会了合作分享。琛琛小朋友刚开始的时候是自己边看边做记录，而当冉冉一边用放大镜近距离观察蚂蚁，一边说着蚂蚁的外形特点时，琛琛很默契地在旁边记录。

3. 在观察的过程中，男孩和女孩表现出来的需求也有所不同，女孩观察得比较细致，从蚂蚁身体结构的特点到嘴角的细须、尾巴上的细纹都能观察到，而且具有持久性；男孩观察得比较粗略，遇到困难就会悄然离开。

4. 整个活动过程都是在幼儿自由、自主的前提下进行的，他们不受任何限制，老师只是观察他们，并欣赏和等待他们自己有所发现。

【观察指导】

1. 放大镜是活动中投放的新材料，活动前，教师一般应该先介绍材料和工具，指导幼儿利用放大镜进行科学观察。

2. 区域活动结束后，教师和幼儿进行了探讨，幼儿把观察到的昆虫用画画的形式记录下来（见图4.23、图4.24），并进行了分享。在讨论的过程中，孩子们交流收获，寻找解决问题的方法。

图 4.23

图 4.24

（山东省东营市胜利油田胜东社区锦华幼儿园　赵玉珍）

怎样把球拿下来

【观察时间】2016 年 12 月 30 日、2017 年 1 月 11 日

【观察地点】户外攀爬墙

【观察对象】小班幼儿

【活动背景】

2016 年 12 月 30 日，在户外游戏时，小四班的一个小朋友不知在哪里发现了一个网球，小朋友都围过来抢这个网球。其中一个小朋友抢到了球，把网球交到了谢老师的手里。这下，小朋友都围着谢老师，试图从谢老师手里抢球。谢老师被他们围着，有点狼狈……忽然，谢老师看到了旁边的攀爬墙，一个主意油然而生，他决定把球放在攀爬墙上。谢老师的初衷是：这样，你们谁都别想拿了，可是，有趣的事情发生了……

【活动描述】

第一次探究活动

小朋友开始围着攀爬墙兴奋地喊叫起来，有的小朋友用手拍打着墙壁，试图把球震下来，可是球还是纹丝不动。这个办法并不好，奇奇把手都拍痛了，连忙用嘴巴对着手吹气，缓解疼痛（见图4.25）。

图 4.25

就在小朋友们忙活半天都失败了，似乎无计可施的时候，谢老师问："你们想一想，可以用什么工具把球拿下来呢？"小朋友们一听，纷纷跑去寻找可以使用的工具。谢老师看到喆喆拿了自己的水壶过来，在墙上敲打（见图4.26），但是喆喆敲打了几下，发现球还是没掉下来。

奇奇从草丛里找来长长的叶子，想去够网球（见图4.27），但是叶

图 4.26

图 4.27

子太短了，还是不行。顺着奇奇的思路，谢老师又问："奇奇，你这个太短了，有什么工具是长长的？"奇奇想了想说道："可以拿那些长长的、白白的棍子（PVC管）。"

孩子们一听，都一溜烟跑到器械架子那里拿PVC管。他们每人都拿着一根管子使劲去够球（见图4.28）。可惜管子太短，没有一个成功。很多孩子陆续放弃，但仍有几个孩子在继续尝试。

图 4.28

其中一个留下来的是诚诚，诚诚依然很努力地去够那个球，甚至踩上了一格攀爬墙，可还是差那么一点（见图4.29）。

谢老师问："成功了吗？"诚诚说："管子太短了，不行。"谢老师又问："那怎样能把管子变长呢？"诚诚说："可以拿一根大管子，然后把小管子塞进去，然后就可以把球弄下来了。"

可以看出来，诚诚已经知道把两根管子拼接起来可以使它变长，但是他并不知道两根管子拼起来还需要一个拼接口。谢老师期待孩子自己去发现，因此并没有说破这一点，只是让诚诚自己去试试看。

诚诚来到放管子的架子处，用一根粗水管和一根细水管"组装"成了一根长长的管子（见图4.30），但是管子是松动的。谢老师问诚诚："可以吗？"诚诚的表情有点迟疑，他停顿了一下，小声说："可以。"接着，他冲到攀爬墙继续去尝试了。

图4.29

图4.30

因为细管子会滑进粗管子里，所以诚诚用手紧紧抓着两根管子的拼接处，尽管如此，这次尝试还是失败了。

诚诚露出了失望的表情，谢老师觉得是时候提供帮助了。他把一个小朋友叫过来，因为那个小朋友的管子刚好有一个拼接口，谢老师让诚诚观察他们两人的管子有什么不同。诚诚看了一下，喊道："我知道了！"然后兴冲冲地跑到架子处，在两个管子之间拼接了一个接口（见图4.31），组装成了一根长长的管子。然后，诚诚拿着管子飞奔回去。

这次，诚诚轻而易举地就把球打下来了（见图4.32），其他小朋友也跟着兴奋地叫了起来。诚诚有一点小得意，却显得特别淡定。谢老师"采访"了一下诚诚："诚诚，你这个方法是怎么来的？"诚诚的回答非常幽默："是我的耳朵想到这个办法的。是我看到润哲拿着这个（有接口的水管），然后我就试了。嘻嘻……"

图 4.31

图 4.32

回到班上，谢老师和小朋友一起分享了诚诚的好方法（见图 4.33），还和小朋友一起讨论了是否还有其他工具可以把球拿下来，小朋友一起想了很多方法，如把积木垒高垫脚、用拖把够、拿着管子站到椅子上……这些方法

图 4.33

是不是可行呢？谢老师们请小朋友们下次自己去试试。

第二次探究活动

2017年1月11日，在户外游戏时，谢老师又把球放到了攀爬墙上。小朋友们开始兴奋地围在攀爬墙周围。谢老师让小朋友们想一想可以用什么方法把球拿下来，但是这次要求用其他不同的方法。

不知道是哪个小朋友记起来了，喊道可以拿拖鞋扔。于是，一部分小朋友跑进教室里拿拖鞋。但是，很可惜，因为力度和准确度不够，鞋子还没扔到小球的高度就掉下来了（见图4.34），有的鞋子飞到其他地方，没能击中小球。

后来，佑佑搬来小椅子，站上去用鞋子扔。其他小朋友看到了，也模仿他搬来了小椅子，学着佑佑站到椅子上去扔鞋子（见图4.35）。但是，因为椅子挨着墙边，小朋友站上去后，手臂不好发力，所以很难往上扔鞋子。鞋子老是垂直飞上去，又垂直掉下来。有的鞋子还砸在了小朋友的头上。

图 4.34

图 4.35

这时，诚诚搬来一把小椅子，搭到另一把椅子上。他试图把椅子搭高一点，然后爬上去把球拿下来。但是，诚诚还是不够高，够不着球。另一个小朋友也试了一次，可惜还是失败了（见图 4.36）。

诚诚又跑进教室，很快，他拿着一把拖把出来了。看来他记起上次讨论的另一个方法——用拖把。谢老师以为这一次一定能成功，可是他又猜错了。就算诚诚使劲踮起脚，可还是差那么一点点（见图 4.37）。

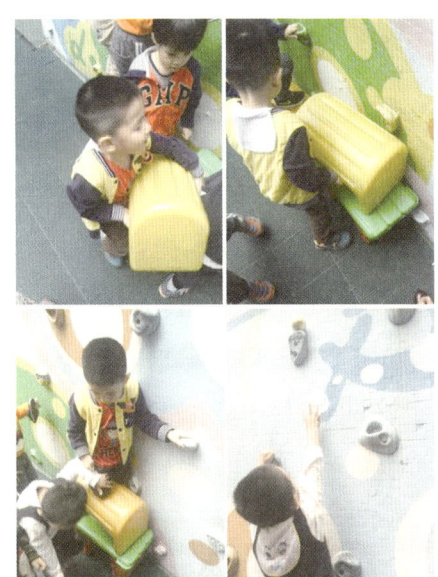

图 4.36

这时候，喆喆突然出现了，他拿起扫把也加入进来（见图 4.38）。喆喆比诚诚高，扫把杆也比拖把长了一些，他轻而易举就把球够了下来。

图 4.37

图 4.38

这次，小朋友又一次成功地把球够了下来，上次的探究活动大概花了半个小时，这次小朋友只用了不到15分钟。

回到班上，谢老师和小朋友一起分享了游戏过程，带领小朋友总结了使用过的所有方法和结果：第一次使用拖鞋失败；第二次使用椅子失败；第三次使用搭椅子方法失败；第四次使用拖把失败；第五次使用扫把终于成功了。

谢老师又让大家想一想还有什么方法。一个小朋友想到了另一个方法——用梯子，借助梯子爬上去拿。那就期待小朋友们的第三次探究吧……

【活动解析】

1. 在上面的案例中，幼儿表现出了许多优秀的学习品质。首先，幼儿一直保持着积极主动的探究精神。他们的情绪一直处于愉悦、投入的状态，积极寻求解决问题的方法。其次，幼儿坚持不懈的精神令人感动。从第一次到第二次的探究，幼儿经历了不少于八次的失败，但他们依然坚持不懈，愈挫愈勇，观察、思考新的方法，并积极地调整或者重组材料，最终成功把球从攀爬墙上够下来。幼儿这种积极主动、投入专注、坚持不懈的学习品质，一定能够为他们打开更多未知世界的大门。

2. 幼儿亲身经历的探索过程就是最好的科学学习。在这两次探究中，幼儿经历了发现问题—分析问题—尝试探索—解决问题的循环过程，这个探究过程是幼儿反复动手操作、直接感知的过程。在这个过程中，幼儿不断积累经验，构建自己的工程结构知识（如组装水管）和科学概念（如高和矮、长和短等）。

3. 分析幼儿在探究活动中的行为，我们也发现幼儿的安全意识还需要进一步提升，幼儿的思维以"自我中心"为主，探究过程缺乏安全使用管子、投掷鞋子、搭椅子的技巧和意识，容易出现安全问题，这是后续活动中教师需要关注并引导幼儿注意的地方。

【观察指导】

1. 教师尊重幼儿的学习特点和方式，让幼儿在反复尝试中学习，鼓励幼儿独立思考方法、自主选择材料，放手让幼儿探究，支持幼儿按照自己的想法不断与环境和材料互动，让幼儿在感知、体验、操作中学习和发展自己的经验、知识和能力。

2. 教师能及时为幼儿的探究提供支架。在第一次探究活动时，当幼儿多次失败后，教师能够及时用语言提示，引导幼儿突破探究的"瓶颈"，启发幼儿进行思考、观察、比较，维持了幼儿持续探究的兴趣和热情，并不断推动幼儿走向成功，所以在第二次探究活动时，幼儿并不需要教师的直接或间接指导，因为他们已经在前阶段内化了各种经验，知道如何寻找资源和方法来解决问题。

3. 两次探究活动结束后，教师都和幼儿进行团体讨论，利用实物、图片、视频等形式，和幼儿一起回顾整个探究过程，分析了失败的原因和成功的方法，帮助幼儿进一步提升经验。不仅如此，教师还鼓励幼儿积极思考更多新的解决问题的方法，并让幼儿把想法运用到新的探究过程中。

（广东省广州市番禺区东城幼儿园　谢晓鹏）

搭建栏杆桥

【观察时间】2018年1月

【观察地点】户外河道

【观察对象】三个大班幼儿、一个中班幼儿

【活动背景】

我们幼儿园户外有一条总长63米，宽0.65～4.3米，深0.35～0.55米的鹅卵石小河（见图4.39）。幼儿在一个月里连续多次在自主探究"建桥"游戏活动中，运用所投放的长短、厚薄、宽窄不一的木板，不同材质的梯子，高矮、大小不同的木墩等材料，建构了木板独木桥、梯子平铺桥、木板加宽桥、梯子加铺木板桥等形状、结构、功能各异的"桥",由此获得了建桥的经验,体验了"建桥""过桥"的乐趣。在本次探究活动中,不同年龄组的四名幼儿自发组成一个混龄学习小组,他们试图在已有经验的基础上为小桥搭建桥栏。固定桥栏使之不倒成为此次探索活动要解决的重点问题,力与平衡成了此次活动的难点。

图 4.39

【活动描述】

　　铭铭、涵涵、可可和恩恩计划在河道上建一座有栏杆的桥。他们把长短不一的木板、材质不同的梯子搬到河边,依次尝试用一把木梯、两块长度不一样的木板搭在河面上,但始终没有成功。涵涵将这两块木板移到另一段较窄的河面上搭好,铭铭和恩恩又搬来三块长短不同的木板将桥面搭好。铭铭从桥上走到桥中央,接过涵涵从对面墙角拿来的木梯,立在桥面左侧(见图 4.40)。

　　铭铭左手扶着木梯,右手抽出一块较长的木板,将木板穿过木梯横档压住桥栏,这时,涵涵搬来一把竹梯当另一侧的桥栏,铭铭抬了块木板压住两把梯子(见图 4.41)。

　　但他们一放手,栏杆就倒了,对岸的涵涵立刻搬来一块短木板和一把短木梯压住自己这端的桥栏,刚一放手,桥栏又倒了。铭铭更换了一把竹梯,然后分别在两端压上木板和短梯,期间恩恩一直扶着桥栏让其不倒,铭铭和涵涵反复调整木板的位置,让它们平稳地压住桥栏。

图 4.40

图 4.41

之后涵涵尝试过桥，刚走到对岸，身后的一侧桥栏又倒了，恩恩忙扶稳桥栏，铭铭见状取来一个木墩说："你们先不要弄，我用木墩试试。"然后将木墩靠在桥栏内侧，压住横放在桥面上的木板。涵涵学着铭铭，两人一起交替着用木墩压在木板上以稳定桥栏，每端四块。之后，他们走过去试试，两边的桥栏有些摇晃，旁边的恩恩将两侧栏杆都向中间倾斜一点，让栏杆、木墩和木板之间形成了一个小三角形。接着他们把木墩依次平铺在桥面上（见图 4.42）。

这时，老师将内侧的一个木墩移到外侧，抵住桥栏（见图 4.43），铭铭见状也把内侧的木墩移向外侧，涵涵和恩恩也加入进来。他们按照顺序左右交替地把桥面上的木墩移到桥栏外侧，终于成功地用 10 个木墩固定住桥栏（见图 4.44）。

图 4.42

图 4.43

图 4.44

桥栏终于稳定了,恩恩将两侧的栏杆都向外掰了掰,发现栏杆很稳固,小伙伴们笑着过桥了。

【活动解析】

《3—6岁儿童学习与发展指南》强调,幼儿科学学习的核心是科学探究能力。只有在过程中不断积累，幼儿才能获得并提升这方面的能力。

1. 案例中幼儿始终积极主动地进行建桥活动，从整个活动环节来看，幼儿的情绪是愉悦的，态度是积极的。即使在活动中遇到了梯子和木板连续掉落到河道中、桥栏不停倾倒的挫折，幼儿仍然坚持不懈地调整材料和方式。正是这种乐于探究、自主探究、坚持探究的精神，带来了幼儿积极、主动、投入、专注、坚持、思考、创造等学习品质的良性发展。

2. 科学探究既是幼儿学习科学的方法，也是幼儿科学学习的内容，其核心是帮助幼儿学会通过探究获得知识。活动中，幼儿尝试用多种材料、多种方法来稳定桥栏，在不断地观察、思考、调整中重复"发现问题—观察材料—假设推演—实际探究"的过程，由此自主获得了成功的方法，而且在动手操作的过程中，幼儿感受到了力与平衡的关系，积累了力与平衡等物理学方面的直观经验。

3. 分析幼儿在活动中的行为，我们也发现幼儿的整体性观察能力还需要进一步提升。在案例中，尽管幼儿对于搭建桥兴趣浓厚，但活动前缺乏对于梯子、木板长短与河面宽窄的相互关系的观察、比较，判断也存在误差，导致他们在建桥的前期不断失败。这是后续活动中教师需要关注并引导幼儿发现的问题。

【观察指导】

1. 教师尊重幼儿的学习特点和方式，让幼儿自主选择材料与伙伴，放手让幼儿探索尝试，最大限度地支持了幼儿按照自己的想法，不断地与环境、材料、同伴互动，主动调整、丰富、发展自己的经验和知识。

2. 当幼儿经过多次尝试，无法突破探究"瓶颈"时，教师悄无声息地通过拿取一个木墩放在桥栏外侧的木板上的行为，引发幼儿的观察、学习和思考，适时给予幼儿必要的支持和间接指导，呵护了幼儿继续探究的欲望，促使幼儿得以保持持续的探究兴趣。

3. 活动结束后，教师将幼儿集中起来，播放纪实视频、观看河道的俯拍图、与幼儿交流互动，教师倾听并鼓励每个幼儿回顾并自主表达自己在活动过程中的所思、所想、所为，以开放的提问——"下次再去建桥，你想怎么建呢"，引发幼儿不断探究学习的愿望。教师还可以从以下几方面提升指导：

（1）案例中教师提供的丰富材料是活动的支架，这些材料帮助幼儿获得材料长度与河面宽度的关系、力与平衡的关系、物体空间方位的相关知识。随着幼儿探究的深入，材料的种类、数量应不断丰富，材料的层次也要随着幼儿选择与使用的变化而不断递进。

（2）可利用交流提问、播放视频等方法不断丰富幼儿的经验，引发幼儿对"建桥"活动进行深入的思考和探究。

（3）鼓励幼儿用绘画的形式持续表达自己的桥梁设计方案或记录表达自己的探究过程，在回顾总结中激发新的活动生长点，引发幼儿继续学习。

（4）对不同年龄、能力的幼儿进行差异性指导，让幼儿在原有水平的基础上获得发展。

（云南省政府办公厅圆通幼儿园　宋明梅、赵亚）

参 考 文 献

1. (美)埃里克·M.纳尔逊. 以儿童为中心的学习环境的设计与实施——室外课堂[M]. 北京：教育科学出版社，2017.
2. 程晓明. 奔跑在天地之间：幼儿园室外活动场地建设[M]. 南京：南京师范大学出版社，2014.
3. 董旭花，主编. 幼儿园游戏[M]. 北京：科学出版社，2016.
4. 董旭花，等，编著. 幼儿园自主性学习区域活动指导[M]. 北京：中国轻工业出版社，2014.
5. 董旭花，等，编著. 幼儿园创造性游戏区域活动指导[M]. 北京：中国轻工业出版社，2014.
6. 董旭花，等.小区域 大学问：幼儿园区域环境创设与活动指导[M]. 北京：中国轻工业出版社，2013.
7. 段春梅，主编. 户外区域体育活动的教与学[M]. 北京：北京师范大学出版社，2010.
8. (美)卡罗尔·E.卡特伦，等. 幼儿教育课程：一种创造性游戏模式[M]. 李敏谊，等，译. 北京：中国轻工业出版社，2017.
9. (美)理查德·洛夫. 林间最后的小孩——拯救自然缺失症儿童[M]. 北京：中国发展出版社，2014.
10. 刘焱. 儿童游戏通论[M]. 北京：北京师范大学出版社，2004.
11. 麦少美，孙树珍，主编. 学前儿童健康教育活动指导[M]. 上海.

复旦大学出版社，2005．

12. （美）帕蒂·博恩·塞利．儿童自然体验活动指南［M］．北京：教育科学出版社，2017．

13. 庞建萍，柳倩，主编．学前儿童健康教育［M］．上海：华东师范大学出版社，2008．

14. 邱学青．学前儿童游戏［M］．南京：江苏教育出版社，2008．

15. 汪超．幼儿园体育活动设计与指导［M］．上海：复旦大学出版社，2011．

16. 王岚，主编．让孩子动起来——幼儿园体育活动全课程［M］．北京：农村读物出版社，2011．

17. 薛菁华，孙圣和，编著．幼儿园体育活动设计［M］．南京：南京出版社，1993．

18. （美）约瑟夫·克奈尔．与孩子共享自然［M］．郝冰，译．北京：九州出版社，2014．

19. 郑艺．运动 快乐 健康：幼儿快乐运动教学探究［M］．上海：上海教育出版社，2010．

20. （美）朱迪斯·范霍恩，等．以游戏为中心的幼儿园课程（第六版）［M］．史明洁，等，译．北京：中国轻工业出版社，2017．

21. 陈赓．儿童、玩耍与想象力［J］．三联生活周刊，2015（22）．

22. 胡蕾．以自然为导向的幼儿园游戏环境［J］．四川建筑，2013（1）．

23. 董旭花．幼儿园户外游戏环境规划［J］．山东教育，2009（15）．

24. 何建闽，等．幼儿园活动户外场地、地面材料的现状、问题与建议［J］．教育与装备研究，2016（11）．

25. 廖志丹．长沙地区幼儿园户外体育活动场地现状调查研究［D］．湖南师范大学，2009．